Connaissances générales

Améliorez votre mémoire et enrichissez-la de connaissances sur : l'histoire, la politique, l'économie, la science, la religion, la littérature et bien plus encore ! Inclus un quiz de culture générale avec 100 questions.

Norbert Kirchhuber

CONTENU

Préface - Un bref aperçu des termes et de la psychologie de l'apprentissage 1

    LA DIFFÉRENCE ENTRE ÉDUCATION ET INTELLIGENCE 1

    ÊTES-VOUS INTELLIGENT OU INTELLECTUEL ? 2

    CE QU'EST LA MÉMOIRE ET COMMENT ELLE FONCTIONNE 3

    COMMENT AMÉLIORER TA MÉMOIRE ET TA SANTÉ 8

1. Introduction 12
2. Histoire & Politique 13
   - 2.1 Évolution humaine 13
   - 2.2 PALÉOANTHROPOLOGIE (CONNAISSANCES FONDAMENTALES DE L'ÉVOLUTION) 14
   - 2.3 ÉVOLUTION EN GÉNÉRAL 15
   - 2.4 Révolution néolithique 16
     - Néolithique 16
     - Les causes de la Révolution néolithique 16
     - Les personnes du Néolithique 17
     - Inventions agricoles 17
     - Les conséquences de la Révolution néolithique 18
   - 2.5 GRÈCE ANTIQUE - GÉOGRAPHIE, POLITIQUE, MYTHOLOGIE 18
     - Préhistoire de la Grèce antique 19
     - Les Mycéniens et leurs dieux 20
     - Alexandre le Grand et Rome 22
   - 2.6 L'ancienne Rome - Géographie, Politique 24
     - Rome ancienne 24
     - Guerre et Expansion 25
     - La République 25
     - En route vers l'Empire 26
   - 2.7 L'EMPIRE ROMAIN 27
     - Les premières dynasties 27

    Instabilité politique due à la taille de l'Empire 31

2.8 La Première Guerre mondiale 31

    Comment la guerre a éclaté : 33

    Les Allemands 35

    Les Britanniques 35

    Les Français... 36

    Les Russes 36

    Les Quatorze Points de Wilson 42

2.9 LA DEUXIÈME GUERRE MONDIALE 52

    Le plan d'attaque japonais.. 66

3. Politique et économie.. 73

3.1 Systèmes politiques 73

    Absolutisme 73

    Aristocratie 74

    Monarchie constitutionnelle 75

    Démocratie directe 75

    Dictature 76

    Démocratie représentative 76

3.2 Économie 78

    L'histoire de l'argent 78

    Les métaux comme monnaie 80

    Économie de marché libre 84

    Économie planifiée 84

    Économie sociale de marché 85

4. Science 86

4.1 QU'EST-CE QUE LA SCIENCE ? 86

    De l'observation à la théorie : 86

4.2 PHYSIQUE 87

    Qu'est-ce que la physique ?.. 87

    La mécanique.. 88

- La thermodynamique 90
- Électrocinétique et Magnétisme 92
- Optique 93
- Physique atomique et nucléaire 95

4.3 CHIMIE 98
- Qu'est-ce que la chimie ? 98
- L'histoire de la chimie 98
- Chimie : Termes importants et leurs définitions 100
- Organik 111
- Réalisations importantes en chimie 112

4.4 MÉDECINE 119
- Qu'est-ce que la médecine ? 119
- Les causes de décès les plus fréquentes (maladies) 119

5. Religion 126
5.1 Christianisme 126
5.2 Islam 128
5.3 Hindouisme 129
5.4 Buddhisme 131
5.5 Judaïsme 133

6. Monde animal et biologie 136
6.1 Les animaux de compagnie 136
- Les chiens 136
- Les chats 136
- Les poissons 136
- Les oiseaux 137
- Les lapins 137
- Der homme et le chien 137

6.2 Les animaux les plus intelligents 138
- Chimpanzés 138
- Cochons 138

- Grand dauphin (espèce de dauphin) 138
- Baleines 138
- Pieuvre 139
- Éléphants 139
- Chats 139
- Faucons 139
- Singes rhésus 139
- Chevaux 139

7. Littérature et langue 140

7.1 Religion 140
7.2 Société 141
7.3 SCIENCE, MATHÉMATIQUES ET GÉOGRAPHIE 142
7.4 LITTÉRATURE (DE DIVERTISSEMENT) 143
7.5 LIVRES POLITIQUES 146

8. Divertissement 148

8.1 CINÉMA ET TÉLÉVISION 148
- Distinction, Oscars 148
- Récompenses, le plus grand nombre d'Oscars pour un film 149
- Le prix Emmy 150
- Acteur 150

9. Le quiz de culture générale 154

CONNAISSANCES GÉNÉRALES

Préface - Un bref aperçu des termes et de la psychologie de l'apprentissage

LA DIFFÉRENCE ENTRE ÉDUCATION ET INTELLIGENCE

Malgré le fait que l'intelligence et l'intellect/l'éducation soient souvent utilisés dans le même contexte et puissent être interchangeables, il est évident que ces deux mots se réfèrent à des caractéristiques différentes. Une distinction claire entre ces deux concepts peut être établie en fonction de plusieurs aspects.

L'intelligence est votre capacité innée à comprendre, apprendre et saisir des principes, ainsi qu'à acquérir des connaissances. Si vous êtes intelligent, l'application du savoir dans la pratique (dans les bonnes situations) vous sera très facile, naturellement en fonction de votre niveau d'intelligence individuel.

L'intellect et l'éducation, en revanche, sont une accumulation d'informations que votre esprit a accumulées tout au long de votre vie jusqu'à présent, à la fois consciemment et inconsciemment. Les écoles que vous avez fréquentées, votre milieu social, vos interactions avec le monde en général... toutes ces choses et plus encore jouent un rôle important dans la détermination de votre intellect.

L'intelligence est infinie. L'intellect est limité.

Quel que soit le domaine de ton expertise, les informations que l'intellect humain peut absorber et récupérer sont limitées. De nos jours, cependant, pour quiconque dispose d'une connexion Internet, il est extrêmement facile d'accumuler des connaissances sur pratiquement n'importe quel sujet. C'est pourquoi de plus en plus d'esprits dits "moyens" possèdent la capacité de paraître beaucoup plus intelligents qu'ils ne le sont réellement. L'intelligence est différente. Il est bien plus difficile de la "simuler" ou de prétendre la posséder si l'on n'est pas réellement intelligent. Plutôt que de fonctionner aussi intelligemment que ce que tu lui nourris, l'esprit essaie constamment de résoudre les choses par lui-même, comme si tu laissais une application de smartphone tourner en arrière-plan.

Aussi intelligent que tu puisses être, cela ne signifie rien sans application. Tu pourrais avoir le QI le plus élevé au monde, mais s'il n'est pas utilisé, il n'a techniquement aucune valeur. C'est comme apporter une arme à feu à un combat au couteau sans avoir la moindre idée de comment l'utiliser. Indépendamment de leurs différences, parce que ces deux termes sont si étroitement liés, il est difficile de mettre en avant l'intelligence efficacement sans un certain degré d'intellect - et vice versa. L'intellect et l'intelligence sont étroitement liés.

ÊTES-VOUS INTELLIGENT OU INTELLECTUEL ?

Cette question peut être difficile à répondre pour les gens, étant donné que la plupart ont tendance à se convaincre qu'ils sont beaucoup plus intelligents qu'ils ne le sont en réalité.

- Tu as une préférence pour les conversations stimulantes.
- On te décrit généralement comme quelqu'un qui préfère être seul.
- Tu es généralement très désorganisé.
- Tu es curieux de presque tout ce qui semble complexe.

Si trois ou plus des traits mentionnés ci-dessus te correspondent, il y a de bonnes chances que tu sois assez intelligent. D'autre part, les traits ci-dessous décrivent plutôt une personne intellectuelle. Parmi ces traits, lesquels te correspondent ?

- Pense uniquement en fonction d'arguments.
- Toujours à la recherche de faits.
- Ne prend que des risques calculés.

Comme je l'ai déjà mentionné, les deux termes sont étroitement liés et si tu veux t'améliorer dans l'un, tu dois aussi t'améliorer dans l'autre. Cependant, compte tenu de la vaste population mondiale, il existe des rapports sur quelques cas uniques où des individus s'améliorent constamment dans l'un tout en présentant une absence totale dans l'autre.

En principe, si tu sais plus que tu ne comprends, tu es plus intellectuel qu'intelligent ; mais si tu comprends plus que tu ne veux savoir, tu es plus intelligent qu'intellectuel. L'un est toujours plus dominant que l'autre.

Avant de nous pencher sur la manière dont tu peux adéquatement entraîner à la fois ton intelligence et ta compréhension ainsi que ton intellect, nous aborderons maintenant un autre point important : ta mémoire.

CONNAISSANCES GÉNÉRALES
CE QU'EST LA MÉMOIRE ET COMMENT ELLE FONCTIONNE

La mémoire est le processus continu de stockage d'informations au fil du temps. Étant donné qu'elle forme le cadre à travers lequel nous donnons un sens et agissons dans le présent, son importance est évidente. Mais comment fonctionne-t-elle exactement ? À la lumière des recherches actuelles en sciences cognitives, la réponse très courte à ces questions est que la mémoire fonctionne selon un "processus dual", dans lequel des processus de pensée plutôt inconscients et routiniers (appelés "système 1") interagissent avec des processus de pensée plus conscients et plus orientés vers la résolution de problèmes (appelés "système 2"). À chaque niveau, il y a à nouveau des processus par lesquels nous "intégrons" les informations (encodage), comment nous les maintenons (stockage) et comment nous les "récupérons" (rappel ou récupération).

Pense à l'époque où tu as appris une nouvelle compétence, comme conduire une voiture, faire du vélo ou lire. Lorsque tu as appris cette compétence pour la première fois, l'exécution était un processus actif, où tu analysais et percevais chaque mouvement que tu faisais. Une partie de ce processus analytique impliquait également que tu réfléchissais attentivement à pourquoi tu faisais ce que tu faisais, pour comprendre comment ces étapes individuelles s'emboîtaient pour former un ensemble cohérent. À mesure que tu améliorais tes compétences, l'exécution de la compétence cessait d'être un processus cognitivement exigeant et devenait plus intuitive. À mesure que tu maîtrisais davantage la compétence, tu pouvais également accomplir d'autres tâches, parfois plus intellectuellement exigeantes, en même temps. Comme ta connaissance de cette compétence ou de ce processus est inconsciente, tu pourrais par exemple résoudre un problème complexe ou prendre une décision analytique tout en exécutant la compétence.

Dans sa forme la plus simple, le scénario ci-dessus est un exemple de ce que les psychologues appellent la théorie des processus duals. Le terme "dual process" fait référence à l'idée que certains comportements et processus cognitifs (comme la prise de décision) sont le produit de deux processus cognitifs différents, souvent appelés système 1 et système 2. Alors que le système 1 est caractérisé par une pensée automatique et inconsciente, le système 2 est caractérisé par une pensée analytique, intentionnelle et exigeante.

Comment le pensée des systèmes 1 et 2 est-elle liée à l'apprentissage ? Dans un contexte éducatif, le système 1 est associé à l'apprentissage par cœur et à la récupération d'informations, tandis que le système 2 décrit plutôt la pensée analytique ou critique. La mémoire et la récupération d'informations, en tant que partie du système 1, seront abordées dans le reste de ces notes.

Comme mentionné précédemment, le système 1 se caractérise par la récupération rapide et inconsciente d'informations précédemment mémorisées. Des activités que tu peux connaître de l'école, qui font largement appel au système 1, incluent l'apprentissage par cœur des tables de multiplication ou des questions d'examen à choix multiples, qui exigent simplement une répétition exacte d'une source telle qu'un manuel. Ces types de tâches ne demandent pas aux élèves d'analyser activement ce qui est demandé, sauf de répéter le matériel appris par cœur.

La pensée du système 2 devient nécessaire lorsque les élèves sont confrontés à des activités et à des tâches qui exigent d'eux qu'ils trouvent une nouvelle solution à un problème, qu'ils réfléchissent de manière critique ou qu'ils appliquent un concept en dehors du contexte où il a été présenté initialement.

Il peut être tentant de penser qu'au-delà de l'école primaire, l'apprentissage consiste tout le temps en système 2 (de même que la connaissance générale). Cependant, il est important de se rappeler que la pensée réussie dans le système 2 dépend d'une grande quantité de pensée dans le système 1 pour fonctionner. En d'autres termes, la pensée critique nécessite beaucoup de connaissances apprises par cœur et de jugements intuitifs automatiques, qui doivent être effectués rapidement et avec précision.

Dans sa forme la plus simple, la mémoire fait référence au processus continu de conservation d'informations au fil du temps. Elle fait partie intégrante de la cognition humaine, car elle permet aux individus de se souvenir d'événements passés et d'y puiser pour façonner leur compréhension et leur comportement dans le présent. La mémoire offre également un cadre à travers lequel l'homme peut comprendre le présent et l'avenir. En tant que telle, la mémoire joue un rôle crucial dans l'enseignement et l'apprentissage. Il existe trois processus principaux qui caractérisent le fonctionnement de la mémoire. Ces processus sont l'encodage, le stockage et la récupération.

Encodage

L'encodage se réfère au processus par lequel les informations sont apprises. Cela implique comment les informations sont captées, comprises et modifiées pour mieux soutenir leur stockage. Les informations sont généralement encodées à travers l'une (ou plusieurs) des quatre méthodes suivantes :

(1) Encodage visuel (comment quelque chose semble)

(2) Encodage acoustique (comment quelque chose sonne)

(3) Encodage sémantique (ce que quelque chose signifie)

(4) Encodage tactile (comment quelque chose se sent).

Bien que les informations entrent généralement dans le système de mémoire par l'un de ces modes, la forme dans laquelle ces informations sont stockées peut différer de leur forme originale encodée.

CONNAISSANCES GÉNÉRALES

Stockage

Le stockage fait référence à la manière, à l'endroit, à la quantité et à la durée pendant laquelle l'information encodée est conservée dans le système de mémoire. Le modèle modal de la mémoire met en évidence l'existence de deux types de mémoire : la mémoire à court terme et la mémoire à long terme. Les informations encodées sont d'abord stockées dans la mémoire à court terme, puis, si nécessaire, transférées dans la mémoire à long terme. Les informations encodées de manière acoustique sont principalement stockées dans la mémoire à court terme et ne sont conservées là que par des répétitions constantes. Le temps et la distraction peuvent entraîner l'oubli des informations stockées dans la mémoire à court terme, car cette dernière ne dure que de 15 à 30 secondes. De plus, la mémoire à court terme ne peut stocker que cinq à neuf informations, sept étant la moyenne.

La mémoire à long terme, en revanche, a une immense capacité de stockage et les informations qui y sont stockées peuvent y être conservées indéfiniment. Les informations encodées sémantiquement sont principalement stockées dans la mémoire à long terme, mais les informations encodées visuellement et acoustiquement sont également stockées dans la mémoire à long terme. Une fois que les informations sont stockées dans la mémoire à court ou à long terme, elles n'ont qu'à être récupérées pour être utilisées. C'est ce processus de récupération qui détermine souvent à quel point on peut se souvenir de quelque chose.

Récupération

Comme mentionné précédemment, la récupération est le processus par lequel nous accédons aux informations stockées. En raison de leurs différences, les informations stockées dans la mémoire à court terme et dans la mémoire à long terme sont récupérées différemment. Alors que la mémoire à court terme est récupérée dans l'ordre où elle a été stockée (par exemple, une liste de nombres), la mémoire à long terme est récupérée par association (par exemple, se souvenir où l'on a garé sa voiture en retournant à l'entrée par laquelle on est entré dans un centre commercial).

Amélioration de la récupération

La récupération est sujette aux erreurs car elle reflète une reconstruction du souvenir. Cette reconstruction devient nécessaire lorsque les informations stockées sont perdues au fil du temps en raison de la dégradation de la mémoire. La vitesse à laquelle votre mémoire (des informations récemment apprises) diminue dépend à la fois du temps écoulé depuis votre expérience d'apprentissage et de la force de votre mémoire. Une certaine dégradation de la mémoire est inévitable, mais nous discuterons en détail de la manière précise dont nous pouvons améliorer la puissance de notre mémoire.

Il est important de connaître les techniques que vous pouvez utiliser pour favoriser la rétention et le rappel d'informations dans votre esprit.

L'effet de test

Dans la plupart des environnements d'apprentissage traditionnels, les tests sont généralement considérés comme une méthode d'évaluation régulière mais rare, qui peut aider par exemple un enseignant à l'école à comprendre à quel point ses élèves ont bien appris le contenu présenté. Cependant, les recherches modernes en psychologie suggèrent que des tests fréquents et courts sont l'un des meilleurs moyens d'apprendre. L'effet de test se réfère au processus de tester activement et fréquemment la performance de la mémoire tout en apprenant de nouvelles informations. En vous testant constamment pour récupérer régulièrement les informations que vous avez récemment apprises, vous contribuez à les conserver dans la mémoire à long terme, à partir de laquelle vous pourrez les rappeler à une étape ultérieure de votre expérience d'apprentissage. Un autre avantage est que les tests fréquents vous permettent de garder une trace de ce que vous avez appris sur un sujet et de ce que vous devez réviser pour le retenir. Les tests fréquents peuvent avoir lieu à n'importe quel stade du processus d'apprentissage. Par exemple, à la fin d'une unité d'apprentissage, vous pourriez vous poser une question courte ou ouverte pour vous rappeler ce que vous avez appris ce jour-là ou la veille. Ce type de test vous montre non seulement ce que vous avez retenu, mais vous aide également à vous souvenir de plus d'informations que vous ne l'auriez fait autrement.

Intervalles

L'effet d'intervalle affirme qu'un élève qui révise et récupère des informations sur une période plus longue a plus de chances de les retenir. Cela est comparé à l'apprentissage (et à la tentative de retenir des informations) sur une courte période (par exemple, étudier la veille d'un examen). Vous pouvez promouvoir cette approche de l'apprentissage en structurant vos expériences d'apprentissage de la même manière. Plutôt que d'introduire un nouveau sujet et ses concepts d'un seul coup, vous pouvez aborder le sujet en segments sur plusieurs leçons, que vous apprenez individuellement et étape par étape.

Entrelacement

La technique de l'entrelacement est une autre approche de l'apprentissage introduite en alternative à une technique connue sous le nom de "Blocking". Le blocage se réfère au fait qu'un élève (comme vous lorsque vous apprenez quelque chose de nouveau) ne pratique qu'une compétence ou un sujet à la fois.

CONNAISSANCES GÉNÉRALES

Avec l'entrelacement, au contraire, vous pratiquez plusieurs compétences liées en même temps. Cette technique s'est avérée plus réussie que la technique de blocage traditionnelle dans différents domaines.

Aussi utile que cela puisse être de connaître les techniques que vous pouvez utiliser pour améliorer le rappel d'informations, il est tout aussi important que vous soyez conscient des techniques que vous pouvez utiliser pour améliorer votre propre rappel. Cette section aborde quatre de ces techniques.

"Memory-State Dependent"

La mémoire état-dépendante se réfère à l'idée que vous pouvez mieux vous souvenir des informations lorsque vous êtes dans le même état que lorsque vous les avez initialement apprises. Dans ce cas, "l'état" se réfère à votre environnement ainsi qu'à votre état mental et physique au moment de l'apprentissage.

"Schemas"

Les schémas se réfèrent aux cadres mentaux que vous créez pour comprendre et organiser de nouvelles informations. Les schémas servent de "raccourci" cognitif en vous permettant d'interpréter de nouvelles informations plus rapidement que si vous n'utilisiez pas de schémas. Cependant, les schémas peuvent également empêcher l'individu d'apprendre des informations pertinentes qui ne correspondent pas au schéma établi. C'est pourquoi vous devriez vous encourager à modifier ou à réévaluer vos schémas lorsque vous apprenez des informations importantes qui ne correspondent pas à vos croyances et idées existantes sur un sujet.

"Chunking"

Le "chunking" est le processus par lequel les informations sont regroupées pour faciliter leur mémorisation. Au lieu de récupérer chaque élément individuellement, vous récupérez l'ensemble du groupe, ce qui vous permet ensuite de récupérer chaque élément de ce groupe plus facilement.

"Practice Retrieval"

La dernière technique que vous pouvez utiliser pour améliorer le rappel est la pratique délibérée. En termes simples, la pratique délibérée consiste à s'exercer activement et consciemment à une compétence dans le but d'améliorer la compréhension et les performances dans cette compétence. En vous encourageant à pratiquer de manière continue et consciente une compétence (comme écrire un essai bien structuré sur les nouvelles informations, par exemple dans ce livre), vous vous assurez que vous pouvez mieux retenir cette compétence ou ces informations.

COMMENT AMÉLIORER TA MÉMOIRE ET TA SANTÉ

Tout le monde connaît des moments d'oubli de temps en temps, surtout lorsque la vie devient trépidante. Bien que cela puisse être une occurrence tout à fait normale, une mauvaise mémoire peut être frustrante. La génétique joue un rôle dans la perte de mémoire, en particulier dans les maladies neurologiques graves telles que la maladie d'Alzheimer. Cependant, la recherche a montré que l'alimentation et le mode de vie ont également une grande influence sur la mémoire. Dans ce qui suit, nous aborderons différentes façons basées sur des preuves pour améliorer naturellement ta mémoire.

1. Réduis ta consommation de sucre ajouté

La consommation excessive de sucre ajouté est associée à de nombreux problèmes de santé et maladies chroniques, y compris le déclin cognitif. La recherche a montré qu'un régime riche en sucre peut entraîner une mauvaise mémoire et une diminution du volume cérébral, en particulier dans la région du cerveau qui stocke la mémoire à court terme. Par exemple, une étude portant sur plus de 4 000 personnes a révélé que celles qui consommaient davantage de boissons sucrées telles que les sodas avaient en moyenne un volume cérébral total plus faible et une mémoire moins bonne que celles qui consommaient moins de sucre. Éviter le sucre n'améliore pas seulement ta mémoire, mais améliore également ta santé générale.

2. Essaie un complément d'huile de poisson

L'huile de poisson est riche en acides gras oméga-3 tels que l'acide eicosapentaénoïque (EPA) et l'acide docosahexaénoïque (DHA). Ces graisses sont importantes pour la santé en général et réduisent le risque de maladies cardiaques, réduisent l'inflammation, soulagent le stress et l'anxiété, et ralentissent le déclin mental. De nombreuses études ont montré que la consommation de poisson et de compléments d'huile de poisson peut améliorer la mémoire, en particulier chez les personnes âgées. Par exemple, une étude portant sur 36 personnes âgées atteintes d'une légère déficience cognitive a montré que leurs capacités de mémoire à court terme et de mémoire de travail s'amélioraient de manière significative après avoir pris des suppléments d'huile de poisson concentrée pendant 12 mois. Une autre revue récente de 28 études a montré que les adultes présentant des symptômes légers de perte de mémoire et prenant des compléments riches en DHA et EPA, tels que l'huile de poisson, avaient une mémoire épisodique améliorée. Pour les végétaliens ou végétariens qui ne consomment pas de poisson, des compléments d'algues riches en DHA et EPA sont disponibles.

3. Prends du temps pour la méditation

La pratique de la méditation peut avoir des effets positifs sur ta santé de plusieurs manières. Elle est relaxante et apaisante, et on a constaté qu'elle réduit le stress, la douleur, abaisse la tension artérielle et améliore même la mémoire. Elle a également été associée à une augmentation de la matière grise dans le cerveau, qui contient les corps cellulaires des neurones. Avec l'âge, la matière grise diminue, ce qui a un impact négatif sur la mémoire et la cognition. La méditation et les techniques de relaxation améliorent de manière significative la mémoire à court terme chez les personnes de tous âges. Par exemple, une étude a montré que les étudiants en psychologie taïwanais pratiquant la pleine conscience avaient une meilleure mémoire de travail spatiale que les étudiants non pratiquants. Intègre des techniques de pleine conscience dans ta routine quotidienne en accordant plus d'attention à ta situation actuelle, en te concentrant sur ta respiration et en ramenant doucement ton attention lorsque tes pensées s'éloignent.

4. Maintiens un poids santé

Maintenir un poids corporel sain est essentiel pour le bien-être et constitue l'un des meilleurs moyens de garder ton corps et ton esprit en forme. Plusieurs études ont établi un lien entre l'obésité et le déclin cognitif. L'obésité peut en fait modifier les gènes associés à la mémoire dans le cerveau, ce qui a un impact négatif sur la mémoire. De plus, l'obésité peut entraîner une résistance à l'insuline et une inflammation, qui peuvent toutes deux avoir un impact négatif sur le cerveau.

5. Obtien suffisamment de sommeil

Le manque de sommeil est depuis longtemps associé à une mauvaise mémoire. Le sommeil joue un rôle important dans la consolidation de la mémoire, processus par lequel les souvenirs à court terme sont renforcés et transformés en souvenirs à long terme. La recherche montre que le manque de sommeil peut avoir un impact négatif sur ta mémoire. Par exemple, une étude a montré que le sommeil entre deux séances d'entraînement améliorait les performances de mémoire de 20 %. Les experts recommandent aux adultes d'obtenir entre sept et neuf heures de sommeil par nuit pour une santé optimale.

6. Pratique la pleine conscience

La pleine conscience est un état mental dans lequel tu te concentres sur ta situation actuelle et maintiens une conscience de ton environnement et de tes émotions. La pleine conscience est utilisée dans la méditation, mais les deux ne sont pas la même chose. La méditation est une pratique formelle, tandis que la pleine conscience est une habitude mentale que tu peux appliquer dans toutes les situations. Des études ont montré que la pleine conscience est efficace pour réduire le stress, améliorer la concentration et la mémoire.

7. Réduis ta consommation d'alcool

La consommation excessive d'alcool peut nuire à ta santé de nombreuses façons et avoir un impact négatif sur ta mémoire. Une étude a révélé que les personnes qui consommaient six boissons alcoolisées ou plus en une courte période, que ce soit hebdomadairement ou mensuellement, avaient des difficultés lors de tests de rappel immédiat et différé par rapport à des étudiants qui ne buvaient pas. L'alcool a un effet neurotoxique sur le cerveau. Les beuveries répétées peuvent endommager l'hippocampe, une partie du cerveau qui joue un rôle important dans la mémoire.

8. Entraîne ton cerveau

Entraîner tes capacités cognitives en résolvant des énigmes est une façon amusante et efficace de renforcer ta mémoire. Les mots croisés, les jeux de mémoire, le Tetris et même les applications dédiées à l'entraînement cérébral sont d'excellents moyens d'améliorer ta mémoire. Une étude portant sur 42 adultes présentant une légère déficience cognitive a montré que jouer à des jeux sur une application d'entraînement cérébral pendant huit heures sur une période de quatre semaines améliorait les performances dans les tests de mémoire. Une autre étude portant sur 4 715 personnes a montré que leur mémoire à court terme, leur mémoire de travail, leur concentration et leurs capacités de résolution de problèmes s'amélioraient considérablement par rapport à un groupe témoin, lorsqu'elles suivaient un programme d'entraînement cérébral en ligne d'au moins 15 minutes par jour pendant au moins cinq jours par semaine.

9. Réduis les glucides

La consommation excessive de glucides tels que les gâteaux, les céréales, les biscuits, le riz blanc et le pain blanc peut nuire à ta mémoire. Ces aliments ont un indice glycémique élevé, ce qui signifie que le corps les digère rapidement, ce qui entraîne une augmentation du taux de sucre dans le sang. Des études ont montré que le régime occidental, avec sa forte teneur en glucides raffinés, est associé à la démence, au déclin cognitif et à des fonctions cognitives réduites. Par exemple, une étude portant sur 317 enfants en bonne santé a révélé que ceux qui consommaient davantage de glucides transformés tels que le riz blanc, les pâtes et la restauration rapide avaient une capacité cognitive réduite, notamment une mémoire à court terme et une mémoire de travail moins bonnes. Une autre étude a montré que les adultes qui consommaient quotidiennement des céréales pour petit-déjeuner transformées avaient une moins bonne fonction cognitive que ceux qui en consommaient moins fréquemment.

10. Fais tester ton taux de vitamine D

La vitamine D est un nutriment essentiel qui remplit de nombreuses fonctions importantes dans le corps. Un faible taux de vitamine D est associé à plusieurs problèmes de santé, y compris une diminution des fonctions cognitives. Une étude portant sur 318 adultes plus âgés, suivis pendant cinq ans, a révélé que ceux qui avaient un taux de vitamine D inférieur à 20 nanogrammes par millilitre de sang perdaient leur mémoire et d'autres capacités cognitives plus rapidement que ceux ayant des niveaux normaux de vitamine D. De faibles taux de vitamine D ont également été associés à un risque accru de développer une démence. Les carences en vitamine D sont courantes, surtout dans les climats plus froids et chez les personnes à la peau plus foncée. Parle à ton médecin d'un test sanguin pour déterminer si tu as besoin d'un complément de vitamine D.

11. Fais plus d'exercice

L'exercice physique est important pour la santé générale du corps et de l'esprit. La recherche a montré qu'il a un impact positif sur le cerveau et peut améliorer la mémoire des personnes de tous âges, des enfants aux personnes âgées. Par exemple, une étude portant sur 144 personnes âgées de 19 à 93 ans a révélé qu'un seul entraînement modéré de 15 minutes sur un vélo stationnaire améliorait les performances cognitives, y compris la mémoire, dans tous les groupes d'âge. De nombreuses études ont montré que l'exercice augmente la sécrétion de protéines neuroprotectrices et améliore la croissance et le développement des neurones, ce qui conduit à une meilleure santé cérébrale. L'exercice régulier au milieu de la vie est également associé à un risque réduit de démence plus tard dans la vie.

12. Opte pour des aliments anti-inflammatoires

Une alimentation riche en aliments anti-inflammatoires peut contribuer à améliorer ta mémoire. Les antioxydants aident à réduire l'inflammation dans le corps en diminuant le stress oxydatif causé par les radicaux libres. Tu peux obtenir des antioxydants à partir d'aliments tels que les fruits, les légumes et les thés. Une revue récente de neuf études portant sur plus de 31 000 personnes a révélé que celles qui consommaient plus de fruits et de légumes avaient un risque moindre de déclin cognitif et de démence par rapport à celles qui en consommaient moins. Les baies sont particulièrement riches en antioxydants tels que les flavonoïdes et les anthocyanes. Consommer des baies peut être un excellent moyen de prévenir la perte de mémoire. Une étude portant sur plus de 16 000 femmes a montré que celles qui consommaient le plus de myrtilles et de fraises avaient un déclin cognitif et une perte de mémoire plus lents que celles qui en consommaient moins.

1. Introduction

Salut et bienvenue dans le grand livre de culture générale ! Que tu recherches simplement plus de faits étonnants et passionnants, ou que tu souhaites être le numéro 1 incontesté au prochain quiz familial, ce livre te fournira des réponses aux questions les plus intéressantes, aux découvertes les plus importantes et au meilleur divertissement pour passer le temps. Attache ta ceinture et plonge dans le monde de la culture générale !

CONNAISSANCES GÉNÉRALES

2. Histoire & Politique

2.1 ÉVOLUTION HUMAINE

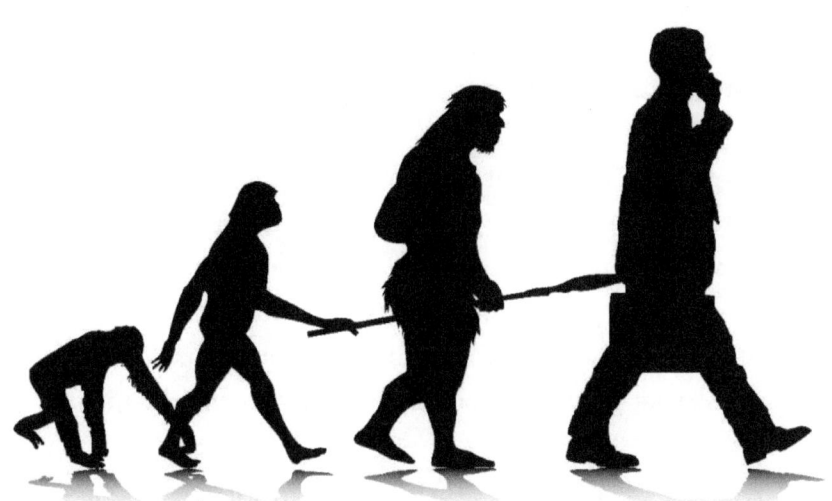

L'évolution humaine est le processus de changement prolongé par lequel les humains sont issus d'ancêtres ressemblant aux singes. Des preuves scientifiques montrent que les caractéristiques physiques et comportementales communes à tous les humains descendent d'ancêtres ressemblant aux singes et ont évolué sur une période d'environ six millions d'années.

L'une des premières caractéristiques humaines définissantes, la bipédie - la capacité à marcher sur deux jambes - s'est développée il y a plus de 4 millions d'années. D'autres caractéristiques humaines importantes, telles qu'un cerveau grand et complexe, la capacité de fabriquer et d'utiliser des outils, et la capacité de parler, se sont développées plus récemment. De nombreuses caractéristiques avancées -

y compris des formes d'expression symbolique complexes, l'art et une diversité culturelle élaborée - sont apparues principalement au cours des 100 000 dernières années.

L'homme est un primate. Des similitudes physiques et génétiques montrent que l'espèce humaine moderne, Homo sapiens, a une relation très étroite avec un autre groupe de primates, les grands singes, comprenant les chimpanzés (y compris les bonobos ou "chimpanzés nains") et les gorilles. Les humains et les grands singes d'Afrique ont un ancêtre commun qui vivait il y a 8 à 6 millions d'années. L'homme s'est d'abord développé en Afrique, et une grande partie de l'évolution humaine s'est déroulée sur ce continent. Les fossiles des premiers humains qui vivaient il y a 6 à 2 millions d'années se trouvent exclusivement en Afrique.

La plupart des scientifiques reconnaissent actuellement environ 15 à 20 espèces différentes d'hommes préhistoriques. Cependant, les scientifiques ne sont pas tous d'accord sur la manière dont ces espèces sont apparentées les unes aux autres ou lesquelles ont simplement disparu. Beaucoup d'espèces d'hommes préhistoriques - certainement la majorité d'entre elles - n'ont laissé aucun descendant vivant. Les scientifiques débattent également de la manière d'identifier et de classer certaines espèces d'hommes préhistoriques, ainsi que des facteurs ayant influencé l'évolution et l'extinction de chaque espèce.

Les premiers hommes préhistoriques ont probablement migré d'Afrique vers l'Asie il y a 2 à 1,8 millions d'années. Ils sont arrivés en Europe un peu plus tard, entre 1,5 et 1 million d'années. Les espèces d'humains modernes ont colonisé de nombreuses régions du monde beaucoup plus tard. Par exemple, les premiers humains sont probablement arrivés en Australie au cours des 60 000 dernières années et en Amérique au cours des 30 000 dernières années. Les débuts de l'agriculture et l'émergence des premières civilisations se sont produits au cours des 12 000 dernières années..

2.2 PALÉOANTHROPOLOGIE (CONNAISSANCES FONDAMENTALES DE L'ÉVOLUTION)

La paléoanthropologie est l'étude scientifique de l'évolution humaine. La paléoanthropologie est une branche de l'anthropologie, qui traite de la culture, de la société et de la biologie humaine. Ce domaine implique une compréhension des similitudes et des différences entre les humains et les autres espèces en ce qui concerne leurs gènes, leur forme corporelle, leur physiologie et leur comportement.

Les paléoanthropologues recherchent les origines des caractéristiques physiques et comportementales humaines. Ils cherchent à comprendre comment l'évolution a façonné les potentiels, les tendances et les limites de tous les êtres humains.

Pour de nombreuses personnes, la paléoanthropologie est un domaine scientifique passionnant car elle examine l'émergence des caractéristiques universelles et déterminantes de notre espèce sur des

CONNAISSANCES GÉNÉRALES

millions d'années. Cependant, certaines personnes trouvent le concept de l'évolution humaine troublant car il semble ne pas correspondre aux croyances religieuses et autres croyances traditionnelles sur l'origine des êtres humains, des autres êtres vivants et du monde.

Néanmoins, de nombreuses personnes ont réussi à concilier leurs convictions avec les preuves scientifiques.

Les premiers fossiles humains et les vestiges archéologiques fournissent les principales indications sur ce passé ancien. Ces vestiges comprennent des os, des outils et toutes les autres preuves (comme les empreintes de pas, les traces de feux de camp ou les marques de boucherie sur les os d'animaux) laissées par les ancêtres humains. Habituellement, ces restes ont été enfouis et conservés de manière naturelle. Ils sont ensuite découverts soit en surface (mis au jour par la pluie, les rivières et l'érosion du vent), soit en creusant le sol. L'étude des os fossilisés permet aux scientifiques de comprendre l'apparence physique des ancêtres humains et comment elle a évolué. La taille et la forme des os, ainsi que les empreintes laissées par les muscles, nous révèlent comment ces ancêtres se déplaçaient, tenaient des outils et comment la taille de leur cerveau a changé au fil du temps. Les preuves archéologiques se rapportent aux objets fabriqués par les anciens humains et aux endroits où les scientifiques les trouvent. En examinant ce type de preuves, les archéologues peuvent comprendre comment les anciens humains fabriquaient et utilisaient des outils, ainsi que comment ils vivaient dans leur environnement.

2.3 ÉVOLUTION EN GÉNÉRAL

Le processus de l'évolution implique une série de changements naturels qui conduisent à l'émergence d'espèces (populations d'organismes différents), à leur adaptation à l'environnement et à leur extinction. Toutes les espèces ou organismes ont émergé par le processus d'évolution biologique. Chez les animaux qui se reproduisent sexuellement, y compris les humains, le terme "espèce" se réfère à un groupe dont les membres adultes se croisent régulièrement, donnant naissance à une descendance fertile - c'est-à-dire des descendants capables de se reproduire eux-mêmes. Les scientifiques classifient chaque espèce avec un nom scientifique unique en deux parties. Dans ce système, l'homme moderne est classé comme Homo sapiens.

L'évolution se produit lorsque le matériel génétique - la molécule chimique, l'ADN - change, hérité des parents, et en particulier les proportions des différents gènes dans une population. Les gènes représentent les sections de l'ADN qui fournissent le code chimique pour la fabrication des protéines. Les informations contenues dans l'ADN peuvent changer par un processus appelé mutation. La manière dont certains gènes sont exprimés - c'est-à-dire comment ils influencent le corps ou le comportement d'un organisme - peut également changer. Les gènes influencent le développement du corps et du comportement d'un organisme au cours de sa vie, et donc les caractéristiques génétiquement héritées peuvent influencer la probabilité de survie et de reproduction d'un organisme.

L'évolution ne modifie pas un individu unique. Au lieu de cela, elle modifie les moyens hérités de croissance et de développement qui caractérisent une population (un groupe d'individus de la même espèce vivant dans un habitat particulier). Les parents transmettent des changements génétiques adaptatifs à leur descendance, et finalement, ces changements deviennent communs dans une population. En conséquence, les descendants héritent des traits génétiques qui augmentent leurs chances de survie et de reproduction, ce qui peut bien fonctionner jusqu'à ce que l'environnement change. Avec le temps, les changements génétiques peuvent modifier tout le mode de vie d'une espèce, par exemple ce qu'elle mange, comment elle grandit et où elle peut vivre. L'évolution humaine s'est produite lorsque de nouvelles variations génétiques dans les populations de nos ancêtres ont favorisé de nouvelles capacités d'adaptation aux changements environnementaux, modifiant ainsi le mode de vie humain.

2.4 RÉVOLUTION NÉOLITHIQUE

La Révolution néolithique a débuté vers 10 000 av. J.-C. dans le Croissant fertile, une région en forme de boomerang au Moyen-Orient, où les humains ont commencé à pratiquer l'agriculture. Peu après, les populations de l'âge de pierre dans d'autres parties du monde ont également commencé à pratiquer l'agriculture. Les innovations de la Révolution néolithique ont conduit à l'émergence de civilisations et de villes.

Néolithique

La période du Néolithique est parfois également appelée la nouvelle période de l'âge de la pierre. Les personnes de la période néolithique utilisaient des outils en pierre, tout comme leurs ancêtres de l'âge de la pierre qui vivaient en petits groupes de chasseurs-cueilleurs durant la dernière période glaciaire, menant une existence marginale. L'archéologue australien V. Gordon Childe a inventé en 1935 le terme "Révolution néolithique" pour décrire la période de changement radical et significatif au cours de laquelle les gens ont commencé à cultiver des plantes, à élever des animaux pour l'alimentation et à former des établissements permanents. L'avènement de l'agriculture a distingué les gens du Néolithique de leurs ancêtres du paléolithique. De nombreux aspects de la civilisation moderne peuvent être attribués à ce moment de l'histoire, lorsque les gens ont commencé à vivre en communautés.

Les causes de la Révolution néolithique

Il n'y avait pas un seul facteur qui a conduit les gens à commencer l'agriculture il y a environ 12 000 ans. Les causes de la Révolution néolithique peuvent avoir varié d'une région à l'autre.

CONNAISSANCES GÉNÉRALES

Environ 14 000 ans auparavant, à la fin de la dernière période glaciaire, une tendance au réchauffement s'est installée sur Terre. Certains scientifiques pensent que les changements climatiques ont contribué à promouvoir la révolution agricole.

Dans le Croissant fertile, délimité à l'ouest par la mer Méditerranée et à l'est par le golfe Persique, le blé sauvage et l'orge ont commencé à pousser avec le réchauffement. Les peuples pré-néolithiques, appelés Natufiens, ont commencé à construire des habitations permanentes dans la région.

D'autres scientifiques suggèrent que des avancées intellectuelles dans le cerveau humain pourraient avoir incité les gens à adopter un mode de vie sédentaire. Des artefacts religieux et des représentations artistiques, précurseurs de la civilisation humaine, ont été découverts dans les premières colonies néolithiques.

La période néolithique a commencé lorsque certains groupes de personnes ont abandonné complètement le mode de vie nomade de chasseurs-cueilleurs pour se tourner vers l'agriculture. Il aurait pu s'écouler des centaines voire des milliers d'années avant que les gens ne passent d'un mode de vie basé sur les plantes sauvages à la création de petits jardins, puis à la gestion de vastes champs de céréales.

Les personnes du Néolithique

Le site archéologique de Çatalhöyük dans le sud de la Turquie est l'une des colonies néolithiques les mieux préservées. L'étude du site a permis aux chercheurs de mieux comprendre la transition d'une vie nomade de chasse et de cueillette à un mode de vie agricole. Les archéologues ont déterré plus d'une douzaine de maisons en briques de terre vieilles de 9 500 ans à Çatalhöyük. Ils estiment qu'il pourrait y avoir eu jusqu'à 8 000 habitants ici. Les maisons étaient si proches les unes des autres que les habitants devaient entrer dans les maisons par un trou dans le toit.

Les habitants de la ville semblent avoir apprécié l'art et la spiritualité. Ils enterraient leurs morts sous les sols de leurs maisons. Les murs des maisons sont couverts de peintures murales représentant des hommes chassant, des bovins et des déesses féminines. Certaines des premières preuves d'agriculture proviennent du site archéologique de Tell Abu Hureyra, un petit village sur l'Euphrate dans l'actuelle Syrie. Le village était habité de 11 500 à 7 000 av. J.-C. Les habitants de Tell Abu Hureyra chassaient d'abord des gazelles et d'autres animaux sauvages. Vers 9 700 av. J.-C., ils ont commencé à récolter des céréales sauvages. Plusieurs grands outils en pierre utilisés pour moudre les céréales ont été trouvés sur le site.

Inventions agricoles

Domestication of Plants: Céréales telles que l'épeautre, l'engrain et l'orge étaient parmi les premières plantes cultivées domestiquées par les communautés agricoles néolithiques du Croissant fertile. Ces premiers agriculteurs ont également domestiqué les lentilles, les pois chiches, les pois et le lin. La domestication est le processus par lequel les agriculteurs sélectionnent des caractéristiques souhaitables en élevant des générations successives d'une plante ou d'un animal. Avec le temps, une espèce domestiquée diffère de son parent sauvage. Les agriculteurs néolithiques ont choisi des plantes faciles à récolter. Par exemple, le blé sauvage tombe au sol et se casse lorsqu'il est mûr. Les premiers humains ont élevé du blé qui restait sur la tige, ce qui le rendait plus facile à récolter. Environ à la même époque où les agriculteurs du Croissant fertile ont commencé à semer du blé, les peuples d'Asie ont commencé à cultiver du riz et du mil. Les archéologues ont découvert des vestiges de rizières préhistoriques dans des marais chinois vieux d'au moins 7 700 ans. Au Mexique, la culture de courges a commencé il y a environ 10 000 ans, tandis que des plantes similaires au maïs ont émergé il y a environ 9000 ans.

Domesticated Animals: Les premiers animaux domestiqués provenaient d'animaux chassés pour leur viande par les gens du Néolithique. Par exemple, les porcs domestiques descendent des sangliers, tandis que les chèvres descendent du mouflon. Les animaux domestiqués ont permis le travail physique pénible de l'agriculture, tandis que leur lait et leur viande ont enrichi l'alimentation humaine. Ils étaient également porteurs de maladies infectieuses : la variole, la grippe et la rougeole ont été transmises à l'homme par des animaux domestiqués.

Les premiers animaux domestiqués incluaient également les moutons et les bovins. Ils sont apparus en Mésopotamie entre 10 000 et 13 000 ans. Les buffles d'eau et les yaks ont été domestiqués peu de temps après en Chine, en Inde et au Tibet. Les animaux de trait tels que les bœufs, les ânes et les chameaux sont apparus beaucoup plus tard, vers 4 000 av. J.-C., lorsque les gens ont développé des routes commerciales pour le transport de marchandises.

Les conséquences de la Révolution néolithique
La révolution néolithique a conduit à la création de vastes colonies humaines établissant des établissements permanents soutenus par l'agriculture. Elle a ouvert la voie aux innovations des périodes ultérieures de l'âge du bronze et du fer, lorsque les progrès dans la fabrication d'outils pour l'agriculture, la guerre et l'art ont conquis le monde, et les civilisations se sont rassemblées à travers le commerce et la conquête.

2.5 GRÈCE ANTIQUE - GÉOGRAPHIE, POLITIQUE, MYTHOLOGIE

La Grèce est un pays d'Europe du Sud-Est, connu en grec sous le nom de Hellas ou Ellada, composé d'une partie continentale et d'un archipel d'îles. La Grèce antique est le berceau de la philosophie occidentale (Socrate, Platon et Aristote), de la littérature (Homère et Hésiode), des mathématiques (Pythagore et Euclide), de l'histoire (Hérodote), du théâtre (Sophocle, Euripide et Aristophane), des Jeux olympiques et de la démocratie.

Le concept d'un univers atomique a été postulé pour la première fois en Grèce par le travail de Démocrite et de Leucippe. Le processus de la méthode scientifique moderne a été introduit pour la première fois par le travail de Thalès de Milet et de ceux qui l'ont suivi. L'alphabet latin provient également de la Grèce antique et a été introduit dans la région lors de la colonisation phénicienne au VIIIe siècle av. J.-C. Les premiers travaux en physique et en ingénierie ont été poussés en avant, entre autres, par Archimède, de la colonie grecque de Syracuse.

La partie continentale de la Grèce est une grande péninsule entourée de trois côtés par la mer Méditerranée (se ramifiant à l'ouest dans la mer Ionienne et à l'est dans la mer Égée) et comprenant également les îles connues sous le nom de Cyclades et Dodécanèse (dont Rhodes), les îles Ioniennes (y compris Corfou), l'île de Crète et la péninsule du Péloponnèse au sud. La géographie de la Grèce a eu une grande influence sur la culture, car avec peu de ressources naturelles et entourée d'eau, les gens ont fini par gagner leur vie en mer. Les montagnes couvrent 80 % de la Grèce et seuls de petits fleuves coulent à travers un paysage rocheux qui offre peu d'incitation à l'agriculture. Par conséquent, les premiers Grecs ont colonisé les îles voisines et ont fondé des colonies le long de la côte d'Anatolie (également connue sous le nom d'Asie mineure, aujourd'hui la Turquie). Les Grecs sont devenus des marins et des commerçants habiles qui, grâce à leur abondance de matières premières pour la construction en pierre et à leur grande habileté, ont érigé certains des édifices les plus impressionnants de l'Antiquité.

Le terme Hellas vient de Hellène, le fils de Deucalion et Pyrrha, qui jouent un rôle important dans le récit du grand déluge dans les Métamorphoses d'Ovide. Le mythe de Deucalion (fils du Titan Prométhée qui a apporté le feu) était le sauveur de l'humanité du déluge, tout comme Noé dans la version biblique ou Utnapishtim dans la version mésopotamienne.
Deucalion et Pyrrha repeuplent la terre une fois que les inondations ont reculé en jetant des pierres qui se transforment en êtres humains, le premier étant Hellène. Contrairement à l'opinion populaire, Hellas et Ellada n'ont rien à voir avec Hélène de Troie dans l'Iliade d'Homère.

Préhistoire de la Grèce antique

L'histoire de la Grèce antique est plus facile à comprendre si on la divise en périodes. Déjà au Paléolithique, la région était habitée et cultivée, comme le montrent les découvertes dans les grottes de Petralona et Franchthi (deux des plus anciens habitats humains du monde). La période du Néolithique (environ 6000 - environ 2900 av. J.-C.) est marquée par des établissements permanents (principalement dans le nord de la Grèce), la domestication des animaux et le développement de l'agriculture. Les découvertes archéologiques dans le nord de la Grèce (notamment en Thessalie, en Macédoine et à Sésklo) suggèrent une migration en provenance d'Anatolie, car les tasses, les bols et les figurines en céramique trouvées là-bas présentent des caractéristiques différentes des découvertes néolithiques en Anatolie. Ces premiers colons étaient principalement des agriculteurs, car le nord de la Grèce était plus propice à l'agriculture que d'autres régions, et ils vivaient dans des maisons en pierre d'une pièce avec un toit en bois et un revêtement en argile.

La civilisation cycladique (environ 3200-1100 av. J.-C.) a prospéré sur les îles de la mer Égée (y compris Délos, Naxos et Paros) et fournit les premières preuves d'une occupation humaine continue dans cette région. Pendant la période cycladique, des maisons et des temples en pierre finie ont été construits et les gens gagnaient leur vie grâce à la pêche et au commerce. Cette période est généralement divisée en trois phases : Précycladique, Méso-cycladique et Tardocycladique, avec un développement constant dans les arts et l'architecture. Les deux dernières phases se chevauchent et se fondent finalement avec la civilisation minoenne, et les différences entre les périodes deviennent indiscernables. La civilisation minoenne (2700-1500 av. J.-C.) s'est développée sur l'île de Crète et est rapidement devenue la puissance maritime dominante dans la région. Le terme "minoïque" a été forgé par l'archéologue Sir Arthur Evans, qui a mis au jour le palais minoen de Cnossos en 1900 de notre ère et a nommé la culture d'après le roi crétois antique Minos. Le nom sous lequel les gens se connaissaient n'est pas connu. La civilisation minoenne a prospéré, tout comme la civilisation cycladique, bien avant les dates modernes acceptées marquant leur existence et probablement avant 6000 av. J.-C.

Les Minoens ont développé un système d'écriture connu sous le nom de linéaire A (qui n'a pas encore été déchiffré) et ont progressé dans la construction navale, la construction, la poterie, les arts, les sciences et la guerre. Le roi Minos est crédité par les historiens anciens (dont Thucydide) d'avoir été le premier à fonder une flotte avec laquelle il a colonisé ou conquis les Cyclades. Des découvertes archéologiques et géologiques à Crète suggèrent que cette civilisation a décliné en raison d'une surexploitation de la terre, entraînant la déforestation, bien que la croyance traditionnelle soit qu'elle a été conquise par les Mycéniens. L'éruption du volcan de l'île voisine de Théra (l'actuel Santorin) entre 1650 et 1550 av. J.-C. et le tsunami qui a suivi sont considérés comme la cause finale du déclin des Minoens. L'île de Crète a été inondée et les villes et villages détruits. Cet événement est souvent cité comme source d'inspiration pour le mythe de l'Atlantide de Platon dans ses dialogues Kritias et Timaios.

Les Mycéniens et leurs dieux

La civilisation mycénienne (environ 1900-1100 av. J.-C.) est généralement considérée comme le début de la culture grecque, bien que nous ne sachions presque rien des Mycéniens, sauf ce que nous pouvons découvrir grâce aux découvertes archéologiques et au récit d'Homère sur leur guerre avec Troie dans l'Iliade. On leur attribue l'établissement de la culture, en particulier en raison de leurs avancées architecturales, du développement d'un système d'écriture (connu sous le nom de linéaire B, une forme précoce du grec dérivée du linéaire A minoen) et de l'introduction ou de l'amélioration de rites religieux. Les Mycéniens semblent avoir été fortement influencés par les Minoens de Crète dans leur vénération des déesses de la terre et des dieux du ciel, qui ont évolué avec le temps pour devenir le panthéon grec classique. La mythologie grecque a fourni un solide paradigme pour la création de l'univers, du monde et des êtres humains. Un mythe ancien raconte qu'au début, il n'y avait que le Chaos sous forme d'eau infinie. Du Chaos est née la déesse Eurynomé, qui a séparé l'eau de l'air et a commencé sa danse de création avec le serpent Ophion. De sa danse est née toute la création, et Eurynomé était à l'origine la grande déesse mère et créatrice de toutes choses.

À l'époque où Hésiode et Homère écrivaient (VIIIe siècle av. J.-C.), cette histoire avait évolué vers le mythe plus connu des Titans, de la guerre de Zeus contre eux et de la naissance des dieux olympiens,

CONNAISSANCES GÉNÉRALES

Zeus étant leur chef. Ce changement suggère un passage d'une religion matriarcale à un paradigme patriarcal. Quel que soit le modèle suivi, les dieux interagissaient clairement régulièrement avec les humains qui les vénéraient et étaient une partie intégrante de la vie quotidienne dans la Grèce antique. Avant l'arrivée des Romains, la seule route du continent grec qui n'était pas un sentier pour les vaches était la Voie Sacrée, qui reliait la ville d'Athènes à la ville sainte d'Éleusis, lieu des Mystères d'Éleusis célébrant la déesse Déméter et sa fille Perséphone.

Vers 1100 av. J.-C., environ au moment de l'effondrement de l'âge du bronze, les grandes cités mycéniennes du sud-ouest de la Grèce furent abandonnées et, selon certaines théories, leur civilisation fut détruite par une invasion des Grecs doriques. Les preuves archéologiques ne sont pas concluantes sur ce qui a causé le déclin des Mycéniens. Étant donné qu'aucun enregistrement écrit de cette époque n'a survécu (ou doit encore être découvert), on ne peut que spéculer sur les causes. Les tablettes de linéaire B trouvées jusqu'à présent ne contiennent que des listes de marchandises échangées ou stockées. Cependant, il semble clair que après la prétendue "période obscure" grecque (environ 1100-800 av. J.-C., ainsi appelée en raison de l'absence de documents écrits), la colonisation grecque s'est poursuivie dans de vastes régions de l'Asie Mineure et des îles entourant le continent grec, et a commencé à réaliser des progrès culturels significatifs. Vers 585 av. J.-C., le premier philosophe grec, Thalès de Milet, s'est engagé dans ce qui serait maintenant appelé la recherche scientifique sur la côte asiatique mineure, et cette région des colonies ioniennes a produit d'importantes percées dans la philosophie et les mathématiques grecques. La période archaïque (800-500 av. J.-C.) est marquée par l'introduction de républiques en remplacement des monarchies (se dirigeant vers une règle démocratique à Athènes), organisées en une seule cité-État ou polis, l'introduction de lois (réformes de Dracon à Athènes), la naissance des grands Panathénées, la poterie grecque distinctive et la sculpture grecque, ainsi que la frappe des premières pièces de monnaie sur l'île d'Égine.

Ainsi, les fondations de la période florissante de la période classique de la Grèce antique étaient posées, datant de 500-400 av. J.-C., ou plus précisément de 480-323 av. J.-C., de la victoire grecque à la bataille de Salamine à la mort d'Alexandre le Grand. C'était l'âge d'or d'Athènes, lorsque Périclès a initié la construction de l'Acropole et a prononcé son célèbre discours en l'honneur des hommes morts lors de la défense de la Grèce à la bataille de Marathon en 490 av. J

.-C. La Grèce a atteint des sommets dans presque tous les domaines du savoir humain à cette époque, et les grands penseurs et artistes de l'Antiquité (Phidias, Platon, Aristophane, pour n'en nommer que trois) ont prospéré. Léonidas et ses 300 Spartiates sont tombés à Thermopyles et la même année (480 av. J.-C.), Thémistocle a remporté la victoire sur la flotte perse supérieure à Salamine, ce qui a conduit à la défaite finale des Perses à la bataille de Platées en 479 av. J.-C.

La démocratie (littéralement "démos" pour le peuple et "kratos" pour le pouvoir, donc le pouvoir du peuple) a été introduite à Athènes, accordant à tous les citoyens masculins de plus de 20 ans une voix dans le gouvernement grec. Les philosophes présocratiques, suivant l'exemple de Thalès, ont initié ce qui deviendrait plus tard la méthode scientifique d'exploration des phénomènes naturels.

Des hommes comme Anaximandre, Anaximène, Pythagore, Démocrite, Xénophane et Héraclite ont abandonné le modèle théiste de l'univers et ont cherché à découvrir la cause première sous-jacente de la vie et de l'univers. Leurs successeurs, dont Euclide et Archimède, ont fait progresser la science grecque et la recherche philosophique, établissant les mathématiques en tant que discipline sérieuse.

L'exemple de Socrate et les écrits de Platon et Aristote après lui ont influencé la culture et la société occidentales pendant plus de deux mille ans. Cette période a également vu des avancées dans l'architecture et l'art, avec un passage de l'idéalisme au réalisme. Des œuvres célèbres de la sculpture grecque, comme les marbres du Parthénon et le Discobole (le lanceur de disque), proviennent de cette époque et incarnent l'intérêt des artistes pour représenter de manière réaliste les émotions humaines, la beauté et les réalisations, même si ces qualités sont présentées dans des œuvres impliquant des immortels. Toutes ces évolutions culturelles ont été rendues possibles par l'ascension d'Athènes après la victoire grecque sur les Perses en 480 av. J.-C. La paix et la prospérité qui ont suivi la défaite des Perses ont permis à la culture de s'épanouir. Athènes est devenue la superpuissance de l'époque, capable d'imposer des tributs et de faire respecter ses souhaits aux autres cités-États grâce à la plus puissante flotte. Athènes a fondé la Ligue de Délos, une alliance défensive dont l'objectif déclaré était de dissuader les Perses de nouvelles hostilités. Cependant, la cité-État de Sparte doutait de la sincérité des Athéniens et a fondé sa propre alliance pour se protéger contre leurs ennemis, la Ligue du Péloponnèse (ainsi nommée d'après la région du Péloponnèse où se trouvaient Sparte et les autres cités). Les cités qui se sont rangées du côté de Sparte ont fini par considérer Athènes de plus en plus comme une tyrannie, tandis que celles qui ont soutenu Athènes considéraient Sparte et ses alliés avec une méfiance grandissante. Les tensions entre ces deux parties ont finalement débouché sur ce qui est devenu les Guerres du Péloponnèse. Le premier conflit (vers 460-445 av. J.-C.) s'est terminé par un armistice et une prospérité continue pour les deux parties, tandis que le second (431-404 av. J.-C.) a laissé Athènes en ruines et a laissé Sparte, le vainqueur, exsangue après sa longue guerre avec Thèbes. Cette période est généralement appelée période du "haut classique" (vers 400-330 av. J.-C.). Le vide de pouvoir laissé par la chute de ces deux cités a été comblé par Philippe II de Macédoine (382-336 av. J.-C.) après sa victoire sur les forces athéniennes et leurs alliés à la bataille de Chéronée en 338 av. J.-C. Philippe a unifié les cités-États grecques sous la domination macédonienne, et à sa mort en 336 av. J.-C., son fils Alexandre a pris le trône.

Alexandre le Grand et Rome

Alexandre le Grand (356-323 av. J.-C.) poursuivit les plans de son père pour une invasion d'envergure des Perses en représailles de leur invasion de la Grèce en 480 av. J.-C. Ayant pratiquement tout le

CONNAISSANCES GÉNÉRALES

territoire grec sous son commandement, une armée permanente de taille considérable et une trésorerie bien remplie, Alexandre n'avait pas besoin de s'inquiéter des alliés ou de consulter quiconque au sujet de son plan d'invasion. Ainsi, il conduisit son armée en Égypte, à travers l'Asie Mineure, la Perse et finalement jusqu'en Inde. Éduqué dans sa jeunesse par Aristote, le célèbre disciple de Platon, Alexandre diffusa les idéaux de la civilisation grecque à travers ses conquêtes et transmit l'art, la philosophie, la culture et la langue grecque dans chaque région avec laquelle il entra en contact.

En 323 av. J.-C., Alexandre décéda et son vaste empire fut partagé entre quatre de ses généraux. Cela marqua ce que les historiens appellent la période hellénistique (323-31 av. J.-C.), au cours de laquelle la pensée et la culture grecques dominèrent les différentes régions sous l'influence de ces généraux. Après les guerres des Diadoques (les successeurs d'Alexandre), Antigone Ier fonda la dynastie antigonide en Grèce, qu'il finit par perdre. Elle fut rétablie par son petit-fils, Antigone II Gonatas, en 276 av. J.-C., qui gouverna depuis son palais en Macédoine. Pendant cette période, la République romaine s'immisça de plus en plus dans les affaires de la Grèce et vainquit la Macédoine en 168 av. J.-C. lors de la bataille de Pydna. Après cette date, la Grèce fut de plus en plus influencée par Rome. En 146 av. J.-C., la région fut déclarée protectorat de Rome, et les Romains commencèrent à adopter la mode, la philosophie et dans une certaine mesure les sensibilités grecques. En 31 av. J.-C., Octavien César annexa le territoire en tant que province romaine après sa victoire sur Marc Antoine et Cléopâtre lors de la bataille d'Actium. Octavien devint plus tard Auguste César, et la Grèce devint partie intégrante de l'Empire romain.

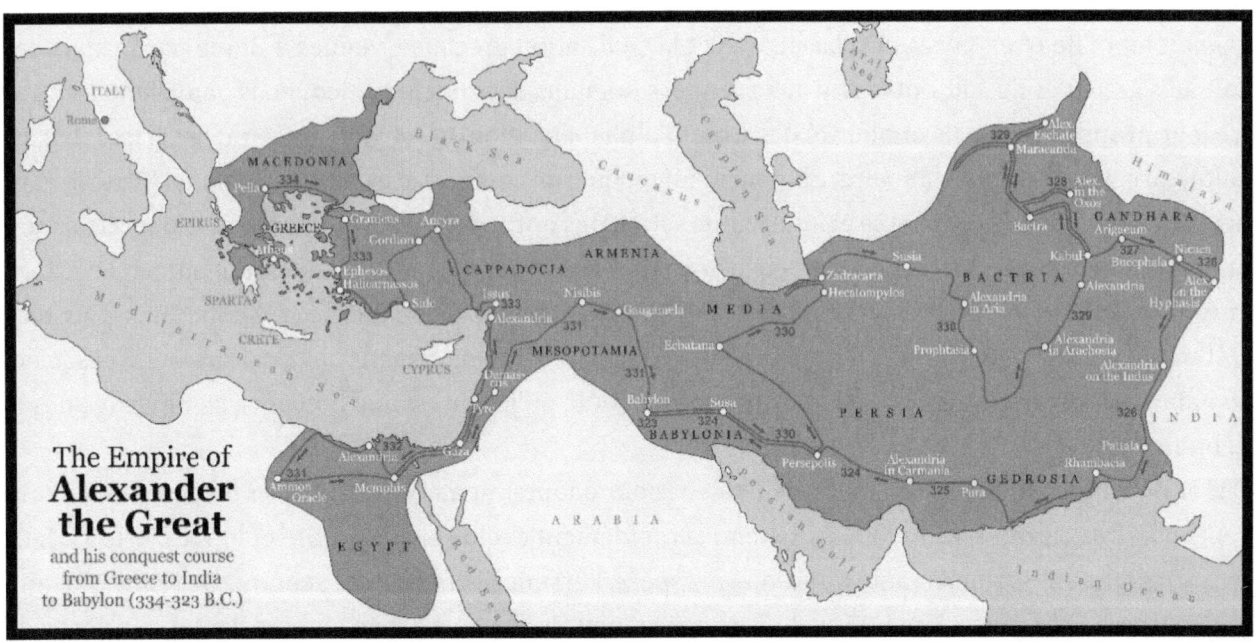

NORBERT KIRCHHUBER

2.6 L'ANCIENNE ROME - GÉOGRAPHIE, POLITIQUE

Selon la légende, la Rome antique aurait été fondée le 21 avril 753 av. J.-C. par les deux frères et demi-dieux Romulus et Rémus. La légende prétend que Romulus, lors d'un différend sur qui régnerait sur la ville (ou, dans une autre version, où la ville serait située), tua Rémus et donna à la ville son propre nom. Cette histoire de la fondation de Rome est la plus connue, mais ce n'est pas la seule. D'autres légendes prétendent que la ville a été nommée d'après une femme, Roma, qui a voyagé avec Énée et les autres survivants de Troie après la chute de cette ville. Lorsqu'ils ont débarqué sur les rives du Tibre, Roma et les autres femmes ont résisté lorsque les hommes ont voulu continuer leur voyage. Elle a dirigé les femmes dans la combustion des navires troyens, laissant ainsi les survivants de Troie échoués à l'endroit qui deviendrait plus tard Rome. Énée de Troie est mentionné dans cette légende ainsi que dans l'Énéide de Virgile en tant que fondateur de Rome et ancêtre de Romulus et Rémus, associant ainsi Rome à la grandeur et à la puissance qu'était autrefois Troie. D'autres théories sur le nom de la célèbre ville suggèrent qu'il pourrait provenir de "Rumon", le nom antique du Tibre, et simplement désigner un lieu pour le petit centre commercial situé sur ses rives, ou qu'il pourrait dériver d'un mot étrusque qui aurait pu désigner l'une de leurs colonies.

Rome ancienne

À l'origine une petite ville sur les rives du Tibre, Rome a rapidement grandi en taille et en force grâce au commerce. L'emplacement de la ville offrait aux commerçants une voie navigable facile pour transporter leurs marchandises. La ville a été gouvernée par sept rois, de Romulus à Tarquin, pendant qu'elle gagnait en taille et en puissance. La culture et la civilisation grecques, venues à Rome par le biais des colonies grecques du sud, ont fourni aux premiers Romains un modèle sur lequel ils pouvaient construire leur propre culture. Ils ont hérité des Grecs l'alphabétisation, la religion ainsi que les bases de l'architecture. Les Étrusques, au nord, ont fourni un modèle de commerce et de luxe urbain. L'Étrurie était également propice au commerce et les premiers Romains ont appris les compétences commerciales soit auprès d'exemples étrusques, soit ont été directement instruits par les Étrusques, qui ont pénétré dans la région de Rome entre 650 et 600 av. J.-C. (bien que leur influence ait été ressentie bien plus tôt). L'étendue du rôle joué par la civilisation étrusque dans le développement de la culture et de la société romaines est controversée, mais il ne fait guère de doute qu'ils ont eu une influence significative dès le début.

Dès le départ, les Romains ont montré un talent pour adopter et améliorer les compétences et les concepts d'autres cultures. Le royaume de Rome a rapidement évolué entre le VIIIe et le VIe siècle av. J.-C., passant d'une ville commerçante à une ville prospère. Lorsque le dernier des sept rois de Rome, Tarquin le Superbe, a été renversé en 509 av. J.-C., son rival pour le pouvoir, Lucius Junius Brutus, a réformé le système de gouvernement et a fondé la République romaine.

CONNAISSANCES GÉNÉRALES

Guerre et Expansion

Bien que la prospérité de la ville au cours de ses premières années ait été due au commerce, c'est la guerre romaine qui devait en faire une puissance majeure dans le monde antique. Les guerres avec la cité nord-africaine de Carthage (connues sous le nom de guerres puniques, 264-146 av. J.-C.) ont renforcé le pouvoir de Rome et ont accru la richesse et le prestige de la ville. Rome et Carthage étaient des rivaux dans le commerce en Méditerranée occidentale, et après la défaite de Carthage, Rome avait une prédominance quasi absolue dans la région, bien qu'il y ait encore eu des incursions de pirates qui empêchaient un contrôle romain total de la mer.

Alors que la République romaine gagnait en puissance et en prestige, la ville de Rome commençait à souffrir des effets de la corruption, de la cupidité et de la dépendance excessive envers la main-d'œuvre d'esclaves étrangers. Des bandes de Romains au chômage, devenus sans emploi en raison de l'afflux d'esclaves amenés par les conquêtes territoriales, se faisaient engager comme voyous et faisaient ce qu'un sénateur riche exigeait d'eux. L'élite fortunée de la ville, les patriciens, devenait de plus en plus riche au détriment de la classe ouvrière, les plébéiens. Au IIe siècle av. J.-C., les frères Gracques, Tibère et Caïus, tous deux tribuns romains, ont dirigé un mouvement en faveur de la réforme agraire et des réformes politiques en général. Bien que les deux frères aient été tués dans cette cause, leurs efforts ont conduit à des réformes législatives et la corruption effrénée au sein du Sénat romain a été contenue (ou du moins les sénateurs sont devenus plus discrets dans leurs activités corrompues). À l'époque du Premier Triumvirat, la ville et la République romaine étaient à leur apogée.

La République

Cependant, Rome était divisée en deux classes. La classe dirigeante se nommait les Optimates (les meilleurs hommes), tandis que les classes inférieures ou ceux qui sympathisaient avec eux étaient appelés les Populares (le peuple). Ces noms étaient simplement appliqués à ceux qui défendaient une certaine idéologie politique ; il ne s'agissait ni de partis politiques stricts, ni tous les membres de la classe dirigeante étaient des "optimates", ni tous les membres des classes inférieures étaient des "populares".

En général, les Optimates s'accrochaient aux valeurs politiques et sociales traditionnelles qui favorisaient le pouvoir du Sénat romain et le prestige ainsi que la suprématie de la classe dirigeante. Les Populares, quant à eux, soutenaient généralement des réformes et une démocratisation de la République romaine. Ces idéologies opposées devaient se heurter sous la forme de trois hommes qui, sans le savoir, précipiteraient la fin de la République romaine. Marcus Licinius Crassus et son rival politique Gnaeus Pompeius Magnus (Pompée le Grand) se sont associés à un autre politicien plus jeune, Gaius Julius Caesar, pour former ce que les historiens modernes appellent le premier triumvirat de Rome (bien que les

Romains n'aient jamais utilisé ce terme à l'époque, ni les trois hommes qui ont formé le triumvirat). Crassus et Pompeius défendaient tous deux la ligne politique optimale, tandis que César était un Populaire.

Les trois hommes étaient également ambitieux et se disputaient le pouvoir, mais ils pouvaient se tenir mutuellement en échec tout en contribuant à la prospérité de Rome. Crassus était l'homme le plus riche de Rome et était si corrompu qu'il forçait les citoyens aisés à lui payer une "taxe de sécurité". Si le citoyen payait, Crassus ne brûlerait pas la maison de cette personne, mais s'il n'y avait pas d'argent, le feu serait allumé et Crassus demanderait ensuite une somme pour envoyer des hommes éteindre le feu. Bien que le motif derrière la création de ces "brigades anti-incendie" n'ait rien d'édifiant, Crassus a effectivement fondé le premier service d'incendie, qui s'est révélé très précieux pour la ville par la suite. Tant Pompée que César étaient de grands généraux qui ont enrichi Rome par leurs conquêtes respectives. Bien que Crassus fût l'homme le plus riche de Rome (et, prétendument, le plus riche de toute l'histoire romaine), il aspirait au même respect que les gens accordaient à Pompée et à César pour leurs succès militaires. En 53 av. J.-C., il dirigea une grande force contre les Parthes et fut vaincu à la bataille de Carrhes, en Turquie actuelle, où il fut tué lorsque les négociations de cessez-le-feu échouèrent.

Sans Crassus, le premier triumvirat se désintégra et Pompée et César se déclarèrent mutuellement la guerre. Pompée tenta d'éliminer son rival légalement et fit convoquer César par le Sénat à Rome pour comparaître devant la justice. Plutôt que de retourner humblement en ville pour faire face à ces accusations, César franchit en 49 av. J.-C. le Rubicon avec son armée et entra à la tête dans Rome. Il refusa de répondre aux accusations et se concentra sur l'élimination de Pompée comme rival. Pompée et César se sont affrontés en 48 av. J.-C. lors de la bataille de Pharsale en Grèce, où les forces numériquement inférieures de César ont vaincu celles, plus importantes, de Pompée. Pompée lui-même s'est enfui en Égypte, espérant y trouver refuge, mais fut assassiné à son arrivée. La nouvelle de la grande victoire de César contre une force supérieure à Pharsale s'est rapidement répandue et de nombreux anciens amis et alliés de Pompée se sont rapidement rangés du côté de César, croyant qu'il était favorisé par les dieux.

En route vers l'Empire

Jules César était désormais l'homme le plus puissant de Rome. Il mit effectivement fin à l'époque de la République en se faisant proclamer dictateur par le Sénat. Sa popularité auprès du peuple était immense et ses efforts pour créer un gouvernement central fort et stable ont entraîné plus de prospérité pour la ville de Rome. Pourtant, c'est précisément en raison de ces réalisations qu'il fut assassiné en 44 av. J.-C. par un groupe de sénateurs romains. Les conspirateurs, parmi lesquels Brutus et Cassius, semblaient craindre que César ne devienne trop puissant et finisse par abolir le Sénat. Après sa mort, sa main droite et son cousin Marcus Antonius (Marc Antoine) se sont alliés au neveu et héritier de César, Gaius

Octavius Thurinus (Octavien), ainsi qu'à l'ami de César, Marcus Aemilius Lepidus, pour vaincre les forces de Brutus et Cassius lors de la bataille de Philippes en 42 av. J.-C.

Octavien, Antonius et Lepidus formèrent le Deuxième Triumvirat de Rome, mais tout comme le premier, ces hommes étaient tout aussi ambitieux. Lepidus fut effectivement neutralisé lorsque Antonius et Octavien convinrent qu'il devrait gouverner l'Hispanie et l'Afrique, l'éloignant ainsi de tout jeu de pouvoir à Rome. Il fut convenu qu'Octavien gouvernerait les territoires romains de l'Ouest et Antonius ceux de l'Est. Cependant, les fiançailles d'Antonius avec la reine égyptienne Cléopâtre VII perturbèrent l'équilibre qu'Octavien espérait maintenir, et les deux se lancèrent dans la guerre. Les forces combinées d'Antonius et de Cléopâtre furent vaincues lors de la bataille d'Actium en 31 av. J.-C., et tous deux se suicidèrent plus tard.

Octavien se présenta comme la seule puissance à Rome. En 27 av. J.-C., le Sénat lui accorda des pouvoirs extraordinaires et il prit le nom d'Auguste, le premier empereur de Rome. Les historiens s'accordent à dire que c'est à ce moment-là que l'histoire de Rome prend fin et que commence l'histoire de l'Empire romain.

2.7 L'EMPIRE ROMAIN

L'Empire romain était à son apogée (vers 117 apr. J.-C.) la structure politique et sociale la plus vaste de la civilisation occidentale. Vers 285 apr. J.-C., l'empire était devenu trop vaste pour être gouverné depuis le gouvernement central de Rome, et a donc été divisé en un empire occidental et un empire oriental par l'empereur Dioclétien (règne 284-305 apr. J.-C.). L'Empire romain a commencé lorsque Auguste César (règne 27 av. J.-C. - 14 apr. J.-C.) est devenu le premier empereur de Rome et s'est terminé à l'ouest lorsque le dernier empereur romain, Romulus Augustulus (règne 475-476 apr. J.-C.), a été déposé par le roi germanique Odoacre (règne 476-493 apr. J.-C.). À l'est, il a continué en tant qu'Empire byzantin jusqu'à la mort de Constantin XI (règne 1449-1453 apr. J.-C.) et la chute de Constantinople aux mains des Turcs ottomans en 1453 apr. J.-C. L'influence de l'Empire romain sur la civilisation occidentale a été profonde dans ses contributions durables à pratiquement tous les aspects de la culture occidentale.

Les premières dynasties

Après la bataille d'Actium en 31 av. J.-C., Gaius Octavian Thurinus, le neveu et héritier de Jules César, devint le premier empereur de Rome et prit le nom d'Auguste César. Bien que Jules César soit souvent considéré comme le premier empereur de Rome, cela n'est pas correct ; il n'a jamais porté le titre d'« empereur », mais plutôt de « dictateur », un titre que le Sénat pouvait lui accorder étant donné que César détenait alors le pouvoir militaire et politique suprême. En revanche, le Sénat accorda volontiers le titre d'empereur à Auguste et le combla d'éloges et de pouvoir, car il avait éliminé les ennemis de Rome et apporté la stabilité si nécessaire.

Auguste régna sur l'empire de 31 av. J.-C. à 14 apr. J.-C., année de sa mort. Pendant cette période, il dit lui-même avoir « trouvé Rome en briques et l'avoir laissée en marbre ». Auguste réforma les lois de la ville et par conséquent celles de l'empire, sécurisa les frontières de Rome, initia de vastes projets de construction (en grande partie réalisés par son fidèle général Agrippa (63-12 av. J.-C.), qui érigea le premier Panthéon), et donna à l'empire un nom permanent en tant que l'une des plus grandes, voire la plus grande puissance politique et culturelle de l'histoire. La Pax Romana (Paix romaine), également appelée Pax Augusta, initiée par lui, fut une période de paix et de prospérité inconnue jusqu'alors et devait durer plus de 200 ans.

Après la mort d'Auguste, le pouvoir passa à son héritier Tibère (règne de 14 à 37 apr. J.-C.), qui poursuivit bon nombre des mesures politiques de l'empereur, mais qui manquait de force de caractère et de visions qui caractérisaient Auguste. Cette tendance se poursuivit plus ou moins régulièrement sous les empereurs suivants : Caligula (règne de 37 à 41 apr. J.-C.), Claude (règne de 41 à 54 apr. J.-C.) et Néron (règne de 54 à 68 apr. J.-C.). Ces cinq premiers dirigeants de l'empire sont connus sous le nom de dynastie julio-claudienne, d'après les deux noms de famille dont ils descendaient (soit par naissance, soit par adoption), Julius et Claudius.

Bien que Caligula soit tristement célèbre pour sa dépravation et sa folie évidente, ses débuts au pouvoir étaient louables, tout comme ceux de son successeur Claude, qui développa le pouvoir et le territoire de Rome en Bretagne ; moins cependant pour Néron.

Caligula et Claude furent tous deux assassinés en fonction (Caligula par sa garde prétorienne et Claude apparemment par sa femme). Le suicide de Néron mit fin à la dynastie julio-claudienne et marqua le début de la période d'agitation sociale connue sous le nom de l'année des quatre empereurs. Ces quatre dirigeants étaient Galba, Othon, Vitellius et Vespasien. Après le suicide de Néron en 68 apr. J.-C., Galba prit le pouvoir (69 apr. J.-C.) et se révéla presque immédiatement incapable de gérer la responsabilité. Il fut assassiné par la garde prétorienne. Othon lui succéda dès le jour de sa mort, et les archives antiques laissent entendre qu'on attendait de lui qu'il soit un bon empereur. Cependant, le général Vitellius aspira au pouvoir, déclenchant ainsi une brève guerre civile qui se termina par le suicide d'Othon et l'accession au trône de Vitellius. Vitellius se révéla tout aussi inapte à gouverner que Galba, préférant s'adonner immédiatement à des plaisirs luxueux et à des festivités.

Les légions se rangèrent du côté du général Vespasien comme empereur et marchèrent sur Rome. Vitellius fut tué par les hommes de Vespasien, qui prit le pouvoir en 69 apr. J.-C., exactement un an après le jour où Galba était monté sur le trône pour la première fois. Vespasien fonda la dynastie flavienne, caractérisée par d'immenses projets de construction, une prospérité économique et l'expansion de l'empire. Le règne de Vespasien fut prospère, comme en témoignent ses projets de construction, parmi lesquels figurait la première construction de l'amphithéâtre flavien (le célèbre Colisée de

Rome), achevée par son fils Titus (règne de 79 à 81 apr. J.-C.). Le début du règne de Titus fut marqué par l'éruption du Vésuve en 79 apr. J.-C., qui ensevelit les villes de Pompéi et Herculanum. Les sources antiques s'accordent pour louer sa gestion de cette catastrophe ainsi que le grand incendie de Rome en 80 apr. J.-C. Titus mourut en 81 apr. J.-C. d'une fièvre et fut succédé par son frère Domitien (règne de 81 à 96 apr. J.-C.). Domitien étendit et sécurisa les frontières de Rome, répara les dégâts causés par le grand incendie à la ville, poursuivit les projets de construction initiés par son frère et améliora l'économie de l'empire. Néanmoins, ses méthodes autocratiques et sa politique impopulaire auprès du Sénat romain lui valurent d'être assassiné en 96 apr. J.-C. Son successeur fut son conseiller Nerva, qui fonda la dynastie nervanienne-antonine, qui régna sur Rome de 96 à 192 apr. J.-C. Cette période est marquée par une prospérité accrue, due aux empereurs connus sous le nom des cinq bons empereurs de Rome. Entre 96 et 180 apr. J.-C., cinq hommes exceptionnels se succédèrent et portèrent l'Empire romain à son apogée:

- Nerva (règne de 96 à 98 apr. J.-C.)
- Trajan (règne de 98 à 117 apr. J.-C.)
- Hadrien (règne de 117 à 138 apr. J.-C.)
- Antonin le Pieux (règne de 138 à 161 apr. J.-C.)
- Marc Aurèle (règne de 161 à 180 apr. J.-C.)

Sous leur leadership, l'Empire romain est devenu plus fort, plus stable et a connu une expansion en termes de taille et d'étendue. Lucius Verus et Commode sont les deux derniers empereurs de la dynastie des Nerva-Antonins. Verus était coempereur avec Marc Aurèle jusqu'à sa mort en 169 apr. J.-C. et semble avoir été assez inefficace. Commode (règne de 180 à 192 apr. J.-C.), le fils et successeur d'Aurèle, fut l'un des empereurs les plus scandaleux que Rome ait jamais connus et est généralement présenté comme quelqu'un qui s'est adonné à ses caprices aux dépens de l'Empire.

Il a été étranglé dans son bain en 192 apr. J.-C. par son partenaire de lutte, mettant fin à la dynastie des Nerva-Antonins et amenant le préfet Pertinax (qui avait très probablement orchestré l'assassinat de Commode) au pouvoir. Pertinax régna seulement pendant trois mois avant d'être assassiné. S'ensuivirent rapidement quatre autres empereurs dans la période connue sous le nom de "l'année des cinq empereurs", qui culmina avec l'ascension de Septime Sévère au pouvoir. Sévère (règne de 193 à 211 apr. J.-C.) fonda la dynastie des Sévères, vainquit les Parthes et étendit l'Empire. Ses campagnes en Afrique et en Bretagne furent étendues et coûteuses, contribuant aux difficultés financières ultérieures de Rome. En 312 apr. J.-C., Constantin battit Maxence lors de la bataille du pont Milvius et devint l'empereur unique à la fois de l'Empire romain d'Occident et d'Orient (il régna de 306 à 337 apr. J.-C., mais détenait le pouvoir suprême de 324 à 307 apr. J.-C.). Croyant que Jésus-Christ était responsable de sa victoire, Constantin initia une série de lois comme l'édit de Milan (313 apr. J.-C.), qui prescrivait la tolérance religieuse dans tout l'Empire et en particulier la tolérance envers la foi devenue le christianisme. De la même manière que les empereurs romains précédents avaient une relation spéciale avec une divinité pour renforcer leur autorité et leur prestige (Caracalla avec Sérapis, par exemple, ou

Dioclétien avec Jupiter), Constantin choisit la figure de Jésus-Christ. Lors du premier concile de Nicée (325 apr. J.-C.), il présida l'assemblée qui a codifié la foi et a décidé de questions importantes telles que la divinité de Jésus et quels manuscrits devaient être rassemblés pour former le livre aujourd'hui connu sous le nom de la Bible. Il a stabilisé l'Empire, revalorisé la monnaie et réformé l'armée. En outre, il a fondé la ville qu'il a appelée Nouvelle Rome, sur le site de l'ancienne ville de Byzance (aujourd'hui Istanbul), qui devint plus tard Constantinople.

Il est connu sous le nom de Constantin le Grand, car les écrivains chrétiens ultérieurs le voyaient comme un grand défenseur de leur foi, mais, comme de nombreux historiens l'ont noté, le titre honorifique pourrait tout aussi bien être attribué à ses réformes religieuses, culturelles et politiques, ainsi qu'à ses compétences militaires et à ses vastes projets de construction. Après sa mort, ses fils ont hérité de l'Empire et ont rapidement commencé une série de conflits entre eux qui menaçaient de détruire tout ce que Constantin avait accompli.

De 376 à 382 apr. J.-C., Rome a livré une série de batailles contre les Goths envahisseurs, connues aujourd'hui sous le nom de guerres gothiques. Lors de la bataille d'Andrinople, le 9 août 378 apr. J.-C., l'empereur romain Valens (règne de 364 à 378 apr. J.-C.) fut vaincu, et les historiens considèrent cet événement comme crucial pour le déclin de l'Empire romain d'Occident. Plusieurs théories ont été avancées quant à la cause de la chute de l'Empire, mais même aujourd'hui, il n'y a pas de consensus général sur les facteurs spécifiques.

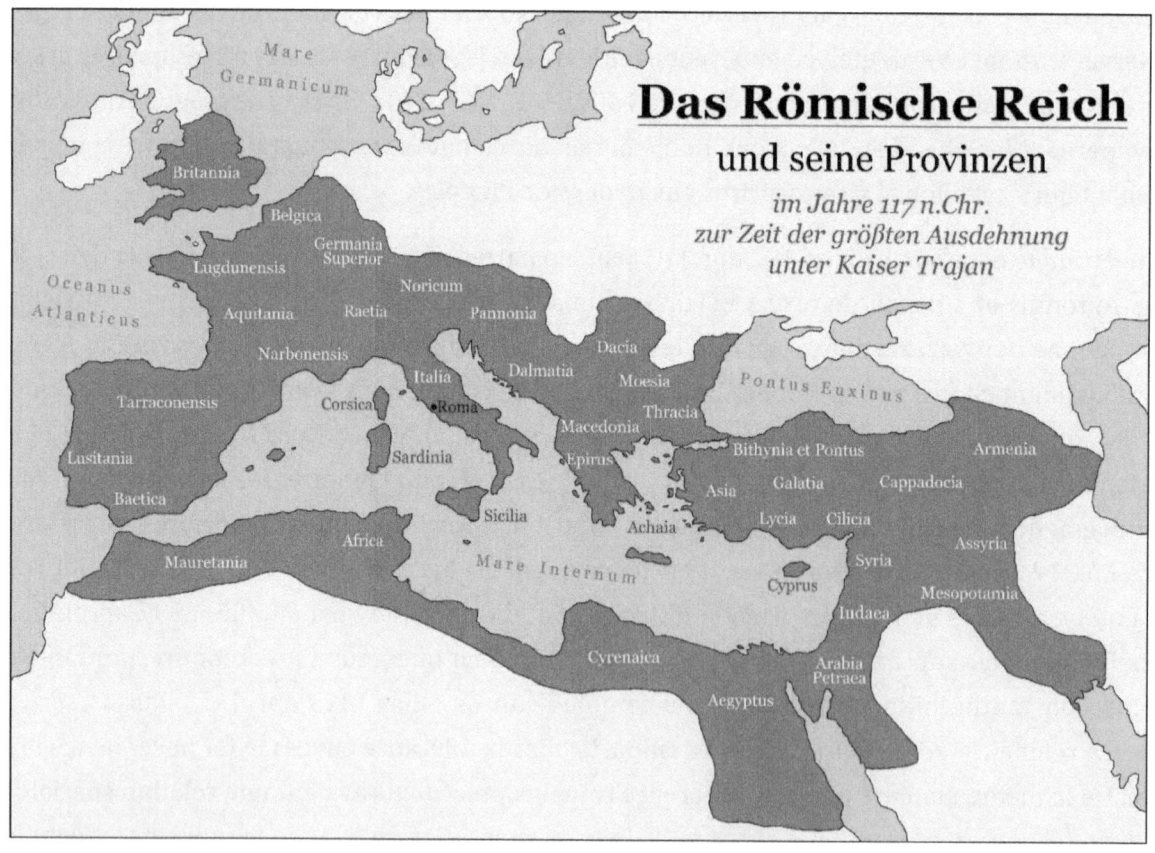

CONNAISSANCES GÉNÉRALES

Instabilité politique due à la taille de l'Empire

- Les intérêts propres des deux moitiés de l'Empire
- L'invasion de tribus barbares
- La corruption du gouvernement
- Les armées de mercenaires
- Une dépendance excessive à l'égard du travail des esclaves
- Un chômage massif et une inflation

L'immensité incommensurable de l'Empire, même divisée en deux parties, rendait sa gestion difficile. L'Empire oriental prospérait tandis que l'Empire occidental luttait, et aucun des deux ne songeait à aider l'autre. L'Est et l'Ouest romain se considéraient davantage comme des rivaux que comme des coéquipiers et travaillaient principalement dans leur propre intérêt. La croissance de la puissance des tribus germaniques et leurs invasions constantes dans Rome auraient pu être mieux gérées si la corruption du gouvernement, en particulier parmi les gouverneurs provinciaux, n'avait pas été présente, ainsi que le traitement équitable des Goths par les Romains dans l'ensemble.

Les forces armées romaines, principalement composées de mercenaires barbares sans lien ethnique avec Rome, ne pouvaient plus sécuriser les frontières aussi efficacement qu'auparavant, et le gouvernement avait du mal à percevoir les impôts dans les provinces. De plus, la dévaluation de la monnaie, initiée sous la dynastie des Sévères, a alimenté l'inflation de manière constante, et le travail asservi généralisé a privé les citoyens des classes inférieures d'emplois, ce qui a entraîné une augmentation rapide du chômage. L'arrivée des Wisigoths dans l'Empire au IIIe siècle de notre ère, fuyant les Huns envahisseurs, et leurs rébellions subséquentes, ont également été citées comme un facteur de déclin. L'Empire romain d'Occident a officiellement pris fin le 4 septembre 476 de notre ère, lorsque l'empereur Romulus Augustulus a été renversé par le roi germanique Odoacre (bien que certains historiens fixent la fin en 480 de notre ère avec la mort de Julius Nepos). L'Empire romain d'Orient a perduré en tant qu'Empire byzantin jusqu'en 1453 de notre ère, et bien qu'il ait été rapidement appelé simplement "l'Empire romain", il ne ressemblait guère à cette unité. L'Empire romain d'Occident a été plus tard réinventé en tant que Saint-Empire romain (962-1806 de notre ère), mais même cette construction était bien éloignée de l'Empire romain de l'Antiquité et n'était qu'en nom un "Imperium".

2.8 LA PREMIÈRE GUERRE MONDIALE

La Première Guerre mondiale a eu lieu entre 1914 et 1918. Bien que le conflit ait commencé en Europe, il a finalement touché des pays aussi éloignés que les États-Unis et le Japon. À l'époque, le monde anglophone le connaissait sous le nom de "Great War" - le terme "World War I" n'a été utilisé que des décennies plus tard. Les historiens restent en désaccord sur les causes fondamentales de la guerre. La période précédant la guerre était un mélange complexe de diplomatie et de manœuvres politiques - de nombreux pays ont débattu de stratégies et d'alliances jusqu'à la dernière minute - et les premières semaines du conflit ont été tout aussi chaotiques et confuses. Cependant, les historiens sont largement d'accord sur les conséquences de la guerre : la Première Guerre mondiale a conduit presque directement à la Seconde Guerre mondiale et a préparé le terrain pour de nombreux autres événements importants du XXe siècle.

Selon des estimations prudentes, environ 9 millions de soldats sont morts au combat - beaucoup d'entre eux défendaient des lignes de front retranchées si figées qu'elles bougeaient rarement ne serait-ce que de quelques mètres dans une direction. Les pertes civiles s'élevaient à 13 millions de personnes supplémentaires. Les épidémies de grippe et d'autres maladies, déclenchées ou aggravées par la guerre, ont fait monter le nombre de décès d'au moins 20 millions de plus. Au total, le nombre de vies perdues dans le monde a dépassé les 40 millions, en comptant les victimes de guerre, les victimes civiles et les victimes de maladies.

Les tensions politiques en Europe au début du XXe siècle étaient considérables. À l'étranger, les grandes puissances européennes étaient de plus en plus à court d'options pour acquérir de nouvelles colonies. À mesure que les pays non revendiqués du monde se faisaient rares, la course pour les revendiquer devenait de plus en plus intense. Dans le même temps, l'Empire ottoman gouverné par les Turcs, qui avait existé pendant des centaines d'années, était en train de s'effondrer lentement. La Grèce, la Bulgarie, la Roumanie, la Serbie et d'autres nations d'Europe du Sud, qui étaient sous la domination ottomane, sont devenues indépendantes et ont modifié l'équilibre des pouvoirs en Europe. Les nombreuses ethnies de l'Autriche-Hongrie, inspirées par ces nouvelles nations d'Europe du Sud, ont commencé à agir pour leur propre indépendance. De plus, la Serbie voulait récupérer le territoire de la Bosnie-Herzégovine qu'elle avait perdu dans une guerre antérieure contre l'Autriche.

En même temps, le développement technologique et industriel en Europe progressait à une vitesse sans précédent. La technologie militaire était à l'avant-garde de cette tendance et une guerre terrible avec ces nouvelles armes était à la fois redoutée et considérée comme inévitable. En effet, la Première Guerre mondiale s'est avérée être une vitrine pour de nouvelles technologies qui allaient changer la manière dont la guerre était menée en termes de rapidité, de vitesse et d'efficacité au cours du siècle à venir. Les chars, les avions et les sous-marins ont modifié la manière de mener les guerres. D'autres types de véhicules motorisés, tels que les camions, les voitures et surtout les trains, ont amélioré la vitesse à laquelle les troupes et les fournitures pouvaient être déployées et ont augmenté la distance sur laquelle elles pouvaient être transportées. Les canons de toutes catégories, du pistolet à l'artillerie lourde, ont amélioré la précision et la portée du feu, permettant aux armées de se tirer les unes sur les autres à longue distance, dans certains cas même sans se voir mutuellement. La mitrailleuse a permis à un seul soldat de combattre plusieurs ennemis en même temps. La guerre chimique a été utilisée pour la première fois à grande échelle, avec des conséquences si cruelles que la plupart des pays ont juré de ne plus jamais utiliser de telles armes.

À la fin de la guerre, la carte de l'Europe ressemblait à celle que nous connaissons aujourd'hui. L'Empire allemand et l'Empire austro-hongrois ont cessé d'exister. Une grande partie de l'Europe de l'Est a été redécoupée le long des lignes ethniques et linguistiques, et la Hongrie, la Pologne, la Lituanie, la Lettonie, l'Estonie et la Finlande sont devenues des pays indépendants. Certaines autres nations ont été regroupées maladroitement en Yougoslavie et en Tchécoslovaquie. Le Moyen-Orient et le Proche-Orient ont également été réorganisés après la guerre, donnant naissance aux prédécesseurs des nations actuelles telles que l'Arménie, la Turquie, la Syrie, le Liban, l'Arabie saoudite et l'Irak.

Les répercussions de la Première Guerre mondiale ont également marqué la fin pratique de la monarchie sur le continent et du colonialisme européen dans le reste du monde. La plupart des nations européennes ont commencé à s'appuyer de plus en plus sur des systèmes de gouvernement parlementaires, et le socialisme a gagné en popularité. La brutalité du conflit et l'énorme perte en vies humaines ont inspiré une nouvelle détermination des nations à compter davantage sur la diplomatie pour résoudre les conflits. Cette détermination a directement inspiré la création de la Société des Nations.

Comment la guerre a éclaté :

Le 28 juin 1914, l'archiduc d'Autriche, Franz Ferdinand, et sa femme étaient en visite officielle dans la ville de Sarajevo en Bosnie-Herzégovine, une province dominée par les Serbes et faisant partie de l'Autriche-Hongrie. Pendant la visite, des militants serbes cherchant l'indépendance de la région ont perpétré deux attentats distincts contre la vie de l'archiduc. Dans la première tentative, ils ont jeté une bombe sur sa voiture peu de temps après son arrivée en ville, mais la bombe a rebondi sur la voiture et n'a ni tué ni blessé la cible prévue. Plus tard dans la journée, alors que l'archiduc se rendait à l'hôpital pour rendre visite à un officier blessé par la bombe, son chauffeur a pris un virage dans une rue latérale où se trouvait par hasard Gavrilo Princip, un militant serbe bosnien de dix-neuf ans impliqué dans l'attentat du matin. Princip a saisi l'occasion, s'est approché de la fenêtre de la voiture et a abattu l'archiduc et sa femme à bout portant. L'assassinat de l'archiduc a eu un effet bouleversant dans toute l'Europe centrale. Les tensions entre l'Autriche-Hongrie et la Serbie, déjà en hausse depuis quelques années en raison de conflits territoriaux, ont continué à s'intensifier. Malgré les preuves limitées, l'Autriche-Hongrie a imputé la responsabilité de l'assassinat au gouvernement serbe. De plus, elle a accusé la Serbie d'attiser les troubles parmi les Serbes ethniques en Bosnie-Herzégovine, une province de l'Autriche-Hongrie limitrophe de la Serbie.

Les dirigeants austro-hongrois ont conclu que la solution au problème serbe était une invasion totale du pays. Cependant, un obstacle majeur se dressait devant ce plan : la Russie, étroitement liée à la Serbie sur le plan ethnique, religieux et politique, serait probablement encline à défendre la Serbie en cas d'invasion. Bien que l'armée russe soit mal équipée et peu formée, elle était immense et capable de constituer une menace majeure pour l'Autriche-Hongrie.

Consciente de la menace russe, l'Autriche-Hongrie retint ses plans d'attaque et se tourna vers son allié bien armé du nord, l'Allemagne. Le 5 juillet 1914, l'Autriche-Hongrie envoya un émissaire qui rencontra personnellement l'empereur allemand Guillaume II pour transmettre les préoccupations autrichiennes concernant la Russie. L'empereur était d'avis qu'il était peu probable que la Russie réagisse militairement, car ses forces étaient totalement inaptes à la guerre. De plus, il entretenait une relation personnelle étroite avec le tsar Nicolas II (les deux étaient cousins), ce qui l'incitait à espérer régler les choses par la voie diplomatique. Néanmoins, l'empereur promit que si les troupes russes avançaient effectivement sur l'Autriche-Hongrie, l'Allemagne aiderait à repousser les agresseurs. Cette garantie est souvent appelée le "chèque en blanc" de l'Allemagne.

Le 23 juillet 1914, le gouvernement austro-hongrois présenta un ultimatum à la Serbie comportant dix demandes. L'ultimatum exigeait que l'Autriche-Hongrie participe aux enquêtes serbes sur l'assassinat de l'archiduc Franz Ferdinand et, en particulier, qu'elle puisse participer directement aux procès des suspects. Les demandes exigeaient également que la Serbie éradique toute forme d'activisme et de propagande anti-autrichienne émanant du pays. L'ultimatum, rédigé par des membres du conseil des ministres autrichiens, était expressément conçu pour être humiliant et inacceptable pour la Serbie, afin que la Serbie n'accepte pas ces demandes, fournissant ainsi un motif de guerre contre elle.

Le 25 juillet, la Serbie accepta presque intégralement les demandes de l'Autriche-Hongrie - à l'exception de quelques conditions relatives à la participation de l'Autriche aux procès des criminels. L'Autriche-Hongrie réagit rapidement : son ambassade à Belgrade fut fermée trente minutes seulement après avoir reçu la réponse serbe, et trois jours plus tard, le 28 juillet, l'Autriche déclara la guerre à la Serbie. Le 29 juillet, les premières obus d'artillerie autrichiens tombèrent sur la capitale serbe, Belgrade. À la suite de cette première action militaire, une série d'événements s'enchaîna rapidement. À la nouvelle de l'attaque autrichienne contre Belgrade, la Russie décréta la mobilisation générale de ses troupes le 30 juillet 1914. L'Allemagne, interprétant cette mesure comme une décision définitive de la Russie en faveur de la guerre, ordonna immédiatement sa propre mobilisation. Bien que le tsar russe et l'empereur allemand communiquaient fébrilement par télégramme à ce moment-là, ils ne parvinrent pas à se convaincre mutuellement qu'ils prenaient simplement des précautions. Le Royaume-Uni tenta d'intervenir diplomatiquement, mais sans succès. Le 1er août, l'ambassadeur allemand en Russie remit au ministre russe des Affaires étrangères une déclaration de guerre. Le 3 août, l'Allemagne déclara également la guerre à la France. L'Allemagne fit savoir qu'elle avait l'intention de traverser la Belgique neutre pour atteindre la frontière la moins fortifiée de la France, violant ainsi son propre traité concernant les pays neutres. En conséquence, le Royaume-Uni, qui avait un accord de défense avec la Belgique, déclara la guerre à l'Allemagne le lendemain, le 4 août, portant ainsi le nombre de pays impliqués à six. D'autres allaient bientôt s'ajouter.

CONNAISSANCES GÉNÉRALES

En fin de compte, la plupart des pays impliqués dans la Première Guerre mondiale entretenaient des relations relativement amicales les uns avec les autres avant le début de la guerre. Ils étaient largement interdépendants économiquement et le commerce entre eux était florissant, ce qui rendait la perspective d'une guerre à grande échelle très peu attrayante.

De plus, il est erroné de supposer que chaque pays est "automatiquement" entré en guerre, même si certains des traités en vigueur à l'époque contraignaient certains pays à rejoindre la guerre. Les dirigeants de chaque pays ont débattu de l'opportunité de s'engager dans la guerre et ont généralement pris leur décision après avoir pesé leurs propres intérêts et risques spécifiques. Bon nombre de ces pays avaient des motivations cachées et supposaient à tort que certains autres pays resteraient à l'écart du conflit.

Les Allemands

Bien que l'Allemagne ait eu peu d'intérêt pour les problèmes de l'Autriche avec la Serbie, elle avait des ambitions considérables en ce qui concerne ses autres voisins. Au cours des dernières années, la Russie s'était de plus en plus impliquée dans les affaires européennes tout en modernisant et en renforçant son armée. Les militaires allemands étaient convaincus qu'une guerre avec la Russie était inévitable à un moment donné. Par conséquent, ils ont fait valoir qu'il serait beaucoup mieux de combattre la Russie maintenant, alors que son armée était encore mal équipée et mal entraînée, plutôt que d'attendre qu'elle puisse représenter une menace plus importante. Certains historiens affirment que l'Allemagne a encouragé délibérément l'Autriche à déclencher une guerre avec la Serbie pour provoquer une guerre avec la Russie. De plus, les militaires allemands pensaient qu'il y avait de bonnes chances que la Grande-Bretagne reste neutre et que la France, malgré son accord avec la Russie, pourrait rester à l'écart. Cette pensée optimiste a aidé les dirigeants militaires allemands à se convaincre que la guerre pouvait être gagnée et les a également aidés à vendre leur plan à l'empereur.

Les Britanniques

Pendant des siècles, le Royaume-Uni avait été la plus grande puissance maritime du monde et avait également la plus grande collection de colonies. Cependant, au cours des premières années du vingtième siècle, l'Allemagne entreprit des efforts massifs et coûteux pour construire sa propre flotte comparable, dans le but de rivaliser avec le Royaume-Uni en haute mer. De plus, l'Allemagne avait récemment montré un intérêt accru à acquérir de nouvelles colonies. Le Royaume-Uni considérait ces évolutions comme une menace dangereuse pour l'équilibre des puissances en Europe et argumentait auprès de l'Allemagne (par le biais de canaux diplomatiques) que le pays n'avait pas besoin d'une grande marine ni d'un grand nombre de colonies. L'Allemagne ignora les mises en garde du Royaume-Uni et poursuivit ses activités comme auparavant. Tout comme certains dirigeants allemands prônaient une guerre "préventive" contre la Russie, certains dirigeants britanniques ressentaient des sentiments similaires envers l'Allemagne.

Les Français

En 1871, la France avait perdu les territoires d'Alsace et de Lorraine lors d'une guerre contre l'Allemagne - un coup amer et humiliant qui poussa la France à désirer ardemment la récupération de ces régions. Bien qu'ils craignent une invasion allemande, certains dirigeants français estimaient que la France pourrait avoir une opportunité de reconquérir l'Alsace et la Lorraine si l'Allemagne était distraite par une guerre avec la Russie.

Les Russes

Les motifs de la Russie pour entrer en guerre sont moins clairs à discerner. La période précédant la guerre était une période d'instabilité majeure en Russie : jamais auparavant dans l'histoire de la nation le pouvoir du tsar n'avait été aussi fragile. D'autre part, il y avait du soutien en Russie pour la cause serbe, et une victoire militaire pourrait probablement aider politiquement le tsar. Néanmoins, la guerre était une entreprise risquée compte tenu de la mauvaise condition de l'armée russe à l'époque. Le tsar Nicolas II, qui hésitait personnellement à rejoindre la guerre, a brièvement oscillé sur l'ordre de la mobilisation. Finalement, sous la pression de chefs militaires russes trop optimistes et de conseillers fortement nationalistes, il a cédé.

Après la première série de déclarations de guerre, les événements ont évolué rapidement car chaque côté tentait de se positionner avantageusement. Les troupes allemandes furent les premières à bouger, et leur première cible fut la Belgique. Les premières troupes allemandes ont franchi la frontière dans la nuit du 3 août 1914, s'attendant à submerger rapidement la petite nation et à avancer vers leur objectif principal, la France. Cependant, les Allemands ont rencontré plus de résistance que prévu, notamment de la part de tireurs embusqués civils tirant depuis des positions cachées. En représailles, les Allemands ont incendié plusieurs villes et villages et ont exécuté un grand nombre de civils, y compris des femmes et des enfants. Les combats les plus intenses ont eu lieu autour de la forteresse de Liège ; la capitale Bruxelles n'est tombée que le 20 août. Pendant ce temps, d'autres armées allemandes se rassemblaient le long des frontières est de la France. Pour contrecarrer le plan allemand, les troupes russes ont attaqué l'Allemagne bien plus tôt que prévu. Deux armées russes sous les généraux Alexander Samsonov et Paul von Rennenkampf ont franchi la frontière allemande en Prusse-Orientale le 17 août. Étant donné que la majeure partie des forces allemandes était concentrée sur la France, les Russes ont avancé rapidement et ont rapidement menacé la capitale régionale, Königsberg (l'actuelle Kaliningrad). Le commandant allemand de la région a paniqué et a tenté de se retirer contre l'avis de son état-major. Pour faire face à la crise, les dirigeants militaires allemands ont rapidement remplacé Prittwitz par un leader plus expérimenté, le général Paul von Hindenburg, et ont rappelé une partie des troupes du front ouest pour aider à l'est.

CONNAISSANCES GÉNÉRALES

Renforcées et sous un nouveau commandement, les forces allemandes à l'est ont fermement repoussé les forces russes envahissantes. Étant donné que les armées de Samsonov et Rennenkampf opéraient séparément sans coordination mutuelle, les Allemands ont pu les combattre individuellement. Deux armées allemandes ont combattu les troupes de Samsonov le 26 août à Tannenberg. Finalement, les troupes de Samsonov ont été affaiblies par les tirs constants de l'artillerie allemande et ont été contraintes de se retirer. Lorsqu'elles ont fait cela, une deuxième armée allemande leur a coupé la route et les a complètement encerclées. S'en est suivi un massacre au cours duquel plus de 30 000 soldats russes ont été tués et environ 92 000 ont été faits prisonniers. Le général Samsonov s'est suicidé le même jour.

Le 9 septembre, les troupes de Hindenburg affrontèrent l'armée de Rennenkampf près des lacs de Mazurie, ce qui représenta presque une répétition de Tannenberg. Bien que l'armée de Rennenkampf ait réussi à se retirer avec succès, cela s'est accompagné de pertes supplémentaires de 125 000 hommes. Entre Tannenberg et les lacs de Mazurie, la Russie perdit environ 300 000 soldats en moins d'un mois de combats.

Alors que la Russie subissait de lourdes pertes contre l'Allemagne, elle remporta une victoire contre l'Autriche-Hongrie. Le 18 août, une troisième armée russe pénétra en Galicie, une région le long de la frontière orientale de l'Autriche-Hongrie. Cependant, le général des forces autrichiennes évalua mal où l'attaque principale des Russes serait dirigée, ce qui fit que les armées passèrent l'une à côté de l'autre et finirent littéralement par se poursuivre en cercle. Par conséquent, l'armée russe put pénétrer profondément dans le territoire ennemi et forcer les forces austro-hongroises à battre en retraite sur plus de cent milles avec d'énormes pertes.

Pendant ce temps, l'Autriche-Hongrie subit également sa première grande défaite contre la Serbie. Le 12 août, l'Autriche lança une invasion terrestre en Serbie près de la ville de Sabac. Bien que la ville ait été rapidement prise, l'armée autrichienne se heurta bientôt à un obstacle lorsque les troupes serbes du général Radomir Putnik montèrent la vallée de la Jadar et attirèrent les forces austro-hongroises dans une embuscade. Après plusieurs jours de combat, les armées serbes forcèrent les Autrichiens à battre en retraite jusqu'à la frontière.

Le 23 août 1914, le Japon déclara la guerre à l'Allemagne en solidarité avec la Grande-Bretagne. Une raison de cette action était l'intention du Japon de reconquérir certaines îles dans l'océan Pacifique que l'Allemagne avait confisquées en tant que colonies au cours des dernières décennies.

Après que les troupes allemandes eurent achevé l'occupation de la Belgique le 20 août 1914, elles avancèrent rapidement vers la France avec deux armées. Bien que les combats entre les troupes françaises et allemandes se soient déroulés dans la région de l'Alsace-Lorraine au sud-est de la France, les premiers affrontements franco-britanniques avec l'Allemagne eurent lieu près de la ville de Mons, à la frontière franco-belge, le 23 août 1914.

Alors que les armées françaises et britanniques tentaient d'arrêter l'avance allemande, elles furent soumises à de lourds tirs d'artillerie à distance par les Allemands. Comme les troupes allemandes étaient encore largement hors de portée de leurs propres canons, les forces alliées furent rapidement forcées de battre en retraite. Cette retraite des Alliés dura deux semaines et permit aux Allemands de progresser de plus de 120 milles jusqu'à la rivière Marne, près de Paris. Cependant, l'avancée allemande ne fut pas facile. Pendant leur retraite, les armées françaises et britanniques saisirent chaque occasion de contre-attaquer et de tenir chaque pouce de terrain aussi longtemps que possible.

Le 4 septembre, la retraite des Alliés fut stoppée. Les troupes allemandes, épuisées et souffrant de privation de sommeil, se trouvèrent face à une défense alliée renforcée par des troupes fraîches venues de Paris. Le 5 septembre débuta une bataille décisive qui dura cinq jours. Plus d'un million de soldats combattirent des deux côtés, alors que les Alliés résistaient avec détermination pour empêcher la chute de Paris. Alors que les Allemands avançaient vers Paris depuis le sud-est, un écart se créa entre la première et la deuxième armée allemande, et les commandants britanniques et français saisirent l'occasion de diviser les forces allemandes en avançant dans cet écart. Des réservistes français furent même acheminés en abondance par des taxis pour combler cet écart. Les Allemands ne parvinrent jamais à se réorganiser.

Le 9 septembre, après quatre jours de combats intenses, les armées allemandes ne furent plus en mesure de tenir leur position à la Marne et commencèrent à se replier. Les troupes britanniques et françaises poursuivirent les Allemands avec ténacité et réussirent à les repousser sur 45 milles, jusqu'à la rivière Aisne. À ce stade, les Allemands réussirent à se retrancher avec succès et à maintenir leur position, car ils avaient l'avantage d'une ligne d'approvisionnement plus courte.

Une impasse se forma, où aucune des deux parties ne parvint à perturber l'autre. Le front occidental qui se forma devait rester centré près de cette position pour le reste de la guerre.

L'échec de l'invasion allemande en France, bien qu'elle ait eu lieu seulement un mois après le début de la guerre, marqua un tournant décisif. Bien que la Première Guerre mondiale se soit poursuivie pendant quatre années supplémentaires, ce premier assaut avorté est souvent considéré comme le point où l'Allemagne a perdu la guerre à laquelle elle avait initialement participé avec tant de confiance. Incapable de conquérir complètement la France, l'Allemagne s'est enlisée dans un conflit sur plusieurs fronts. Le Plan Schlieffen, qui visait à ce que l'Allemagne attaque et vainque rapidement la France avant que la Russie ne puisse mobiliser et attaquer l'Allemagne, avait échoué. Les militaires allemands n'ont pas adapté leur stratégie à la nouvelle situation, ce qui les a soudainement confrontés à une guerre longue et laborieuse sur un front retranché. L'invasion allemande en France a échoué pour plusieurs raisons, sur lesquelles les historiens ne sont pas tous d'accord quant à celle qui était la plus importante. Premièrement, l'attaque russe inattendue à l'est a forcé l'Allemagne à retirer certaines de ses troupes de l'ouest pour affronter les Russes. Deuxièmement, les Allemands n'ont pas anticipé l'entrée en guerre de la Grande-Bretagne et n'ont pas modifié leurs plans en conséquence. Le corps expéditionnaire britannique en France a renforcé les armées françaises et leur a donné un avantage, d'autant plus que

CONNAISSANCES GÉNÉRALES

l'Allemagne combattait avec moins de troupes que prévu à l'origine. Troisièmement, l'Allemagne s'est surestimée en avançant trop loin avec les ressources limitées à sa disposition. Plus les Allemands avançaient en France, plus leur ligne de ravitaillement devenait longue. Finalement, la rotation des troupes est devenue impossible, ce qui est un facteur décisif compte tenu du fait que les armées allemandes avaient marché plus d'un mois à la fin de la bataille de la Marne, avec peu voire aucun sommeil. Enfin, la diversion de la Première Armée allemande vers le sud-est a scindé les forces allemandes en deux, augmentant leur vulnérabilité aux attaques. Les Alliés ont pu exploiter cette division pour repousser l'Allemagne, stopper son élan et enraciner la guerre dans un front retranché. Si l'on croyait qu'un morceau de terre seul représentait la clé de la victoire dans la guerre, alors c'était le territoire des Dardanelles, le détroit étroit qui sépare l'Europe de l'Asie dans le nord-ouest de la Turquie. Le contrôle de la seule voie navigable entre la mer Noire et la mer Méditerranée était crucial à la fois d'un point de vue économique et militaire. L'entrée en guerre de la Turquie en novembre 1914 plaça directement les Dardanelles entre les mains allemandes, séparant physiquement les forces navales russes et alliées et les empêchant efficacement de coopérer. Le contrôle allemand du détroit signifiait également que le blé russe ne pouvait pas être expédié en Grande-Bretagne et que l'équipement militaire britannique ne pouvait être transporté vers les ports russes de Mourmansk et d'Arkhangelsk que par une route nordique périlleuse.

Dès l'entrée en guerre de la Turquie en novembre 1914, Winston Churchill, le Premier Lord de l'Amirauté britannique, commença à élaborer un plan pour rouvrir les Dardanelles. La direction militaire britannique pensait que cet objectif pourrait être atteint uniquement par la puissance maritime, sans l'intervention de troupes terrestres.

Cette idée d'une campagne purement navale pour les Dardanelles était politiquement importante, compte tenu des pertes considérables subies par l'armée britannique dans la défense de la France contre les Allemands. Le 3 novembre, deux jours après l'entrée en guerre de la Turquie, des navires britanniques et français menèrent une courte démonstration militaire en bombardant les forts qui gardaient l'entrée des Dardanelles - une attaque symbolique qui fit peu de dégâts réels. Après des mois de planification mais avec d'importantes divergences sur les objectifs, la Grande-Bretagne et la France lancèrent une attaque navale sur les Dardanelles le 18 mars 1915. Une flotte composée de seize navires de guerre britanniques et français tenta de pénétrer dans le détroit en bombardant les dizaines de forts côtiers turcs. Bien que des dragueurs de mines aient été envoyés en amont pour dégager le passage, cinq cuirassés furent soit coulés, soit entravés par des mines. Environ un tiers des cuirassés britanniques et français avaient été perdus avant même que l'attaque ne commence réellement, et les navires restants furent retirés. Les commandants militaires des Alliés modifièrent leurs objectifs et décidèrent plutôt d'envoyer des troupes terrestres pour s'emparer de la péninsule de Gallipoli, située au nord du détroit. Après un retard de plus d'un mois, les troupes alliées - incluant des contingents importants d'Australie et de Nouvelle-Zélande - ont lancé cette attaque terrestre dans le but de prendre complètement Gallipoli avec l'aide de troupes au sol. L'invasion a commencé le 25 avril 1915 et le débarquement s'est déroulé relativement sans problème. Les premiers régiments turcs rencontrés par les Alliés se sont rapidement repliés et il semblait que l'invasion serait une entreprise facile.

Cependant, comme cela s'est avéré, l'invasion était tout sauf facile. Les forces turques sont revenues en nombre écrasant et ont repoussé les troupes alliées vers les plages, où elles se sont retrouvées piégées avec la mer dans le dos. Elles sont restées retranchées sur les plages jusqu'en janvier de l'année suivante, lorsque les Britanniques se sont finalement retirés après avoir été vaincus. La bataille a fait rage tout ce temps, sans que l'une ou l'autre des parties ne fasse de progrès significatifs et avec des pertes des deux côtés s'élevant à des centaines de milliers.

Pendant ce temps, à l'autre extrémité de l'Empire ottoman, un second combat a éclaté entre les Britanniques et les Turcs, cette fois pour le contrôle des champs pétrolifères de Mésopotamie. Le 5 novembre 1914, une troupe de soldats britanniques et indiens a lancé une attaque contre le grand port ottoman de Bassorah. Ils ont rapidement sécurisé non seulement le port, mais aussi les champs pétrolifères et le pipeline à Abadan, l'un des principaux objectifs de l'invasion.

Plus tard, début 1915, au moment où les combats faisaient rage à Gallipoli, les forces britanniques dans le golfe Persique sous le commandement du général Charles Townshend ont commencé à remonter le Tigre et l'Euphrate vers le nord, dans le but de prendre Bagdad. Le 3 juin 1915, ils ont pris la garnison turque d'Amara avec une facilité inattendue - toute la garnison s'est rendue sans combattre. Le 27 juin, les Britanniques ont lancé une bataille bien plus difficile à Nasiriyah.

Sous une chaleur insupportable, les Alliés ont continué à marcher vers le nord jusqu'à Kut, qu'ils ont atteint et pris le 28 septembre. Le 22 novembre, ils ont atteint Ctesiphon, à seulement vingt milles de Bagdad. À ce stade, cependant, les Turcs ont engagé un combat féroce et les troupes alliées ont été contraintes de se retirer tout le chemin de retour à Kut, où elles se sont retranchées. Les Turcs ont suivi et assiégé les troupes de Townshend à Kut pendant les cinq mois suivants. Le 29 avril 1916, Townshend a capitulé avec tous les 10 000 hommes survivants - la plus grande capitulation de troupes britanniques de l'histoire jusqu'à ce moment-là.

Au début de la Première Guerre mondiale, les dirigeants britanniques étaient conscients que l'Empire ottoman se désintégrait lentement et ne considéraient donc pas la Turquie comme un adversaire sérieux. En conséquence, la Grande-Bretagne s'attendait à des victoires rapides aux Dardanelles et en Mésopotamie - des victoires dont elle avait grandement besoin face à l'impasse des tranchées sur le front occidental. Lorsque la Turquie est elle aussi devenue un bourbier, cela a été un coup dur pour la Grande-Bretagne et a provoqué des remous au sein du gouvernement et de la direction militaire, allant jusqu'à coûter à Winston Churchill son poste de premier Lord de l'amirauté britannique. Bien que les dirigeants militaires britanniques aient eu l'avantage de pouvoir recruter des troupes parmi les nombreuses nations de leur empire, la situation en Turquie et en Mésopotamie a conduit la Grande-

CONNAISSANCES GÉNÉRALES

Bretagne à faire face à une guerre sur plusieurs fronts.

Depuis le début de la Première Guerre mondiale en 1914, les États-Unis sous la présidence de Woodrow Wilson ont maintenu une stricte neutralité, à l'exception du soutien matériel aux Alliés. Même en mai 1915, lorsque le sous-marin allemand a coulé le paquebot britannique Lusitania, faisant 128 morts parmi les 1 200 victimes au total, les États-Unis sont restés neutres malgré l'agitation. À l'automne 1916, Wilson a été réélu après avoir adopté une rhétorique anti-guerre et de neutralité.

Au moment de la réélection de Wilson, la guerre avait fait des millions de morts, les villes et les économies étaient en ruines et une victoire décisive n'était en vue pour aucun camp. Il semblait que la guerre pourrait effectivement s'éteindre d'elle-même. En novembre et décembre 1916, Wilson a entrepris une série d'initiatives pour trouver une solution en envoyant des lettres diplomatiques aux gouvernements de toutes les nations impliquées. L'Allemagne a réagi positivement et a même recommandé l'ouverture de négociations de paix immédiates. Cependant, la France a répondu en lançant une nouvelle attaque contre les Allemands à Verdun. Le Premier ministre britannique David Lloyd George a rejeté directement l'initiative de Wilson.

En janvier 1917, l'Allemagne a annoncé qu'elle lèverait toutes les restrictions sur la guerre sous-marine à partir du 1er février. Cette déclaration signifiait que les commandants de sous-marins allemands étaient soudainement autorisés à couler tous les navires qu'ils croyaient aider les Alliés de quelque manière que ce soit. Étant donné que l'objectif principal était de contraindre la Grande-Bretagne à capituler, les efforts allemands se sont principalement concentrés sur les navires traversant l'Atlantique depuis les États-Unis et le Canada.

La première victime de cette nouvelle politique a été le cargo américain Housatonic, coulé par un sous-marin allemand le 3 février 1917. En réponse, le président Wilson a rompu les relations diplomatiques avec l'Allemagne le même jour. L'escalade était sérieuse et s'est avérée être une étape importante vers l'entrée en guerre des États-Unis.

Pendant ce temps, d'autres événements allemands ont pavé la voie à la guerre avec les États-Unis. En février 1917, les services de renseignements britanniques ont intercepté un télégramme en provenance d'Allemagne. Dans ce télégramme envoyé par le ministre allemand des Affaires étrangères, Alfred Zimmermann, à son ambassadeur au Mexique le 16 janvier, Zimmermann a enjoint à l'ambassadeur d'offrir une aide financière généreuse au Mexique s'il s'alliait à l'Allemagne contre les États-Unis. De plus, le télégramme promettait un soutien allemand au Mexique pour récupérer ses territoires perdus au Texas, au Nouveau-Mexique et en Arizona. Le 1er mars 1917, le texte du télégramme Zimmermann a été publié en première page des journaux américains, et en un instant, l'opinion publique américaine s'est tournée en faveur de l'entrée en guerre. Bien que Wilson ait fait de son mieux pour maintenir les États-Unis neutres, la situation avait nettement changé au printemps 1917 et la neutralité semblait de moins en moins possible. La guerre sous-marine sans restriction menée par l'Allemagne a eu des conséquences, avec un navire américain coulé après l'autre, à la fois des cargos et des paquebots. La révélation du télégramme Zimmermann et d'autres manœuvres de tromperie allemandes ont encore convaincu le public américain que la guerre menaçait les intérêts américains. Finalement, le 2 avril, Wilson s'est adressé au Congrès et a demandé une déclaration de guerre. Le Congrès a réagi en quelques jours et a officiellement déclaré la guerre à l'Allemagne le 6 avril 1917.

Au moment où les États-Unis entraient en guerre, les sous-marins allemands causaient des dégâts catastrophiques aux approvisionnements alimentaires et autres ressources en provenance de l'étranger vers la Grande-Bretagne. Le 24 mai 1917, l'amirauté britannique a finalement cédé à la demande de mettre en place un système de convois. Le plan prévoyait que des navires de guerre britanniques fournissent des escortes lourdement armées pour tous les navires venant des États-Unis, du Canada et d'autres pays à destination de la Grande-Bretagne. Le plan était particulièrement important du point de vue américain, car de nombreux soldats américains arriveraient bientôt en grand nombre par bateau en Grande-Bretagne. Plus d'une demi-douzaine de points de rassemblement de convois ont été rapidement établis le long de la côte nord-américaine.

Les convois ont eu un effet immédiat et dramatique. Le nombre de navires, de fournitures et d'hommes perdus en raison des sous-marins allemands a considérablement diminué, rendant pratiquement inefficaces les efforts de l'Allemagne pour contraindre la Grande-Bretagne à capituler. Cependant, le revers de la médaille était que la Grande-Bretagne avait désormais beaucoup moins de forces navales pour protéger ses côtes ou combattre la marine allemande en mer.

Tout au long de l'été 1917, des troupes américaines ont été transportées par-dessus l'Atlantique, d'abord en Grande-Bretagne, puis en France, où elles sont arrivées sous le commandement du général John J. Pershing. La première apparition publique des troupes a eu lieu le 4 juillet, lorsque l'importante délégation américaine a effectué une marche symbolique à travers Paris jusqu'à la tombe du marquis de Lafayette, l'aristocrate français qui avait combattu aux côtés des États-Unis lors de la Révolution américaine.

Bien que la direction américaine n'ait pas prévu un engagement militaire majeur avant l'été 1918, certaines forces ont déjà participé à des combats à l'automne 1917. Les premières pertes américaines en Europe ont eu lieu le 4 septembre, lorsque quatre soldats ont été tués lors d'une attaque aérienne allemande. Le premier engagement majeur impliquant des troupes américaines a eu lieu les 2 et 3 novembre 1917 à Bathelémont en France ; trois soldats ont été tués et douze sont tombés entre les mains des Allemands en tant que prisonniers de guerre.

Les Quatorze Points de Wilson

Le 8 janvier 1918, le président Wilson prononça un discours devant le Congrès des États-Unis dans lequel il définissait un total de quatorze demandes qu'il jugeait nécessaires pour restaurer et maintenir la paix en Europe et dans le reste du monde. Ces demandes devinrent rapidement connues sous le nom de "Plan des Quatorze Points" de Wilson.

Certains de ces points - tels que l'évacuation des troupes allemandes de Russie, de France et de Belgique - étaient des étapes fondamentales nécessaires pour mettre fin aux hostilités ; d'autres points faisaient partie d'une vision à long terme visant à prévenir les conflits futurs. Parmi ces points à long terme, on trouvait la proposition que la diplomatie et les traités soient toujours menés ouvertement et sous le regard du public. Wilson proposa également que toutes les barrières économiques soient éliminées et que toutes les nations adoptent des "conditions commerciales équitables". Le quatorzième et dernier point appelait à la création d'une "Association générale" des États du monde, dans laquelle tous les États, indépendamment de leur taille ou de leur puissance, devraient être représentés sur un pied d'égalité. Bien que les détails du plan de Wilson devaient être considérablement ajustés au fil du temps, ses propositions ont jeté les bases des négociations de l'armistice qui allaient avoir lieu dix mois plus tard.

Pendant l'année précédant la déclaration de guerre des États-Unis, la position du président Wilson concernant la guerre changea dramatiquement. Bien que les États-Unis aient depuis longtemps entretenu des relations beaucoup plus étroites avec le Royaume-Uni et la France qu'avec l'Allemagne ou l'Autriche-Hongrie, le gouvernement de Wilson maintenait une stricte neutralité. Lorsque Wilson commença à prendre des initiatives diplomatiques en 1916, sa position envers les Puissances centrales devint beaucoup plus conciliante que ce que les Alliés auraient souhaité.

Cependant, cette diplomatie impartiale s'évapora rapidement lorsque l'Allemagne leva ses restrictions sur la guerre sous-marine en janvier 1917. Bien que ce soit le télégramme Zimmermann qui ait radicalement changé l'opinion publique américaine, la "menace" présentée dans le télégramme était en réalité absurde. En revanche, la menace posée par les sous-marins allemands était une menace directe pour la vie, le commerce et les biens des Américains et devait être contrée. Il n'était plus question de neutralité pour les États-Unis, et deux mois seulement après le télégramme, les États-Unis déclaraient la guerre.

Comme il s'est avéré, il y avait un grand écart temporel entre la déclaration de guerre des États-Unis et leur réelle entrée en combat sur le front. L'armée américaine n'était pas la force massive et flexible qu'elle est aujourd'hui, et il faudrait beaucoup de temps pour former, déployer et organiser un grand nombre de soldats américains. Même une fois que les troupes étaient finalement engagées dans les combats, les États-Unis ne se sont jamais formellement joints aux forces alliées, restant techniquement un participant indépendant en guerre avec l'Allemagne mais pas avec l'Autriche-Hongrie. Au cours des deux premières années et demie de la guerre, la Russie avait subi de lourdes défaites contre l'Allemagne, mais avait également remporté d'importantes victoires contre l'Autriche-Hongrie. Quoi qu'il en soit, la guerre était devenue extrêmement impopulaire dans le pays. Le nombre de pertes russes était énorme, la Russie perdait continuellement du territoire et la guerre avait provoqué une pénurie alimentaire dans tout le pays. Bien qu'il y ait eu une certaine sympathie dans la population envers la Serbie, la plupart des Russes étaient d'avis que le pays avait peu à gagner et beaucoup à perdre dans cette guerre. De plus, la confiance de la population envers le tsar Nicolas II était au plus bas. Non seulement le tsar avait perdu tout contact avec le peuple, mais beaucoup avaient aussi le sentiment qu'il était devenu une marionnette, dirigée soit par sa femme d'origine allemande, soit par divers groupes d'intérêt. Bien que la Russie ne fût guère une démocratie, l'opinion publique restait un facteur puissant. Au cours des décennies précédentes, de nombreuses organisations clandestines s'étaient formées pour s'opposer au tsar et à sa politique. Récemment, des grèves ouvrières avaient commencé à affecter l'industrie russe.

Début mars 1917 (fin février selon le calendrier julien), tout le régime du tsar s'effondra après une série de grandes manifestations dans la capitale russe, Petrograd. Sous la pression de l'armée et du Parlement, Nicolas II abdiqua le 15 mars (calendrier moderne). Cet événement est connu sous le nom de Révolution de Février.

Alors que la lutte pour le contrôle du pays commençait, certaines parties de l'armée continuaient de se battre sur le front, d'autres abandonnaient complètement le combat et d'autres encore s'affrontaient mutuellement. L'Allemagne a rapidement perçu une opportunité et a pris des mesures pour aider les révolutionnaires russes en Europe, dont Vladimir Lénine, à revenir en Russie pour attiser le chaos naissant. Lénine est arrivé à Petrograd le 16 avril à bord d'un train fourni par l'Allemagne. Après les événements de mars 1917, la Russie était scrutée de près par tous pour voir comment elle se comporterait sans le tsar. Bien qu'un nouveau gouvernement provisoire ait officiellement pris les rênes du pouvoir, la situation en Russie restait extrêmement instable, en particulier dans le domaine militaire. Le 1er juillet, les forces russes ont lancé plusieurs nouvelles offensives le long du front est - une action ordonnée par le ministre russe de la Guerre, Alexandre Kerensky, pour renforcer le moral de l'armée. Cependant, le même jour, une énorme manifestation anti-guerre a envahi les rues de Petrograd. Bien que les premières avancées russes contre les troupes autrichiennes en Galicie semblaient prometteuses, les troupes russes ont rapidement reculé lorsque des renforts allemands sont arrivés. Des combats sporadiques le long du front est ont continué en juillet et en août, mais les désertions croissantes, les luttes internes et le désordre général au sein de l'armée russe ont considérablement réduit son efficacité au fil du temps. La position de la Russie dans la guerre est restée remise en question tout au long de l'été et de l'automne 1917. Officiellement, le pays était encore en guerre et les combats se poursuivaient. Cependant, il y avait de grandes divergences d'opinion dans le pays quant à savoir si la Russie devait rester en guerre ou non, et si elle devait en sortir, dans quelles conditions. Le gouvernement provisoire dirigé par Alexandre Kerenski préconisait le maintien de la guerre jusqu'à la défaite de l'Allemagne et de l'Autriche-Hongrie. Le Soviét de Petrograd, plus radical, une alliance informelle de syndicats dirigée principalement par des socialistes et des communistes, estimait que la Russie devait sortir

CONNAISSANCES GÉNÉRALES

de la guerre le plus rapidement possible, mais reconnaissait également qu'une sortie immédiate entraînerait probablement une perte de territoire et des réparations lourdes. Un troisième groupe, les Bolcheviks, qui étaient encore plus radicaux que le Soviét de Petrograd, souhaitaient que le pays sorte immédiatement de la guerre, quel qu'en soit le coût. Le débat a duré tout l'été et l'automne jusqu'au 6 novembre 1917 (24 octobre selon le calendrier russe). Ce jour-là, les Bolcheviks ont pris le contrôle total du pays avec l'aide de l'armée. Le lendemain, le dirigeant bolchevique Vladimir Lénine a émis son premier décret et a déclaré la paix à la Russie.

Bien qu'il ait ordonné à l'armée russe de cesser toutes les hostilités, la sortie formelle du pays de la guerre serait un peu plus compliquée. Le 26 novembre 1917, les Bolcheviks ont appelé à la cessation des hostilités sur tous les fronts et ont demandé à toutes les parties de prendre immédiatement des mesures en vue de signer un armistice. Cette idée n'a pas été bien accueillie par la France et la Grande-Bretagne, qui avaient toujours l'intention de chasser les Allemands de leurs pays. Lorsque la Russie n'a reçu aucune réponse, elle a lancé un nouvel appel et a averti qu'elle conclurait une paix séparée si personne ne répondait. Comme il n'y avait toujours pas de réponse, les Bolcheviks ont publié une série de traités secrets que la Russie avait conclus avec les Alliés, dans le but de mettre ces derniers dans l'embarras. Après plusieurs jours de négociations, un armistice a été déclaré le 15 décembre 1917. Cependant, la conclusion d'un traité de paix formel s'est avérée plus difficile. Il a fallu des mois de négociations et la Russie a perdu une énorme quantité de territoire. Les pertes territoriales de la Russie comprenaient la Finlande, la Pologne, la Lettonie, la Lituanie, l'Estonie, l'Ukraine, la Biélorussie, la Bessarabie et la région du Caucase, ainsi que certaines régions de l'exploitation du charbon dans le sud de la Russie. La sortie de la Russie de la guerre représentait un sérieux danger pour les Alliés, car elle fermait efficacement le front de l'Est et signifiait que les Alliés se retrouveraient bientôt face à environ 900 000 troupes allemandes supplémentaires sur le front de l'Ouest. De plus, les importantes quantités d'équipement russe capturé par les Allemands seraient désormais utilisées contre les Alliés. Les États-Unis représentaient le seul espoir possible pour contrer ce retournement soudain de situation, mais il n'était pas attendu que les forces américaines commencent des opérations majeures avant l'été 1918. Dans l'ensemble, on pourrait argumenter que le retrait de la Russie n'a pas rapproché le monde de la paix, mais a plutôt prolongé le conflit, car l'Allemagne et l'Autriche-Hongrie pouvaient maintenant concentrer toute leur attention sur l'Ouest et le Sud.

Pour la Russie elle-même, la sortie de la guerre a entraîné la perte de la plupart des gains territoriaux réalisés par le pays depuis le règne de Pierre le Grand au début des années 1700. Bien que les Bolcheviks se soient déclarés les nouveaux dirigeants de la Russie, leur contrôle pratique ne s'étendait guère au-delà de Petrograd et de Moscou. La guerre avait épuisé la Russie : 1,7 million de ses soldats étaient tombés au combat, et 3 millions de civils russes étaient également morts. De plus, le pays a été laissé dans le chaos, car il y avait toujours de grands groupes de personnes en Russie qui s'opposaient au règne des Bolcheviks. Certains voulaient ramener le tsar, d'autres préféraient un gouvernement démocratique, comme promis par le gouvernement provisoire renversé par les Bolcheviks. Bien que la Russie soit finalement sortie de la Première Guerre mondiale, la guerre civile qui a éclaté peu après à l'intérieur du pays s'est avérée encore plus coûteuse pour le peuple que la Première Guerre mondiale.

Avec ses forces nouvellement arrivées du front de l'Est, l'Allemagne bénéficiait pour la première fois depuis les premiers jours de la guerre d'une supériorité numérique sur le front de l'Ouest. Néanmoins, toutes les parties, y compris l'Allemagne, étaient épuisées. Leurs ressources étaient limitées et les nouvelles troupes des États-Unis seraient bientôt prêtes à rejoindre le combat aux côtés des Alliés. Si l'Allemagne voulait d'une manière ou d'une autre gagner la guerre, le moment était venu. Par conséquent, l'Allemagne a mis toutes ses ressources restantes dans une offensive massive qui a commencé tôt le matin du 21 mars 1918.

L'objectif était de progresser au-delà de la Somme et ensuite vers Paris. Comme la plupart des batailles terrestres de la Première Guerre mondiale, l'offensive a commencé par un long bombardement d'artillerie. Dans ce cas, il a duré cinq heures et a inclus une concentration élevée de grenades toxiques ainsi que des obus explosifs habituels. Lorsque les troupes allemandes avançaient à travers une combinaison de brouillard épais et de nuages de gaz toxiques, la visibilité était presque nulle et les soldats des deux côtés étaient en grande partie incapables de distinguer les troupes amies des troupes ennemies. Vers midi, le brouillard s'est dissipé et une intense bataille aérienne a éclaté au-dessus des soldats, tandis que les Allemands tiraient impitoyablement sur les Alliés.

Alors que les Allemands avançaient, ils avaient avec eux les dernières canons d'artillerie développés par Krupp, qui leur permettaient de bombarder Paris avec une précision étonnante depuis une distance de 74 miles. Le 23 mars, ces obus ont tué plus de 250 Parisiens qui étaient perplexes car ils pensaient d'abord que les explosions venaient du sol. Les obus à longue portée allemands ont tué des centaines d'autres personnes au cours des jours suivants. Le 24 mars, les Allemands ont franchi la Somme après avoir conquis les ponts avant que les Français ne puissent les détruire. Le 25 mars, la ligne de front des Alliés s'est effondrée exactement à l'endroit où les lignes françaises et britanniques se rejoignaient. L'avancée allemande a duré cinq jours de plus jusqu'à ce qu'une poussée britannique arrête les Allemands le 30 mars dans le bois de Moreuil. Les Alliés ont repoussé les Allemands pendant encore quelques jours, jusqu'à ce que l'initiative soit à nouveau inversée dans la bataille de la Lys, qui a commencé le 9 avril 1918. À la Lys, les Britanniques et les Français ont de nouveau commencé à perdre du terrain et les Allemands ont repris des endroits (comme Passchendaele et Messines) que les Alliés avaient remportés au cours de batailles acharnées l'année précédente.

À la fin de la bataille de la Lys le 29 avril, malgré leurs succès récents, le moral de l'armée allemande était au plus bas de son histoire. Les Français et les Britanniques étaient dans un état presque aussi mauvais. À cette phase de la guerre, une offensive des deux côtés ne durait que quelques jours avant que les troupes ne s'épuisent et se retirent. Néanmoins, ni les Britanniques, ni les Français, ni les

Allemands ne voulaient abandonner, et ainsi la guerre a continué de cette manière pendant une grande partie de l'été.

Seules les États-Unis semblaient avoir le pouvoir de changer l'équilibre, mais plus d'un an s'était écoulé depuis la déclaration de guerre des États-Unis, avec peu de résultats concrets. Bien que des centaines de milliers de troupes américaines aient été transportées en Europe, très peu d'entre elles avaient réellement participé aux combats.

Le Royaume-Uni et la France voulaient que les troupes américaines soient intégrées à leurs propres armées et envoyées au front pour combattre, mais le gouvernement américain a insisté sur le fait que ses troupes ne combattraient que comme une armée indépendante sous commandement américain. Étant donné que cela prendrait du temps pour organiser ces déploiements outre-mer, cette politique a suscité de vives critiques de la part des Français et des Britanniques, qui supportaient toujours la plus grande partie du fardeau de la guerre. L'entrée officielle des États-Unis dans la guerre en 1917 avait donné de l'espoir aux Alliés face au retrait de la Russie. Cependant, étant donné le rythme lent de l'entrée effective des États-Unis, de nombreux Français et Britanniques craignaient de perdre la guerre avant même que les troupes américaines ne tirent un seul coup de feu.

Lors d'une réunion du Conseil suprême de guerre des Alliés le 2 mai 1918, il y a eu un léger changement d'attitude de la part des États-Unis. Le général John J. Pershing, commandant des forces américaines en Europe, a accepté un compromis et a promis d'envoyer 130 000 soldats ce mois-ci et plusieurs centaines de milliers d'autres dans les mois à venir pour combattre aux côtés des forces françaises et britanniques au front. Cet engagement signifiait qu'environ un tiers des forces américaines en Europe seraient déployées cet été. Cependant, les dirigeants américains estimaient que le reste ne serait pas organisé, formé et prêt au combat avant le début du printemps 1919. Même si la Russie était sortie complètement de la guerre, de nombreuses tâches restaient à accomplir dans les régions le long de l'ancien front de l'Est. Le 7 mai 1918, la Roumanie a signé un traité de paix avec les puissances centrales et a abandonné le contrôle de l'embouchure du Danube le long de la côte de la mer Noire. En même temps, les troupes allemandes avançaient vers le sud-est, à travers l'Ukraine, le sud de la Russie et jusqu'à la région du Caucase. Les bolcheviks n'avaient toujours pas un contrôle efficace sur cette région, ce qui permettait aux Allemands d'avancer en grande partie sans opposition. Le 12 mai, l'Allemagne et l'Autriche-Hongrie ont signé un accord pour profiter ensemble des avantages économiques de l'Ukraine. Cependant, à peine une semaine plus tard, l'Autriche-Hongrie a connu la première d'une série de mutineries au sein de son armée, perpétrées par des groupes nationalistes. La première mutinerie concernait un groupe de Slovènes ; à peine écrasée, d'autres mutineries éclatèrent, dirigées cette fois par des Serbes, des Russins (Ruthènes) et des Tchèques.

Pendant l'été 1918, une forme particulièrement virulente de grippe s'est rapidement répandue dans le monde entier. Bien que la grippe ne soit généralement pas associée à un taux de mortalité élevé, cette souche était particulièrement virulente et finirait par tuer des millions de personnes. La cause de l'épidémie de grippe n'est pas connue, mais la guerre a certainement joué un rôle. Tout d'abord, la guerre a entraîné d'importants mouvements de populations à travers le monde, accélérant ainsi la propagation du virus. Deuxièmement, il est supposé que les régions du monde dévastées par la guerre avaient une mauvaise alimentation et des conditions d'hygiène précaires, rendant la population particulièrement vulnérable.

En même temps, la propagation de la maladie a eu un impact direct sur la guerre elle-même. Toutes les parties ont perdu des soldats en raison de l'épidémie de grippe, mais l'Allemagne et l'Autriche-Hongrie ont été particulièrement touchées. Les armées des deux pays étaient affaiblies alors que les Alliés commençaient à lancer des offensives. L'épidémie a persisté jusqu'en 1919, où elle s'est soudainement atténuée aussi rapidement qu'elle avait commencé.

Fin mai 1918, plusieurs milliers de troupes américaines bien entraînées sont arrivées sur le front, juste à temps pour faire face à la dernière offensive allemande. Les forces américaines ont été engagées dans plusieurs batailles, principalement à Cantigny sur la Somme. Le 28 mai, 4 000 soldats américains ont attaqué les troupes allemandes à Cantigny, tandis que les Français les soutenaient avec des chars, des avions et de l'artillerie. Ils ont réussi à libérer la ville de Cantigny et ont ensuite tenu la ligne malgré trois contre-attaques allemandes successives. Les forces américaines ont subi plus de 1 000 pertes au cours de cette bataille.

En juin et début juillet 1918, les Allemands ont tenté de percer les lignes de défense des Alliés en France par une série d'offensives. Cependant, les lignes ont tenu bon, en partie grâce aux renforts américains fraîchement arrivés. Le 3 juin, une attaque allemande à Château-Thierry a été contrecarrée grâce aux informations fournies par des prisonniers de guerre allemands aux Alliés. Les Français, informés des plans allemands, ont établi une fausse ligne de front avec des tranchées factices. Le tir d'artillerie allemand est tombé sur ces tranchées, qui étaient en grande partie vides, et lorsque les soldats allemands ont avancé, ils se sont retrouvés face à des soldats alliés frais et imperturbables qui ont ouvert le feu sur eux, semant la confusion parmi les Allemands. Néanmoins, les Allemands ont continué leur offensive pendant les deux jours suivants, menaçant à nouveau Paris. Les Alliés ont répondu le 6 juin par une contre-attaque, mobilisant des forces de la France, de la Grande-Bretagne, de l'Italie et des États-Unis. L'attaque a été dévastatrice, tuant plus de 30 000 soldats allemands en vingt jours. Bien que la bataille ait duré plusieurs semaines de plus, la volonté de combattre des Allemands était brisée et l'empereur Guillaume II savait que la fin était proche.

Les troupes allemandes perdaient du terrain chaque jour et les Alliés intensifiaient leurs attaques à chaque occasion. L'élan était de leur côté et ils ont poussé les Allemands toujours plus loin en arrière tout au long d'août et de septembre. Au Moyen-Orient, la situation de la guerre avec l'Empire ottoman avait changé depuis les défaites britanniques dévastatrices à Gallipoli et en Mésopotamie en 1916.

CONNAISSANCES GÉNÉRALES

Depuis lors, les Britanniques avaient pris Bagdad et toute la Mésopotamie. Plus au sud, sur la péninsule arabique, les soulèvements des tribus du désert avaient brisé la mainmise prolongée de la Turquie sur la région. En décembre 1917, les Britanniques avaient pris la ville de Jérusalem en Palestine et avaient lentement avancé vers la Turquie. Finalement, le 19 septembre 1918, les Britanniques ont lancé une attaque directe contre le front turc à Megiddo et ont remporté une grande victoire qui a contraint les Turcs à battre en retraite. À la mi-octobre, la Turquie a demandé des conditions de paix.

Bien que ces deux dernières phases du conflit aient été marquées par le retrait de la Russie et l'entrée des États-Unis, il est discutable dans quelle mesure ces événements ont influencé la guerre. Au printemps 1918, les armées des deux côtés étaient épuisées par des années de combats et avaient peu d'espoir de voir une fin proche. Alors que l'été approchait, il y avait des signes de pourparlers de paix, mais les dirigeants politiques et militaires de tous les pays en guerre planifiaient des opérations de combat qui devaient se poursuivre jusqu'en 1919. La sortie de la Russie du conflit a redonné de l'espoir à l'Allemagne pour une victoire, tout comme l'arrivée des troupes américaines en Europe a donné de l'espoir aux Français et aux Britanniques ; cependant, aucun de ces événements n'a réellement fait basculer la balance. Au lieu de cela, ils se sont équilibrés mutuellement, tandis que l'épidémie de grippe catastrophique a pesé lourdement sur les deux camps. En fin de compte, le facteur déterminant pour mettre fin à la guerre semble avoir été les mutineries de masse au sein de l'armée austro-hongroise et allemande.

En octobre 1918, bien que la France et la Belgique soient encore loin d'être libres des troupes allemandes, il était évident pour toutes les parties que le front occidental s'effondrait lentement. En même temps, les forces alliées avançaient de plus en plus vers le nord depuis le sud, libérant de vastes parties de la Serbie et mettant la pression sur l'Autriche-Hongrie. Ni l'Allemagne ni l'Autriche-Hongrie n'étaient prêtes à capituler, mais le gouvernement allemand était en révolution et l'armée autrichienne s'effondrait dans des mutineries massives. La première révolution en Allemagne a été une révolution silencieuse qui s'est déroulée en deux étapes. Le 29 septembre 1918, les deux principaux généraux de l'Allemagne, Paul von Hindenburg et Erich Ludendorff, ont exercé une pression sur l'empereur Guillaume II pour qu'il établisse une monarchie constitutionnelle, car les Alliés refusaient de négocier avec l'empereur et insistaient plutôt pour négocier avec des représentants du peuple allemand. Le 2. octobre, l'empereur abandonna toute autorité en matière de décisions militaires au nouveau Parlement, ce qui réduisit pratiquement son rôle à une figure symbolique. Son cousin, le prince Max de Bade, fut nommé chancelier et prit efficacement la direction du pays. Bien que le prince Max ait immédiatement commencé à sonder les Alliés pour un armistice, il n'était pas prêt à capituler sans condition, car il croyait qu'il pourrait négocier des conditions favorables pour l'Allemagne malgré les pertes continues sur le champ de bataille. Un échange prolongé de notes diplomatiques s'étala sur le mois suivant.

La Bulgarie fut la première des Puissances centrales à capituler et signa un armistice à Thessalonique le 29 septembre 1918. Le 7 octobre, la Pologne déclara son indépendance, entraînant immédiatement des combats entre la Pologne et l'Ukraine pour la possession de la région frontalière de Galicie orientale. Le 14 octobre, le gouvernement provisoire de la Tchécoslovaquie fut créé. Le 25 octobre, un conseil national hongrois fut formé à Budapest pour préparer une Hongrie indépendante et séparée de l'Autriche. À mesure que la guerre touchait à sa fin, le président américain Woodrow Wilson devint le principal représentant des Alliés lors des négociations de paix. Au début de la guerre, lorsque les États-Unis étaient encore neutres, Wilson avait tenté à plusieurs reprises de médier la paix entre les puissances en conflit et s'était sincèrement efforcé de parvenir à un accord équitable pour toutes les parties. Cependant, d'ici 1918, la position de Wilson avait considérablement évolué. Des soldats américains combattaient et mouraient désormais contre les Allemands en France, et l'Allemagne ainsi que l'Autriche avaient beaucoup moins d'influence qu'auparavant. Wilson était désormais convaincu que ni l'un ni l'autre de ces pays n'obtiendrait la paix à bon marché.

Les 3 et 4 octobre 1918, le premier message diplomatique conjoint allemand-autrichien fut envoyé à Wilson, demandant un armistice et proposant la cessation de toutes les hostilités sans sanctions pour les deux parties. Wilson rejeta cette note le 8 octobre, affirmant qu'il ne discuterait même pas de l'idée d'un armistice tant que la France, la Belgique et la Serbie ne seraient pas complètement libérées des troupes allemandes et autrichiennes.

Le 12 octobre, le gouvernement allemand annonça qu'il avait accepté la demande de Wilson et retirerait ses troupes de France et de Belgique. Cependant, malgré cette annonce, les combats continuèrent de faire rage sur le front occidental. Le 21 octobre, l'Allemagne annonça qu'elle cesserait les opérations de sous-marins. Le 25 octobre, les commandants militaires des Alliés se réunirent à Senlis, en France, pour discuter des conditions formelles d'un armistice. Bien qu'ils fussent en désaccord sur certains détails, ils s'accordaient tous sur le fait que l'Allemagne devait être rendue incapable de reprendre les hostilités.

Fin octobre, l'Allemagne continuait toujours activement à chercher une issue favorable à la guerre, mais l'Autriche ne pouvait plus se permettre d'attendre, car le pays était déjà en train de se désintégrer. Le 27 octobre 1918, l'Autriche s'adressa indépendamment aux Alliés pour un armistice et ordonna le retrait de son armée le même jour. Le 29 octobre, les Serbes, Croates et Slovènes proclamèrent la création d'un État sud-slave qui serait appelé la Yougoslavie. Le 30. Octobre erreignisait une délégation autrichienne en Italie pour capituler sans conditions. Le même jour, la Hongrie déclarait formellement son indépendance. Le 3 novembre, toutes les conditions de l'armistice autrichien étaient remplies et le lendemain, l'Autriche-Hongrie cessa officiellement d'exister. Le 14 octobre 1918, le sultan Mehmed VI de l'Empire ottoman, qui avait subi de lourdes pertes territoriales l'année précédente et était confronté à une invasion britannique en Turquie, avait demandé des conditions de paix. Un armistice fut signé le 30 octobre. Une des conditions était l'ouverture immédiate des Dardanelles aux navires alliés. Au cours des mois suivants, la majeure partie de l'Empire ottoman fut répartie sous la tutelle de différentes puissances alliées, puis finalement transformée en pays indépendants.

CONNAISSANCES GÉNÉRALES

Au début du mois de novembre 1918, la situation en Allemagne passa de l'instabilité au chaos complet. Le prince Max de Bade se révéla incapable de négocier des conditions favorables pour un armistice allemand, et les troubles au sein de l'armée s'aggravèrent, notamment dans la marine où les mutineries étaient monnaie courante. L'empereur Guillaume II, alors en retraite dans la station thermale belge de Spa, était de plus en plus poussé à abdiquer, ce qu'il refusa catégoriquement.

Le 7 novembre, Max envoya un groupe de délégués allemands en train vers Compiègne, une ville isolée en France, pour négocier un armistice. La délégation arriva dans la matinée du 9 novembre et les négociations débutèrent immédiatement. Ce même jour, le prince Max annonça l'abdication de Guillaume II du trône allemand, sans l'approbation de l'empereur désormais renégat. Le prince Max lui-même démissionna ensuite et divers groupes politiques de gauche proclamèrent la création d'une république soviétique allemande ou d'une république socialiste allemande, bien que ni l'une ni l'autre ne se concrétise véritablement.

Le 11 novembre, à 5 h 10, l'armistice avec l'Allemagne fut signé. Les hostilités prirent fin officiellement ce jour-là à 11 heures du matin. La fin de la Première Guerre mondiale est généralement située à la onzième heure du onzième jour du onzième mois de l'année 1918. Cependant, il faudrait encore plus de sept mois pour que des traités de paix formels finalisent les accords entre les différentes nations belligérantes.

Tout comme il avait commencé, la Première Guerre mondiale s'est achevée par des négociations diplomatiques complexes. Cela a pris de nombreux mois, mais le traité qui définissait l'existence actuelle et future de l'Allemagne a été signé le 28 juin 1919 à Versailles. Pour l'Allemagne, ce fut un jour d'humiliation totale. Le pays a dû accepter des pertes territoriales, dont l'Alsace-Lorraine et de grandes parties de la Pologne actuelle. L'Allemagne conserverait la région frontalière de la Rhénanie, mais il lui était strictement interdit de la développer militairement. L'Allemagne a également dû accepter de payer d'énormes réparations de guerre qui prendraient un demi-siècle à remplir.

Finalement, l'Allemagne a été contrainte de reconnaître publiquement la pleine responsabilité de toute la guerre et de l'assumer. Cette condition a été difficile à avaler pour de nombreux Allemands, et en réalité, c'était un mensonge flagrant.

La Première Guerre mondiale a commencé par un meurtre froid, des intrigues diplomatiques et des suppositions excessivement optimistes sur ce que l'autre camp ferait. Les rapports contemporains indiquent qu'il y avait même un sentiment d'excitation et d'aventure dans l'air, car certains considéraient la guerre comme une opportunité de tester les dernières innovations technologiques plutôt que toute autre chose. Cinq années tragiques plus tard, la réalité de la guerre était bien différente : des dizaines de millions de morts, des pays entiers en ruines et l'économie en morceaux. Des millions de soldats ont été entraînés dans la guerre, beaucoup venant de colonies lointaines et beaucoup n'ayant qu'une vague idée de ce pour quoi ils se battaient.

Au lieu de résoudre ces problèmes, le traité de Versailles a imposé des conditions extrêmement dures à l'Allemagne et a forcé la nation à assumer la pleine responsabilité financière et diplomatique de toute la guerre. Dans les traités de paix qui ont mis fin à la plupart des guerres européennes précédentes, chaque camp avait accepté ses pertes, réclamé son butin, serré les mains et poursuivi son chemin. Après la Première Guerre mondiale, cependant, le peuple allemand était humilié, appauvri et n'avait plus d'espoir d'amélioration. À l'intérieur, l'Allemagne est devenue un lieu turbulent, au bord de révolutions violentes de droite et de gauche, et vulnérable à la prise de contrôle par des éléments extrémistes tels que le parti nazi. Quelques décennies plus tard, il s'est avéré que les Alliés avaient exagéré les sanctions contre l'Allemagne - une erreur d'appréciation qui a créé les conditions nécessaires pour plonger l'Europe au cœur d'une guerre encore plus terrible.

2.9 LA DEUXIÈME GUERRE MONDIALE

La Seconde Guerre mondiale a tenu le monde en échec entre 1939 et 1945. À ce jour, il s'agit du conflit militaire le plus étendu géographiquement que le monde ait jamais connu. Bien que les combats se soient étendus sur de nombreuses parties du globe, la plupart des pays impliqués avaient un objectif commun : mettre fin à l'agression des puissances de l'Axe, l'Allemagne, l'Italie et le Japon. Malgré le fait que l'Allemagne et le Japon étaient techniquement des alliés, ils avaient des motivations et des objectifs très différents, et leur coopération servait principalement à détourner l'attention des ennemis respectifs plutôt qu'à atteindre des objectifs communs spécifiques.

L'ascension de l'Allemagne national-socialiste et ses agressions peuvent être directement attribuées à la Première Guerre mondiale. Le Traité de Versailles attribua injustement à l'Allemagne toute la responsabilité de la guerre et exigea en retour d'importantes réparations. Bien que l'Allemagne n'ait jamais payé la majeure partie de ces réparations, le traité humilia le peuple allemand et entrava les efforts de la nation pour se reconstruire et progresser sur le plan économique et technologique. Ensuite, à la fin des années 1920 et au début des années 1930, la crise économique mondiale fit payer un lourd tribut au pays.

Alors que le mécontentement et le désespoir grandissaient en Allemagne, des partis politiques radicaux gagnaient en popularité. Ils allaient des communistes aux nationalistes de droite.

Parmi les activistes les plus extrêmes de cette dernière catégorie se trouvait Adolf Hitler, qui avait fondé le Parti ouvrier national-socialiste allemand (mieux connu sous le nom de parti nazi) en 1920-1921. Au moment de la dépression en Allemagne, le parti d'Hitler comptait plus de 100 000 membres et il croissait rapidement, commençant à participer aux élections parlementaires avec de plus en plus de succès. En 1933, Hitler fit pression sur le président allemand Paul von Hindenburg pour qu'il le nomme chancelier du Reich, une position dans laquelle il put rapidement consolider son pouvoir.

CONNAISSANCES GÉNÉRALES

En 1935, l'Allemagne cessa de reconnaître le Traité de Versailles et toutes les restrictions qui y étaient liées. En particulier, Hitler annonça son intention de reconstruire complètement les forces armées allemandes. En 1938, l'Allemagne commença à annexer les territoires des pays voisins, notamment toute l'Autriche et la majeure partie de la Tchécoslovaquie. Lorsque l'Allemagne attaqua la Pologne en septembre 1939, le Royaume-Uni et la France se sont alliés contre l'Allemagne, et la guerre a commencé. Tout comme l'Allemagne, le Japon a été durement touché par la crise économique mondiale. Le Japon dépendait fortement des ressources importées et avait un besoin urgent de plus de terres pour sa population croissante. À l'époque, les dirigeants militaires japonais, qui avaient une forte influence sur le gouvernement civil, considéraient l'expansion territoriale comme la meilleure solution. Ainsi, les forces japonaises ont commencé à occuper des territoires dans la région chinoise de la Mandchourie en 1931. En 1937, le Japon et la Chine étaient officiellement en guerre. En 1940, le gouvernement japonais a annoncé son intention d'établir un "nouvel ordre en Asie orientale" visant à libérer la région de l'influence occidentale et à la placer sous la direction du Japon. En 1940, le Japon a signé une alliance officielle avec l'Allemagne et l'Italie, jetant ainsi les bases de son entrée dans la Seconde Guerre mondiale.

Pendant ce temps, les États-Unis, mécontents des actions du Japon, ont imposé un embargo commercial sévère contre ce dernier, limitant ainsi la possibilité d'importer du pétrole, des déchets et d'autres ressources importantes pour l'effort de guerre. Le Japon était confronté à une crise insurmontable et sans une action rapide et résolue, l'effondrement total était inévitable. L'action que le Japon a choisie a été une attaque surprise contre la base navale américaine de Pearl Harbor à Hawaï le 7 décembre 1941. Cette action a entraîné les États-Unis dans la Seconde Guerre mondiale sur les deux fronts, en Europe et dans le Pacifique.

En 1938, l'Allemagne était une dictature totale sous le parti nazi et le chancelier Adolf Hitler. Bien que le traité de Versailles de 1919, qui a mis fin à la Première Guerre mondiale, ait imposé à l'Allemagne des conditions strictes de désarmement, Hitler a complètement ignoré les termes du traité dans les années 1930. Non seulement il a rapidement reconstruit son armée, mais il a également ouvertement parlé du besoin de l'Allemagne en espace vital. En mars 1938, les troupes nazies ont pris le contrôle de l'Autriche sans justification. L'Autriche n'a pas opposé de résistance.

Hitler prétendait que l'annexion était soutenue par sa doctrine de l'Anschluss, ou de l'union politique naturelle entre l'Allemagne et l'Autriche. Bien que sérieusement préoccupés, le Royaume-Uni et la France n'ont pas agi. Peu de temps après, Hitler a exigé que la Tchécoslovaquie cède l'annexion du territoire des Sudètes, une région le long de la frontière germano-tchèque. Hitler a accusé les Tchèques de réprimer la grande population allemande là-bas et a prétendu que la région appartenait légitimement à l'Allemagne.

La Conférence de Munich en septembre 1938 a été convoquée pour discuter de la situation ; ironiquement, la Tchécoslovaquie n'était pas présente. Après plusieurs rounds de négociations et malgré leurs propres accords avec la Tchécoslovaquie, le Royaume-Uni et la France ont accepté de céder aux demandes d'Hitler, à condition qu'il s'engage à ne pas envahir d'autres territoires européens. Hitler a signé un accord en conséquence et a promis de ne pas entreprendre d'autres invasions.

Après avoir pris le contrôle des Sudètes, Hitler a toutefois ignoré l'accord et occupé la majeure partie de l'ouest de la Tchécoslovaquie, ainsi que certaines autres régions en Europe de l'Est. Le Royaume-Uni et la France n'ont encore rien fait. Cette politique d'apaisement envers les demandes d'Hitler, largement défendue par le Premier ministre britannique Neville Chamberlain, a été vivement critiquée car elle a ouvert la voie à la Seconde Guerre mondiale.

Les décisions prises par les nations alliées avant la Seconde Guerre mondiale ainsi que celles des six premiers mois après le début de la guerre ont laissé les historiens perplexes jusqu'à ce jour. En particulier, l'apaisement envers Hitler a été si souvent cité comme un exemple de ce qu'il ne faut pas faire face à un dictateur montant en puissance que cela en est devenu un cliché. Cependant, même s'il est évident a posteriori qu'Hitler n'aurait pas dû être apaisé, l'action du Premier ministre Chamberlain doit être considérée dans le contexte de l'époque. L'Europe se remettait encore de la Première Guerre mondiale : de nombreux pays européens s'adaptaient à de nouveaux gouvernements parlementaires et la Société des Nations nouvellement créée était une nouvelle force dans les affaires internationales. Peu de dirigeants européens comprenaient pleinement l'étendue des intentions d'Hitler, et prendre la décision de partir en guerre aurait été extrêmement impopulaire dans des pays comme le Royaume-Uni et la France, qui avaient été si durement touchés par la Première Guerre mondiale.

Quelques mois après l'annexion des Sudètes par l'Allemagne, le 23 août 1939, il y eut une réunion fatidique entre le ministre des Affaires étrangères allemand Joachim von Ribbentrop et le ministre des Affaires étrangères soviétique Viatcheslav Molotov à Moscou. Ils ont ensuite publiquement annoncé que l'Allemagne et l'URSS avaient signé le pacte de non-agression germano-soviétique pour empêcher toute hostilité entre les deux pays.

Cependant, les ministres ont gardé secrète la véritable nature de l'accord, qui prévoyait non seulement de ne pas s'attaquer mutuellement, mais aussi de se partager les pays situés entre eux. Plus précisément, ils ont convenu que l'Allemagne et l'URSS prendraient chacune une moitié de la Pologne, avec une disposition stipulant que l'URSS pourrait prendre possession de la Lituanie, de la Lettonie et de l'Estonie sans ingérence allemande.

L'invasion allemande de la Pologne a été rapide et d'une force écrasante. L'attaque a commencé le 1er septembre 1939 par des bombardements aériens massifs, suivis d'une invasion terrestre rapide. Hitler a qualifié cette stratégie de Blitzkrieg. L'objectif de la stratégie Blitzkrieg était de choquer l'adversaire de manière si intense qu'il n'y aurait presque pas de résistance et que le pays pourrait être conquis rapidement et avec des pertes allemandes minimales.

CONNAISSANCES GÉNÉRALES

Le principal obstacle pour les troupes d'invasion allemandes s'est avéré être la capitale polonaise, Varsovie, qui ne s'est rendue que le 27 septembre après un long siège. À ce moment-là, toute la Pologne occidentale était sous contrôle allemand. Bien que l'invasion allemande en Pologne soit souvent citée comme l'exemple ultime de la tactique du Blitzkrieg, tous les historiens ne partagent pas cette opinion. Au lieu de foncer directement sur Varsovie et de renverser le gouvernement, les forces allemandes se sont déplacées relativement lentement et ont concentré une grande partie de leur énergie sur des cibles qui n'étaient ni militaires ni politiques. Elles ont non seulement cherché à détruire le gouvernement polonais, mais aussi à anéantir le peuple polonais. Au cours des premiers jours et semaines de la guerre, des civils juifs et non juifs ont été tués, qu'ils résistent ou non. Des villages et des villes ont été incendiés, et les survivants fuyant ont été traqués et abattus sans pitié.

C'est lors de cette invasion que la véritable nature du plan d'Hitler a commencé à se révéler. Bien que l'armée allemande régulière, la Wehrmacht, ait vaincu l'armée polonaise en quelques jours après la première invasion, un groupe encore plus sinistre est arrivé - la Totenkopf, une division de la bientôt tristement célèbre SS. Ces unités ont immédiatement commencé à rassembler et tuer des civils polonais. Des groupes importants de Juifs ont été isolés et conduits dans le ghetto de Varsovie, où ils ont été lentement affamés pendant les deux années suivantes. De plus petits groupes rencontrés en chemin étaient abattus sur place. Bien que les Juifs aient été particulièrement ciblés, la population rurale polonaise non juive n'a pas été traitée beaucoup mieux. Bien que ces atrocités pâlissent en comparaison de ce qui était encore à venir, les premières semaines de l'invasion d'Hitler ont été une démonstration cruelle des capacités et des intentions de la machine de guerre allemande.

Seulement deux semaines après le début de l'invasion allemande, le 17 septembre 1939, les troupes soviétiques ont envahi la Pologne depuis l'est. Il n'a fallu que deux jours pour qu'elles avancent suffisamment pour rencontrer les troupes allemandes avançant depuis l'ouest. À ce stade, l'Allemagne avait déjà conquis la majeure partie de la Pologne, à l'exception de Varsovie, qui était assiégée. Lorsque les Allemands ont rencontré les troupes russes, ils ont livré un grand nombre de prisonniers et se sont immédiatement retirés vers la ligne convenue dans le pacte de non-agression germano-soviétique. Les armées polonaises en retraite, qui ne savaient pas que l'URSS faisait partie du plan d'occupation allemand, sont tombées entre les mains russes. Le Royaume-Uni et la France - bientôt désignés comme les puissances alliées, tout comme pendant la Première Guerre mondiale - ont déclaré la guerre à l'Allemagne le 3 septembre 1939, seulement deux jours après le début de l'invasion de la Pologne par l'Allemagne. Cependant, à part des préparatifs défensifs de base, aucun des deux pays n'a entrepris d'actions significatives pendant plusieurs mois. Le Royaume-Uni a plutôt lancé une campagne de propagande contre Hitler en utilisant ses bombardiers pour larguer des millions de tracts anti-nazis au-dessus de l'Allemagne. Cette action a rapidement été surnommée "la guerre des confettis" dans l'opinion publique britannique. L'Allemagne, de son côté, n'a guère agi après l'invasion de la Pologne, à part quelques petites attaques maritimes contre des navires alliés. Cette période de relative accalmie a été sarcastiquement appelée "la drôle de guerre" - une référence au Blitzkrieg. Plutôt que de lancer leur propre attaque, les Alliés attendaient l'attaque allemande attendue sur la Belgique et la France. Celle-ci ne surviendrait que plusieurs mois plus tard, au début du printemps 1940. Le seul point actif de cette "drôle de guerre" a été la Finlande, envahie par l'URSS le 30 novembre 1939, dans le but de conquérir la région est de la Carélie. Bien que les Finlandais aient été nettement moins nombreux et moins bien armés, ils ont résisté avec détermination et innovation, allant même jusqu'à utiliser des troupes à vélo et à ski. L'invasion, que l'on s'attendait à ce qu'elle se termine rapidement, dura plutôt jusqu'au 13 mars 1940, lorsque la Finlande capitula enfin et céda la Carélie à l'Union soviétique, ainsi que le grand port de Viipuri. Bien que la Finlande ait perdu du territoire, la victoire coûta à l'URSS plus de 200 000 vies, soit plus du double des pertes finlandaises.

Après des mois d'inactivité, début avril 1940, le premier signe que Hitler reprenait l'offensive apparut. Le 9 avril, les troupes allemandes prirent simultanément Copenhague, la capitale du Danemark, et débarquèrent sur la côte norvégienne. Le Danemark capitula presque immédiatement. En Norvège, bien que la capitale Oslo ait été rapidement prise et qu'un gouvernement marionnette ait été installé, un fort mouvement de résistance, soutenu par le Royaume-Uni et la France, continua à lutter contre les Allemands pendant deux mois. Les combats se limitèrent généralement aux zones moins peuplées du nord du pays. Après des mois de spéculations nerveuses, l'Allemagne entra en guerre en Europe de l'Ouest le 10 mai 1940, avec pour objectif principal de conquérir la France. Les bombardiers allemands attaquèrent les bases aériennes en France, au Luxembourg, en Belgique et aux Pays-Bas, détruisant un grand nombre d'avions alliés au sol et neutralisant la défense antiaérienne alliée. Les unités d'élite des parachutistes allemands furent larguées sur des points alliés fortifiés le long du front et neutralisèrent un élément clé de la stratégie défensive française. Au sol, les forces allemandes avancèrent dans deux directions : l'une à travers les Pays-Bas et le nord de la Belgique (où le Royaume-Uni et la France s'attendaient à une invasion) et l'autre, plus grande, vers le sud, à travers le Luxembourg et la forêt des Ardennes, sur un chemin menant directement au cœur de la France. Dans l'ignorance de l'avancée allemande dans le sud, le Royaume-Uni et la France déplacèrent la majorité de leurs troupes en Belgique.

Les premiers jours de l'attaque virent les Allemands avancer moins rapidement que prévu vers Bruxelles et La Haye, car les forces néerlandaises résistèrent avec vigueur. En réponse, le 14 mai, la Luftwaffe allemande lança une énorme attaque aérienne sur le centre de Rotterdam, alors même que les négociations de capitulation avec les Pays-Bas étaient en cours. Bien que des efforts aient été faits pour annuler l'attaque à la dernière minute, seuls quelques pilotes allemands reçurent le message à temps, ce qui aboutit à la réalisation partielle de l'attaque. Plus de 800 civils furent tués et les Pays-Bas capitulèrent ce jour-là. Le plan britannique et français pour défendre la Belgique prévoyait de se positionner le long d'une série de fortifications entre les villes d'Anvers et de Liège. Ignorant que ces fortifications avaient déjà été prises par des unités allemandes de parachutistes dès la première nuit de l'invasion, les armées britannique et française furent attaquées le 13 mai. En même temps, la deuxième offensive allemande inattendue commença dans le sud depuis la forêt des Ardennes. Dans les jours suivants, les principales armées alliées se trouvaient encerclées entre les deux forces allemandes et ne pouvaient ni protéger Paris ni empêcher les Allemands d'avancer vers la Manche. Lorsque les troupes allemandes du sud s'insérèrent entre les forces françaises et britanniques, les Alliés furent divisés, les affaiblissant davantage. La défense de la Belgique par les Alliés fut sans aucun doute un désastre. Alors que l'armée principale française était prise en étau entre les deux armées allemandes, la British Expeditionary Force (BEF) fut poussée vers la côte près du port français de Dunkerque.

Coincée dos à la mer et avec peu d'espoir de rejoindre les troupes françaises, le gouvernement britannique décida que la BEF devait être évacuée. L'évacuation, appelée Opération Dynamo, commença le 27 mai 1940. Elle dura une semaine entière au cours de laquelle plus de 800 navires civils et militaires furent utilisés. Au total, plus de 300 000 hommes furent ramenés de l'autre côté de la Manche sur le sol britannique. L'exploit fut héroïque - accompli sous un bombardement presque constant de la Luftwaffe - mais il laissa la France totalement isolée.

Une fois les Britanniques évacués, les Allemands lancèrent leur dernière offensive contre la France. D'ici le 12 juin, les chars allemands avaient percé les lignes principales le long de la Somme et de la ligne Maginot fortifiée et se rapprochaient de leur objectif, Paris. Pendant ce temps, les Britanniques encourageaient vivement la France à résister à tout prix. Le nouveau Premier ministre britannique, Winston Churchill, se rendit même à Paris pour offrir son encouragement personnel. Cependant, le gouvernement britannique refusa les demandes françaises d'aide militaire, préférant réserver ses forces pour sa propre défense à l'avenir. À ce stade, l'armée française avait déjà été réduite de moitié et la direction française s'était résignée à la capitulation inévitable. Le 22 juin 1940, la France signa un armistice avec l'Allemagne. Hitler insista pour que cela se passe dans le même wagon de chemin de fer où l'Allemagne avait capitulé devant la France en 1918 à la fin de la Première Guerre mondiale. Le 23 juin, Hitler se rendit à Paris pour une brève visite dans la ville occupée, une photo largement diffusée le montre devant la Tour Eiffel. Bien que beaucoup attribuent la rapide conquête de la France par l'Allemagne à la simple faiblesse des forces françaises, cette conclusion est incorrecte. L'armée française était en réalité plus grande et plus avancée technologiquement que l'armée allemande à l'époque. En fait, certains hauts gradés de l'armée allemande étaient convaincus avant l'invasion que l'Allemagne n'était pas préparée à rivaliser militairement avec la France. Pendant l'invasion, Hitler lui-même était très préoccupé et exprimait son incrédulité face à ses propres victoires. La chute de la France était plutôt due à des erreurs de jugement concernant la manière dont l'attaque serait menée. La progression de l'Allemagne à travers la forêt des Ardennes n'avait pas été anticipée et même lorsque le renseignement français en a eu connaissance, il n'a pas agi car il ne croyait pas que les chars allemands pourraient traverser une forêt dense. Ainsi, le cœur des forces françaises, renforcées par les Britanniques, fut envoyé en Belgique où l'attaque principale était incorrectement attendue. Après la chute de la France, le gouvernement britannique était convaincu que l'étape suivante de l'Allemagne serait de s'en prendre au Royaume-Uni. Ces craintes furent confirmées lorsque les services de renseignement britanniques interceptèrent des messages radio allemands codés indiquant qu'une invasion imminente du Royaume-Uni était prévue. Les préparatifs étaient en cours depuis un certain temps en Grande-Bretagne et des avions, des armes et des munitions arrivaient régulièrement par bateau depuis les États-Unis, malgré le danger constant des attaques des sous-marins allemands. Les Britanniques allaient s'appuyer sur la puissance aérienne et navale comme principale défense, sachant qu'ils perdraient rapidement la guerre si des troupes allemandes débarquaient en grand nombre sur le sol britannique. Pendant que la Grande-Bretagne se préparait, l'un des objectifs immédiats était d'empêcher que la marine française ne tombe aux mains des Allemands. En conséquence, l'opération Catapult fut mise en œuvre le 3 juillet 1940. Une flotte britannique basée à Gibraltar fut dépêchée à Mers-el-Kébir, en Algérie, où une grande partie de la marine française restante s'était réfugiée. Les Britanniques ont offert aux équipages français quatre options : ils pouvaient naviguer immédiatement vers la Grande-Bretagne et se joindre à la lutte contre l'Allemagne, remettre leurs navires aux Britanniques, permettre aux Britanniques de déplacer les navires en lieu sûr dans les îles des Antilles, ou couler leur flotte. Les équipages français ont refusé ces quatre options, laissant aux Britanniques aucune autre alternative que de tirer sur leurs alliés, de détruire les navires et de tuer plus de 1 200 marins français. Cependant, plusieurs navires français situés ailleurs furent saisis sans incident.

Le nom de code allemand pour leur plan d'invasion du Royaume-Uni était l'opération Seelöwe. L'opération a commencé timidement avec une série d'attaques aériennes de reconnaissance contre les navires britanniques dans la Manche et les ports du sud de l'Angleterre début juillet 1940. En fait, Hitler hésitait encore à envahir la Grande-Bretagne ou la Russie. La première attaque aérienne allemande au-dessus de la Manche a eu lieu le 10 juillet 1940. Cependant, le 19 juillet, Hitler a fait une intervention de dernière minute en faveur d'une paix avec la Grande-Bretagne, probablement pour gagner du temps. La Grande-Bretagne a ignoré l'appel. Les escarmouches au-dessus de la Manche et le long de la côte sud de l'Angleterre ont continué jusqu'en août, mais la Royal Air Force a rarement été utilisée pour défendre les navires dans la Manche, préférant se tenir en retrait jusqu'à ce que les avions allemands se rapprochent du continent et se rapprochent de la limite de leur portée. Par conséquent, la navigation britannique dans la Manche a subi des dommages importants, mais la RAF a pu économiser des pilotes et des avions pour la bataille à venir.

Début août 1940, Hitler décida de lancer des attaques massives contre les bases de la Luftwaffe et les postes de commandement militaires dans le sud de l'Angleterre, dans l'espoir de briser la volonté britannique. Cependant, l'Allemagne retiendrait toute tentative d'invasion terrestre jusqu'à ce qu'elle soit sûre de gagner la supériorité aérienne au-dessus de l'Angleterre. Le 13 août, que le commandement allemand a appelé "Jour de l'Aigle", l'Allemagne a envoyé plus de 1 400 bombardiers et chasseurs au-dessus de la Manche. Les Allemands n'ont abattu que treize chasseurs britanniques ce jour-là, mais ont perdu plus de trois fois plus de leurs propres avions.

CONNAISSANCES GÉNÉRALES

Au cours des jours suivants, les Allemands ont continué à subir des pertes comparativement élevées. Bien que cela ait donné aux pilotes britanniques un certain sentiment d'optimisme, le nombre impressionnant d'avions envoyés par les Allemands signifiait que de nombreux bombardiers atteignaient toujours leurs cibles. Début septembre 1940, Hitler ordonna à la Luftwaffe de concentrer ses attaques sur les grandes villes britanniques, y compris Londres. Les attaques commencèrent le 7 septembre et se poursuivirent jusqu'en mai de l'année suivante. Par moments, elles durèrent des semaines jour et nuit, sans relâche. Des dizaines de milliers de Londoniens perdirent la vie au cours de cette période, ainsi que des milliers d'habitants d'autres villes britanniques. Pendant ce temps, les bombardiers britanniques ont également mené des attaques nocturnes sur Berlin.

Bien que ce bombardement incessant de Londres se soit poursuivi, Hitler décida le 17 septembre 1940 de suspendre indéfiniment son plan d'invasion du Royaume-Uni. Il était évident que la supériorité aérienne au-dessus de l'Angleterre serait difficile à atteindre. Hitler concentra alors son attention sur la Russie. La bataille d'Angleterre marqua le premier tournant de la guerre, car ce fut la première fois que les forces allemandes ne parvinrent pas à atteindre un objectif majeur. Le fort et efficace résistance de la Royal Air Force a poussé Hitler à abandonner l'idée d'une invasion de la Grande-Bretagne et à diriger son attention vers la Russie. Bien que le Blitz ait continué de terroriser Londres et d'autres villes pendant des mois, la Grande-Bretagne n'était plus menacée par une invasion terrestre. Cela a démontré au monde qu'Hitler pouvait être repoussé avec une résistance tenace.

La bataille de Grande-Bretagne a également été la première fois dans l'histoire où la puissance aérienne seule a déterminé l'issue d'une grande bataille. Hitler savait qu'il n'y avait pas de moyen d'attaquer la Grande-Bretagne au sol sans d'abord obtenir la supériorité aérienne. Churchill et la direction militaire britannique savaient aussi que l'arrêt de la Luftwaffe était essentiel à leur survie. Les attaques aériennes allemandes contre la Grande-Bretagne étaient massives, mais leur intensité initiale ne pouvait pas être maintenue alors que les Allemands perdaient constamment deux fois plus d'avions que les Britanniques. En réalité, l'Allemagne avait perdu 1 700 avions contre 900 avions britanniques à la fin de la bataille.

La valeur de la nouvelle technologie radar a également été démontrée de manière efficace pour la première fois. Les Britanniques avaient établi un réseau de stations radar le long de leur littoral avant la bataille, ce qui s'est avéré inestimable. Les contrôleurs aériens britanniques ont pu repérer l'ennemi tôt et diriger les chasseurs au bon moment et au bon endroit. Le radar a également évité la perte d'un grand nombre d'avions au sol, comme cela s'était produit lors des premiers jours de l'invasion en France. Bien que les Allemands aient initialement tenté de bombarder les stations radar, ils ont abandonné cette stratégie à la mi-août, la jugeant inefficace. Ce fut une grande erreur. De plus, les pilotes britanniques avaient un avantage significatif dans le combat au-dessus de leur propre territoire. Alors que les pilotes allemands ne pouvaient rester en mission que pendant une durée limitée avant de devoir revenir se ravitailler, les pilotes britanniques pouvaient rester plus longtemps dans les airs, revenir à la base, se ravitailler et reprendre le combat. Ainsi, le simple fait d'attaquer les avions allemands et de les obliger à consommer du carburant en s'écartant de leur trajectoire signifiait que moins de bombes atteignaient leurs cibles prévues. Pour la Grande-Bretagne comme pour l'Allemagne, ce combat aérien était une nouvelle forme de guerre, et les stratégies des deux côtés étaient expérimentales.

Le 10 juin 1940, l'Italie a déclaré la guerre à la France et à la Grande-Bretagne, principalement en raison des ambitions territoriales et impériales du Premier ministre fasciste Benito Mussolini. À ce moment-là, la Grande-Bretagne avait déjà évacué Dunkerque et les troupes allemandes se dirigeaient vers Paris - ce qui signifiait que les forces italiennes étaient en retard pour participer sérieusement à la bataille. Hitler lui-même observait avec irritation que les Italiens étaient en réalité à la traîne et se contentaient de profiter du butin sans avoir à participer aux tâches ingrates. Néanmoins, l'Allemagne et l'Italie se sont bientôt alliées en tant que puissances de l'Axe, et l'entrée de l'Italie dans la guerre a déclenché une réaction en chaîne qui a étendu la guerre à de vastes parties de la Méditerranée. Après la déclaration de guerre, l'Italie a entrepris ses premières actions en Afrique du Nord et dans d'autres régions du sud de la Méditerranée. Le 11 juin 1940, l'aviation italienne a attaqué Malte, tandis que des avions britanniques ont mené une petite attaque à la bombe le même jour contre la colonie italienne de l'Érythrée (en Afrique) ainsi que les villes italiennes de Gênes et Turin. Les escarmouches en Afrique ont duré tout l'été, mais la guerre n'a réellement commencé que le 3 août, lorsque les troupes italiennes ont envahi la Somalie britannique. Cette attaque a marqué le début de la campagne d'Afrique de l'Est et a été une défaite totale pour la Grande-Bretagne, qui a été contrainte d'abandonner la région en quelques jours seulement.

Une deuxième offensive italienne en Égypte occupée par les Britanniques le 13 septembre s'est soldée par un échec catastrophique. Bien que les défenseurs britanniques étaient largement en infériorité numérique, ils ont décimé les forces italiennes, fait un grand nombre de prisonniers et avancé profondément dans le territoire contrôlé par les Italiens. Cette défaite italienne a incité l'Allemagne à s'impliquer et à envoyer ses meilleures divisions de chars sous le commandement du maréchal de camp Erwin Rommel, le commandant allemand le plus célèbre des forces mécanisées.

L'invasion italienne de la Grèce a commencé le 28 octobre 1940 avec des forces stationnées en Albanie. Mussolini a lancé l'attaque sans consulter ni même informer Hitler, ce qui a provoqué la colère de ce dernier. La Grèce, un pays au terrain difficile et montagneux, disposait également d'une armée respectable qui a combattu avec acharnement contre les Italiens. En novembre, les troupes grecques ont percé la ligne italienne et ont pu repousser progressivement les envahisseurs jusqu'à la frontière albanaise. Il n'a pas fallu longtemps pour que la Grande-Bretagne commence à fournir un soutien aérien à la défense de la Grèce. Comme en Égypte, Mussolini avait mordu plus qu'il ne pouvait mâcher en termes de capacités militaires. Cependant, l'Allemagne a attendu et a laissé les Italiens se débrouiller seuls.

En mars 1941, la situation s'était tellement détériorée pour les Italiens que Hitler a finalement été contraint d'intervenir. Cette décision a toutefois soulevé un nouveau problème, car la Yougoslavie neutre a refusé de donner la permission aux troupes allemandes de traverser son territoire. Par conséquent, le 6 avril, l'Allemagne a attaqué la Yougoslavie avec sa méthode de blitz standard. La Yougoslavie a capitulé le 17 avril, et les troupes allemandes se sont rapidement dirigées vers la Grèce.

À ce stade, la Grande-Bretagne avait déjà déployé des troupes en Grèce pour soutenir le combat contre les Allemands. Cependant, l'aide britannique ne suffisait pas, et à la fin du mois d'avril, toutes les forces britanniques avaient évacué la Grèce, laissant le pays sous le contrôle total des Allemands. Une autre bataille a éclaté lorsque la Luftwaffe a attaqué la garnison britannique sur l'île de Crète le 20 mai. Des combats intenses ont suivi, mais à la fin du mois, les Britanniques ont dû évacuer à nouveau. Les deux premières campagnes des Italiens - en Afrique du Nord et en Grèce - étaient similaires en ce sens qu'elles étaient toutes deux caractérisées par des succès initiaux, mais se sont ensuite transformées en bourbier. Dans les deux cas, l'Allemagne a dû intervenir, mobilisant ainsi des forces qui étaient nécessaires ailleurs. Cependant, tandis que la campagne en Grèce fut relativement brève, ne durant que quelques mois, la guerre dans les déserts d'Afrique du Nord allait s'étendre sur des années. La guerre du désert allait devenir l'une des plus grandes campagnes de la Seconde Guerre mondiale, avec un grand nombre de troupes et des batailles dramatiques. L'entrée de l'Italie dans la guerre a ainsi élargi sa portée géographique et a eu une influence significative sur les décisions de l'Allemagne.

La première attaque allemande contre l'Union soviétique était connue sous le nom d'Opération Barbarossa. Elle a commencé le 22 juin 1941, après des mois de retard et des années de planification. Les objectifs généraux étaient de gagner plus de territoire pour l'Allemagne, de contrôler les champs pétrolifères de l'Azerbaïdjan et d'éradiquer le bolchevisme - le communisme radical que Vladimir Lénine avait instauré en Russie lors de la révolution russe. De plus, Hitler voulait éliminer la population russe qu'il considérait comme "racialement inférieure" de Leningrad, Moscou et du reste de l'URSS occidentale, tout en poussant le reste de la population vers l'est au-delà de l'Oural.

Malgré le fait que l'URSS était à la fois géographiquement et militairement beaucoup plus grande que l'Allemagne, Hitler croyait que le pays s'effondrerait rapidement après une démonstration de force allemande. L'avancée allemande a été organisé en trois poussées principales : une à travers la région balte en direction de Leningrad ; une à travers la Russie centrale en direction de Moscou ; et une au sud, en direction de Kiev et de la côte de la mer Noire. Cela a créé un front long de près de 1 600 kilomètres, nécessitant une force massive de l'Axe d'environ 4 millions de soldats, dont 3 millions d'Allemands. Bien qu'Hitler espérait terminer l'opération d'ici l'hiver 1941, le conflit entre l'Allemagne et l'Union soviétique allait durer la majeure partie de la guerre.

De manière similaire aux invasions précédentes d'Hitler, l'attaque contre l'URSS a commencé par des frappes aériennes, se concentrant sur les bases aériennes russes à l'avant. L'Union soviétique disposait d'une force aérienne beaucoup plus importante, bien que moins moderne que celle de l'Allemagne, et sa destruction a été essentielle au succès allemand. L'attaque allemande a débuté tôt le matin du 22 juin et a duré presque toute la journée. Bien que les estimations varient fortement, l'URSS a perdu entre 1 200 et 2 000 avions le premier jour - environ un quart de sa force aérienne totale. La plupart de ces avions ont été détruits au sol, stationnés sur leurs pistes. Au cours de la semaine suivante, les Soviétiques en ont perdu 2 000 à 3 000 de plus au combat. Le revers a été dévastateur et l'URSS mettrait longtemps à s'en remettre. L'attaque allemande a complètement pris le commandement soviétique au dépourvu, et ses forces n'ont pas pu réagir efficacement aux attaques. Dans leur confusion, les ordres soviétiques étaient contradictoires, et le Premier ministre soviétique Joseph Staline hésitait avant de donner des ordres décisifs. Pendant ce temps, les troupes allemandes avançaient rapidement à travers le territoire russe. En un peu plus d'une semaine, le 1er juillet, les Allemands avaient progressé de 320 à 480 kilomètres en Russie, prenant les grandes villes de Riga et Dvinsk au nord, Minsk dans la région centrale et Lviv au sud. Déjà avant l'invasion, Staline avait pris plusieurs décisions qui avaient grandement affaibli la capacité de son pays à réagir à la menace allemande. Premièrement, lors de ses infâmes purges dans les années 1930, Staline avait fait assassiner la plupart des dirigeants militaires soviétiques ou les avait envoyés dans des camps de travail en Sibérie. Beaucoup d'officiers expérimentés faisaient partie de ce groupe, ce qui signifie que la direction militaire de la Russie en 1941 était bien moins expérimentée qu'elle ne l'était seulement cinq ou six ans auparavant. Deuxièmement, Staline avait résisté aux premières recommandations de ses dirigeants militaires visant à mobiliser des forces le long de la frontière occidentale ou à prendre des mesures pour protéger les bases aériennes contre les attaques. Les motivations de Staline dans cette affaire n'ont jamais été claires. Malgré ces revers, l'URSS a continué à combattre de manière remarquable. Contrairement à la plupart des forces adverses auxquelles les Allemands avaient été confrontés en Europe de l'Ouest, les troupes soviétiques avaient tendance à se retirer ou à se battre jusqu'au dernier homme - et à ne pas capituler. Quelques jours seulement après l'invasion, les Soviétiques ont organisé de petits groupes de partisans et des "bataillons de destruction" et les ont envoyés derrière les lignes ennemies pour perturber les efforts allemands de multiples façons. Le 3 juillet, Staline a ordonné à l'armée soviétique de mettre en œuvre une politique de la terre brûlée et de détruire ou d'enlever tous les approvisionnements ou installations utiles avant de se replier, afin que ces ressources ne tombent pas entre les mains allemandes. Ainsi, les Russes ont détruit des routes et des ponts, incendié des champs de récolte et démolis ou vidés de nombreuses usines. Certaines grandes usines ont même été démontées et mises en sécurité vers l'est. La politique de la terre brûlée s'est avérée efficace et a entravé les avancées des armées allemandes. Bien que le Royaume-Uni et les États-Unis aient été méfiants envers Staline et le communisme russe en général, l'idée que l'ensemble de l'URSS puisse tomber aux mains des Allemands était inacceptable. Quelques jours seulement après l'invasion, la Grande-Bretagne a commencé à fournir à Staline des informations de renseignement provenant directement des transmissions secrètes allemandes que les décrypteurs alliés avaient réussi à décoder et à lire quotidiennement. Au début du mois de juillet, les Britanniques ont également intensifié leurs bombardements sur Berlin et d'autres grandes villes allemandes pour forcer Hitler à rappeler une partie de la Luftwaffe en Allemagne. Fin juillet, les premières livraisons alliées d'équipement militaire ont commencé à atteindre les ports du nord de l'URSS. Ces livraisons en provenance du Royaume-Uni et des États-Unis ont continué à augmenter et comprenaient un grand nombre d'avions et de chars, ainsi que des vivres et des fournitures médicales. Du 10 au 14 août, Churchill et Roosevelt se sont rencontrés à bord d'un navire au large de Terre-Neuve et ont élaboré ensemble un plan ambitieux pour aider massivement l'URSS. Au début du mois de septembre 1941, les forces allemandes avaient avancé profondément dans la Russie européenne et se trouvaient à proximité immédiate des grandes villes de Kiev et de Léningrad. Le 10 septembre, Hitler décida de concentrer ses efforts sur l'invasion du sud de la Russie et de l'Ukraine, dans l'espoir d'accéder aux ressources économiques de la région, notamment les champs de blé ukrainiens, les fermes d'agrumes de la côte de la mer Noire et les champs pétrolifères du Caucase. Le 12 septembre, Hitler ordonna aux troupes du Nord de cesser leur avancée vers Léningrad. Au lieu d'entrer dans la ville, elles devaient maintenir leur position actuelle, encercler la ville et la priver lentement de vivres. Cette stratégie permettrait à plusieurs divisions blindées allemandes dans la région de Léningrad d'être redéployées dans le sud. C'est ainsi que commença le célèbre siège de 900 jours de Léningrad. Avec plus de troupes allemandes pouvant être déployées dans le sud, l'Ukraine s'effondra rapidement. Après que les Allemands eurent capturé près d'un demi-million de troupes soviétiques en dehors de Kiev, la capitale ukrainienne tomba le 19 septembre. À l'origine, Hitler avait prévu que la campagne contre l'Union soviétique durerait six semaines. Bien que les Allemands aient initialement progressé très rapidement, leur avancée ralentit à mesure qu'ils pénétraient plus profondément en URSS. Pendant ce temps, l'été laissa place à l'automne, apportant un mélange constant de pluie et de neige misérables. En octobre, les routes se transformèrent en boue, ce qui stoppa efficacement l'avancée allemande. En novembre, la neige recouvrit le sol et les températures étaient si froides qu'elles entravaient le fonctionnement de l'équipement. Les soldats allemands, toujours vêtus d'uniformes d'été, succombèrent en grand nombre à des gelures et à des engelures. Malgré cela, Hitler leur ordonna de continuer. L'hiver offrit aux armées soviétiques un nouvel avantage, car elles étaient bien mieux préparées à combattre dans de telles conditions. De plus, des renforts de l'Extrême-Orient russe arrivèrent en grand nombre, tandis que les chars et les avions envoyés par la Grande-Bretagne et les États-Unis entrèrent enfin dans la bataille. Les services de renseignement allemands ignoraient tout de ces renforts, ce qui fut une mauvaise surprise pour les troupes allemandes.

Lorsque les Allemands approchèrent de Moscou, ils se heurtèrent à une série de tranchées et de fossés renforcés de barbelés. Depuis fin octobre, des milliers de civils russes avaient creusé à la main plus de 5 000 miles de tranchées autour de la ville. Le 27 novembre 1941, ces tranchées finirent par stopper l'avancée allemande vers Moscou, à moins de vingt miles du Kremlin. Submergés par une forte défense russe, des températures glaciales et des harcèlements constants de partisans russes derrière les lignes, les Allemands furent en difficulté. En seulement trois semaines, ils perdirent 85 000 hommes - autant que pendant toute la campagne de Barbarossa jusqu'à ce moment-là. Au début du mois de décembre, les Allemands commencèrent lentement à perdre du terrain et les Soviétiques réussirent à les repousser de plusieurs miles. Bien que les Allemands ne se retirassent toujours pas, le 8 décembre 1941, un ordre d'Hitler lui-même demanda à toutes les troupes allemandes en Russie de passer d'opérations offensives à des opérations défensives. L'échec de l'Allemagne en Russie était le résultat de plusieurs erreurs grossières de calcul. Hitler sous-estima la durée de l'opération, la dureté du combat des Russes, le succès des actions de partisans russes et la rapidité et l'efficacité avec lesquelles les Alliés viendraient en aide à l'Union soviétique. Hitler ne comprit pas non plus la difficulté de maintenir le contrôle sur un territoire aussi vaste ni à quel point l'armée allemande était mal préparée pour combattre dans le climat russe. L'étendue des ravages causés pendant la Seconde Guerre mondiale en Union soviétique est largement méconnue en Occident et est en effet difficile à appréhender. L'Allemagne a mené l'invasion avec une brutalité rarement observée dans l'histoire de l'humanité. Vingt millions de personnes sont mortes en Russie aux mains des envahisseurs - un chiffre global qui inclut les soldats combattant en première ligne, les Juifs séparés et assassinés dans les villes russes, les fonctionnaires locaux et des millions de simples citoyens russes tués avec la même méthodologie calculée. L'un des objectifs spécifiques d'Hitler pour l'invasion était de réduire considérablement la population totale de l'ouest de l'Union soviétique pour faire de la place aux Allemands qu'il voulait y installer. Après l'impasse près de Moscou pendant l'hiver 1941-1942, l'Allemagne a déplacé le centre de gravité de ses forces d'invasion vers le sud, où elle avait déjà conquis la majeure partie de l'Ukraine, et a envoyé la plupart de ses troupes à travers les steppes du sud de la Russie. Le 27 juillet 1942, ces troupes ont traversé le Don et se sont dirigées vers le centre industriel de Stalingrad. Une autre partie de l'offensive allemande a continué à avancer vers le sud, dans la région du Caucase. Pendant ce temps, la résistance des partisans soviétiques derrière les lignes allemandes a continué avec de plus en plus de succès.

Le 23 août 1942, les Allemands ont atteint la Volga, au nord de Stalingrad, et se sont préparés pour une grande attaque sur la ville. Le même jour, des centaines de bombardiers allemands ont largué suffisamment de munitions sur Stalingrad pour déclencher un incendie de grande ampleur, et la Volga elle-même a pris feu après que le contenu enflammé des réserves de pétrole locales soit entré dans le fleuve. Environ 40 000 habitants de Stalingrad sont morts lors de cette première attaque. Encouragés par ce succès initial, les commandants allemands croyaient que Stalingrad serait une victoire rapide. Comme il s'est avéré, cela est devenu l'une des batailles individuelles les plus meurtrières de l'histoire et a duré six mois.

En quelques jours seulement, l'armée allemande a pénétré dans Stalingrad, où les forces soviétiques les attendaient. Tant Staline qu'Hitler avaient interdit à leurs troupes de se retirer en aucune circonstance. Pendant des mois, les combats se sont déroulés rue après rue, bloc après bloc, et la ville a été démantelée jusqu'à devenir un squelette de ce qu'elle était auparavant, alors que les Allemands lançaient à plusieurs reprises des attaques aériennes avec jusqu'à 1 000 avions à la fois. Au sol, les troupes des deux côtés se sont réfugiées dans des bâtiments en ruine, les chars se sont déplacés maladroitement à travers des rues jonchées de débris, et les tireurs d'élite russes et allemands se sont cachés dans les ruines pour tenter d'éliminer les soldats ennemis.

Staline a ordonné la mobilisation de milliers de troupes soviétiques supplémentaires provenant d'autres régions au nord de Stalingrad et a envoyé la majeure partie des avions militaires russes pour défendre la ville. Pendant ce temps, les Allemands ont encerclé la ville depuis l'ouest, enfermant les défenseurs russes à l'intérieur. Cependant, les Allemands n'ont pas réussi à prendre le contrôle de la Volga, ce qui a permis aux Russes de faire passer des vivres et des fournitures par cette voie.

À la fin de l'automne 1942, l'armée allemande a fait face à son deuxième hiver en Russie. Les Allemands ont tenté d'acheminer des approvisionnements pour l'hiver, mais la défense aérienne soviétique puissante combinée aux violentes tempêtes de neige s'est révélée être un obstacle trop important. Les 19 et 20 novembre, les Russes ont lancé deux nouvelles offensives depuis le nord et le sud, finissant par encercler l'ensemble de la sixième armée allemande. Le commandant allemand sur place, le maréchal de champ Friedrich Paulus, a demandé la permission de rompre l'encerclement et de se retirer vers le Don. Hitler a refusé et lui a ordonné de continuer à se battre, même si la nourriture et les provisions venaient à manquer.

Le 12 décembre, l'Allemagne a lancé l'opération Hiver Rigoureux pour secourir l'armée encerclée, mais l'opération a échoué. La sixième armée a continué à se battre alors que ses soldats mouraient lentement de faim. Fin janvier 1943, Paulus a décidé de désobéir aux ordres d'Hitler et de se rendre. Le 2 février, toutes les forces allemandes restantes à Stalingrad se sont rendues aux Soviétiques. Les historiens estiment qu'environ 2 millions de personnes sont mortes lors de la bataille de Stalingrad, plus de 800 000 du côté allemand et 1,1 million du côté soviétique. Après la bataille, il ne restait que peu de la ville elle-même, et il faudrait des décennies pour la reconstruire complètement. Malgré les pertes catastrophiques, la victoire soviétique était une preuve solide pour le monde que le Troisième Reich n'était pas invincible.

Dans les années précédant le déclenchement de la Seconde Guerre mondiale en Europe, les tensions ont également augmenté dans la région du Pacifique. Le Japon, qui était en guerre avec la Chine depuis 1937, avait ouvertement déclaré son intention de prendre autant d'Asie orientale que possible. Il avait également de sérieuses ambitions de conquérir des territoires en Union soviétique. Si l'Allemagne, que le gouvernement japonais considérait comme un allié potentiel, attaquait la Russie par l'ouest, les militaires japonais voyaient une bonne opportunité de conquérir des territoires contrôlés par les Soviétiques à l'est. La signature du pacte de non-agression germano-soviétique en 1939 a donc provoqué un scandale majeur au Japon, car elle sapait directement les plans du Japon. Pendant ce temps, les États-Unis devenaient de plus en plus un problème pour le Japon. Pendant les années 1930, les États-Unis et de nombreuses nations européennes, touchées par la Grande Dépression, ont imposé des tarifs douaniers élevés. Ces tarifs ont fortement limité les exportations japonaises et ont amplifié les effets de leur propre dépression économique.

Les mauvaises conditions économiques ont créé un fort sentiment anti-occidental au Japon et ont été un facteur majeur qui a poussé l'invasion japonaise en Chine.

En juillet 1939, le président Franklin D. Roosevelt a décidé de ne pas renouveler le traité commercial et maritime américano-japonais de 1911, qui devait expirer en janvier 1940. Puis, le 2 juillet 1940, le Congrès américain a adopté le Export Control Act. Ensemble, ces deux mesures ont effectivement éliminé la principale source de pétrole, de ferraille et d'autres matériaux nécessaires à la guerre pour le Japon.

Ces développements ont non seulement porté un coup économique sévère au Japon, mais ont également été une gifle humiliante pour la direction japonaise, qui pensait que les États-Unis n'avaient pas le droit de les juger ni de s'immiscer dans leurs affaires. Bien que le Japon soit encore sous l'effet du pacte de non-agression germano-soviétique, les mesures prises par les États-Unis étaient suffisantes pour surmonter cette rancune, et le 27 septembre 1940, le Japon a signé le pacte tripartite avec l'Allemagne et l'Italie. Ce pacte a officiellement fait des trois nations des alliés.

Bien que les États-Unis soient restés officiellement neutres au cours des deux premières années de la Seconde Guerre mondiale, le gouvernement de Roosevelt était tout sauf indifférent ou désintéressé vis-à-vis du conflit. Les États-Unis ont soutenu initialement la Grande-Bretagne, puis l'Union soviétique, avec des ressources matérielles, d'abord en secret, puis de plus en plus ouvertement au fil du temps. La mesure la plus importante de ces actions a été le "Lease Act" de mars 1941, qui a donné à Roosevelt le pouvoir d'aider les Alliés en échange de toute forme de compensation ou d'avantage qu'il jugeait acceptable. La population américaine suivait de près les événements dans le Pacifique et envisageait un conflit avec le Japon et l'Allemagne à partir de mi-1941.

Les services de renseignement américains avaient un accès direct aux transmissions japonaises cryptées, de sorte que les responsables américains savaient très bien que les Japonais préparaient quelque chose contre eux - ils ne savaient simplement pas exactement quoi. Un homme en particulier, l'amiral Richmond K. Turner, a plaidé en faveur d'une mise en alerte plus élevée des forces américaines, car il s'inquiétait particulièrement de la base navale américaine de Pearl Harbor, à Hawaï. Lors d'exercices et de jeux de guerre précédents aux États-Unis, Pearl Harbor s'était avéré très vulnérable aux attaques surprises. Bien que les conseils de Turner aient été pris en compte, seules certaines de ses recommandations ont été mises en œuvre.

Le plan d'attaque japonais

Déjà en janvier 1941, l'amiral Yamamoto Isoroku a élaboré un plan pour attaquer la flotte américaine à Pearl Harbor et a mené des exercices d'entraînement pour se préparer spécifiquement à une telle attaque. En octobre, l'empereur japonais Hirohito a donné son accord général pour agir contre les

CONNAISSANCES GÉNÉRALES

États-Unis et a approuvé le plan d'attaque spécifique sur Pearl Harbor le 8 novembre. Les 25 et 26 novembre, la flotte japonaise a quitté le Japon en mer, échappant aux espions américains. Cependant, à cette époque, certains fonctionnaires japonais n'étaient pas d'accord avec le plan et des discussions acharnées se poursuivaient. Le 1er décembre, toutes les discussions ont pris fin et Hirohito a ordonné l'exécution du plan. L'objectif du Japon était de mettre fin de manière permanente à l'ingérence occidentale dans ses affaires en anéantissant les capacités militaires des États-Unis et de la Grande-Bretagne dans le Pacifique.

Le matin du 7 décembre 1941, une flotte de six porte-avions, vingt-cinq sous-marins et près de trois douzaines de navires de soutien se trouvait à 200 milles au nord de l'île hawaïenne d'Oahu, en haute mer, bien hors de la vue des forces américaines. La première vague d'avions japonais comptait plus de 180 appareils. Bien que les radars américains aient repéré la formation massive presque une heure avant le début de l'attaque, ils n'ont pas déclenché l'alarme car ils ont confondu à tort les avions avec un groupe de bombardiers américains attendus de Californie à peu près au même moment. Cette erreur s'est produite malgré le fait que les avions repérés sur le radar venaient de la mauvaise direction et étaient beaucoup plus nombreux que la flotte attendue de bombardiers. La première vague a atteint la base de la marine américaine à Pearl Harbor à 7h55 et a complètement pris par surprise; seuls neuf avions japonais ont été perdus. Les principales cibles étaient les grands navires de guerre américains, dont la plupart étaient amarrés les uns à côté des autres en rangées propres. Cela comprenait huit des neuf cuirassés de la flotte du Pacifique des États-Unis ainsi que plusieurs dizaines d'autres navires de guerre. Les Japonais ont également attaqué six bases militaires aériennes à proximité. Une deuxième vague d'attaque de plus de 160 avions a suivi un peu plus d'une heure plus tard. À ce moment-là, les Américains étaient déjà bien avertis et ont réussi à abattre vingt avions japonais.

Dans l'ensemble, l'attaque de Pearl Harbor a tué 2 402 Américains, a détruit cinq cuirassés complètement, a mis trois autres hors service, a coulé ou endommagé au moins onze autres navires de guerre et a détruit près de plus de 180 avions au sol. La seule chance de la marine américaine était que aucun de ses porte-avions n'était à quai à ce moment-là et que les bombardiers japonais ont omis de frapper les grandes réserves de carburant de la région.

En plus de l'attaque sur Pearl Harbor ce jour-là, le Japon a également attaqué les territoires américains de Guam, des Philippines, de Wake Island et de Midway Island, ainsi que les intérêts britanniques en Malaisie et à Hong Kong.

Le lendemain, le 8 décembre, Roosevelt s'est adressé aux deux chambres du Congrès américain pour demander une déclaration de guerre contre le Japon ; après un vote, la déclaration a été formalisée seulement quelques heures plus tard. La Grande-Bretagne a déclaré la guerre au Japon le même jour. Trois jours plus tard, le 11 décembre, l'Allemagne a déclaré la guerre aux États-Unis. Ainsi, les États-Unis étaient désormais en guerre à la fois avec le Japon et l'Allemagne et pouvaient s'engager pleinement dans l'alliance avec la Grande-Bretagne. Alors que les États-Unis étaient entraînés dans la guerre dans le Pacifique, en Europe, les véritables intentions des armées nazies devenaient de plus en plus claires. À mesure que de plus en plus d'Europe de l'Est tombait entre les mains allemandes, la région devenait une sorte d'arrière-cour pour les nazis, où les parties les plus hideuses de leur plan pouvaient être mises en œuvre loin des regards indiscrets. À la fin de l'année 1941, les premiers Juifs d'Allemagne et d'Europe occidentale ont été rassemblés et, avec de nombreuses autres minorités, transportés dans des camps de concentration en Pologne, en Tchécoslovaquie, en Lituanie, en Lettonie, en Ukraine et en Russie occidentale, où ils étaient d'abord utilisés comme esclaves, puis systématiquement assassinés. À ce stade, les chambres à gaz infâmes des futurs camps de concentration nazis n'étaient pas encore courantes. La plupart des victimes étaient emmenées en groupes dans des zones isolées, dépouillées de leurs vêtements, jetées dans des fosses ouvertes, mitraillées et rapidement recouvertes, souvent même avant qu'elles ne soient toutes mortes. En fait, l'une des raisons de la mise en place des chambres à gaz et des camps d'extermination était que de nombreux soldats de la SS allemande subissaient de graves répercussions psychologiques lorsqu'ils exécutaient les tâches cruelles qui leur étaient assignées.

Les atrocités allemandes ne visaient pas seulement les Juifs. Le même sort attendait des millions de civils russes et d'Europe de l'Est non juifs, ainsi que de nombreux prisonniers de guerre soviétiques. En décembre 1941, le nombre de personnes assassinées par les nazis atteignait déjà plusieurs centaines de milliers et augmentait rapidement.

Le 20 janvier 1942, un groupe de quinze fonctionnaires nazis s'est réuni dans une villa du quartier de Wannsee, à l'extérieur de Berlin, pour régler les détails de ce qu'ils appelaient la "question juive". La réunion était dirigée par Reinhard Heydrich, chef de la Gestapo (la police secrète nazie), et comprenait plusieurs membres de la SS ainsi que des représentants de plusieurs ministères allemands. Ni Hitler ni les dirigeants des ministères gouvernementaux n'étaient présents. Les sujets abordés lors de la Conférence de Wannsee comprenaient la logistique de l'expulsion des Juifs d'Allemagne par l'émigration, la possibilité de stérilisation forcée et la meilleure manière de traiter les personnes de sang mixte. La conférence a accordé une attention particulière à la question de savoir qui serait légalement considéré comme juif et a finalement établi des critères différents pour les Juifs purs et ceux de sang mixte, qui étaient ensuite classés en première et deuxième génération. Les délégués ont également discuté de la manière de traiter les Juifs qui ne voulaient pas ou ne pouvaient pas quitter le pays ; il a été décidé que ces Juifs devraient être stérilisés et envoyés dans des "ghettos de vieillards" purement juifs. Le procès-verbal officiel de la Conférence de Wannsee ne mentionnait ni les massacres de masse de Juifs ni les camps d'extermination. Cependant, la réunion a établi l'objectif secret de retirer 11 millions de Juifs d'Europe, par tous les moyens nécessaires, et a exprimé la préoccupation que l'émigration de masse déjà en cours devienne de plus en plus coûteuse et difficile à négocier. Les termes "solution finale" et "solution finale absolue" ont été utilisés, bien que les détails n'aient pas été élaborés. Les nazis ont commencé la massacrée des Juifs dès 1939, lorsque l'Allemagne a envahi la Pologne pour la première fois. Ces actions ont été fortement intensifiées pendant l'invasion de l'Union soviétique en 1941. En 1942, ce qu'on appelle la Solution finale a pris forme, alors que les meurtres devenaient de plus en plus systématiques et qu'Hitler exhortait ses subordonnés à accélérer le processus. L'année précédente, les commandants de la SS avaient expérimenté différentes méthodes, et les chambres à gaz se sont avérées être la méthode privilégiée.

Bien que les prisonniers dans les camps de travail allemands à travers toute l'Europe meurent par milliers de maladies, de surmenage ou de faim, il n'y avait que sept camps d'extermination désignés. Six d'entre eux étaient en Pologne, un en Biélorussie. Ces camps existaient uniquement dans le but de tuer, et la plupart des prisonniers qui y étaient envoyés étaient morts quelques heures après leur arrivée. Un nombre limité de prisonniers jugés aptes au travail étaient temporairement forcés de travailler dans ces camps, mais ils étaient sous-alimentés et surexploités jusqu'à devenir inaptes au travail, puis étaient tués.

Plus de 90 % des victimes envoyées dans ces camps d'extermination étaient des Juifs, venus de toute l'Allemagne et d'autres régions contrôlées par l'Allemagne en Europe de l'Est et de l'Ouest. Les Roms (Tsiganes) et les homosexuels ont également péri en grand nombre dans les camps, tout comme certains prisonniers de guerre soviétiques. Le fonctionnement des camps a continué pratiquement sans entrave jusqu'à ce que les Alliés les libèrent finalement vers la fin de la guerre.

Au cours de la seconde moitié de l'année 1944, le Reich nazi a progressivement implosé à mesure que ses ennemis pénétraient par l'est, l'ouest et le sud. Les réserves et la production diminuaient chaque jour. La puissante Luftwaffe, qui disposait de certains des meilleurs avions militaires au monde, manquait de carburant pour les faire voler et de pièces pour les entretenir. Il y a des indications qu'Adolf Hitler lui-même est devenu dépendant de différentes drogues et qu'il aurait pu souffrir de la syphilis, de la maladie de Parkinson, voire des deux. Loin de la réalité, Hitler a mis son dernier espoir de gagner la guerre dans les derniers développements de la technologie allemande. Ces développements étaient à la fois impressionnants et réels, mais ils sont survenus trop tard et ont été mal exécutés pour changer le cours de la guerre ou même le retarder. Parmi les armes nouvelles et effrayantes de l'Allemagne figuraient deux fusées, le V1 et le V2. Le V1 était le premier missile de croisière au monde, le V2 était la première fusée balistique armée au monde. D'autres innovations allemandes comprenaient des avions à réaction et à propulsion par fusée. Cependant, presque toutes ces innovations étaient encore expérimentales et n'étaient pas vraiment prêtes pour une utilisation efficace au combat. Les scientifiques allemands travaillaient également activement sur le développement d'une bombe atomique, mais la guerre s'est terminée avant qu'ils ne réussissent. Le 16 décembre 1944, les Allemands lancèrent leur dernière grande contre-offensive de la guerre lorsque trois armées allemandes avancèrent dans la forêt des Ardennes et divisèrent le front allié, avec pour objectif de reprendre la ville belge d'Anvers. Cette fois, les services secrets alliés ne parvinrent pas à intercepter les plans allemands et l'action fut une totale surprise. Les Allemands lancèrent l'attaque pendant une violente tempête de neige qui immobilisa tous les avions, rendant difficile pour les Alliés d'évaluer l'étendue de l'attaque. De plus, les Allemands déployèrent un groupe d'environ trente soldats anglophones derrière les lignes alliées, vêtus d'uniformes américains et conduisant des véhicules américains capturés. Ces troupes spéciales réussirent à semer le chaos parmi les troupes alliées en retournant les panneaux de signalisation routière, en coupant les fils de communication et en provoquant la panique parmi les troupes alliées dès qu'elles se rendirent compte de l'infiltration. Le 24 décembre, les Allemands avaient pénétré profondément en territoire français et formaient une saillie distincte dans la ligne de front, ce qui donna son nom à la bataille des Ardennes. Les troupes allemandes encerclèrent un important contingent des forces américaines dans la ville de Bastogne et tentèrent de les intimider en leur demandant de se rendre. L'offre fut refusée.

Lorsque le temps se dégagea et que les avions alliés purent à nouveau voler, les Allemands furent repoussés et des ravitaillements furent largués pour les troupes américaines encerclées. Pendant ce temps, d'autres armées alliées furent retirées d'autres régions de France pour venir en aide. Au début du mois de janvier 1945, les Allemands étaient à nouveau en retraite, et le 16 janvier, les soldats assiégés à Bastogne furent libérés et la "saillie" prit fin.

Le 16 avril 1945, les Soviétiques lancèrent leur dernière offensive contre le Troisième Reich. Au cours des jours suivants, plus de 3 000 chars traversèrent la Neisse et attaquèrent les défenses extérieures de Berlin, tandis que des avions alliés bombardaient la ville depuis les airs. Le 20 avril, Hitler passa son anniversaire dans un bunker souterrain et résigna rapidement à l'idée de se suicider lorsque la ville tomberait. Bien que la défaite imminente fût évidente, Hitler refusa non seulement de laisser ses troupes se rendre, mais insista également pour que l'armée civile mobilisée défende Berlin jusqu'au dernier homme.

Le 25 avril, les armées alliées avançant de l'est et de l'ouest se rencontrèrent pour la première fois lorsque qu'un petit groupe de soldats américains et soviétiques se rencontra dans le village allemand de Stehla. Cette rencontre symbolique fut célébrée avec des festivités à la fois à Moscou et à New York. Le 28 avril, l'ancien dictateur italien, Benito Mussolini, qui était en détention depuis sa chute il y a près de deux ans, fut exécuté par des partisans italiens et pendu la tête en bas au centre de Milan. Deux jours plus tard, le 30 avril, Adolf Hitler se suicida dans le bunker où il vivait depuis le début du mois. Plus tard dans la même soirée, l'Armée rouge hissa un drapeau soviétique au sommet du Reichstag, le bâtiment du Parlement allemand à Berlin. Dans les jours qui suivirent, une grande confusion régna dans toute l'Allemagne. Certaines troupes allemandes se rendirent, tandis que d'autres continuèrent à se battre. Parmi les dirigeants restants, certains se cachèrent ou cherchèrent à fuir à l'étranger. D'autres suivirent l'exemple d'Hitler et se suicidèrent. Dans les premières heures du 7 mai 1945, le général Alfred Jodl signa la capitulation officielle au nom de toutes les forces armées allemandes, qui entra en vigueur le jour suivant. Entre-temps, il y avait encore quelques combats sporadiques, principalement en

CONNAISSANCES GÉNÉRALES

Tchécoslovaquie. Au cours du 8 mai, presque toutes les forces armées allemandes restantes capitulèrent, et pendant la nuit, d'autres membres du haut commandement allemand signèrent une capitulation formelle. Les Alliés occidentaux célébrèrent donc le 8 mai 1945 en tant que Jour de la Victoire en Europe (V-E Day). Comme les combats entre les forces soviétiques et allemandes continuèrent jusqu'au jour suivant, le 9 mai fut déclaré jour officiel de la Victoire en URSS.

Pendant les mêmes mois où les forces alliées progressaient en Europe contre l'Allemagne, les forces alliées dans le Pacifique avançaient contre le Japon. En mars 1945, l'U.S. Air Force commença une série de bombardements massifs sur les grandes villes japonaises. Ces attaques étaient l'idée du général Curtis LeMay, qui dirigeait le 21st Bomber Command. Les opérations utilisaient le nouveau bombardier stratégique américain, le B-29, et visaient directement la population civile japonaise, en plus des cibles industrielles et militaires. La stratégie était simple : détruire la volonté de résistance japonaise. Beaucoup de ces attaques furent dirigées contre la capitale Tokyo elle-même, bien que d'autres villes comme Kobe furent également touchées. Au printemps et à l'été 1945, l'intensité des attaques aériennes augmenta de manière exponentielle, certaines provoquant des incendies dévastateurs qui firent des centaines de milliers de morts. À la fin de l'été, il ne restait que peu de choses de Tokyo et des autres villes attaquées.

Entre le 17 juillet et le 2 août 1945, Harry S. Truman des États-Unis, Winston Churchill du Royaume-Uni (plus tard remplacé par Clement Atlee en tant que Premier ministre lors de la conférence) et Joseph Staline de l'URSS se réunirent à Potsdam, en Allemagne, avec d'autres dirigeants alliés pour discuter de l'administration future de l'Allemagne. Le 26 juillet, les trois dirigeants tinrent également une session spéciale pour convenir des conditions de capitulation du Japon pour mettre fin à la guerre. L'accord fut consigné dans un document connu sous le nom de Déclaration de Potsdam. En bref, elle exigeait une capitulation inconditionnelle comprenant la démilitarisation complète du pays et le remplacement du leadership japonais actuel par un "gouvernement pacifiquement orienté et responsable".

À l'été 1945, des scientifiques américains parvinrent à achever une bombe atomique fonctionnelle, qui fut testée une seule fois, le 16 juillet, en un lieu isolé au Nouveau-Mexique. Des scientifiques du monde entier avaient théorisé sur le concept d'une telle arme pendant des années, et non seulement aux États-Unis, mais aussi en Allemagne nazie, au Japon et en URSS, des recherches actives avaient été menées pour son développement. Les efforts américains, soutenus de manière significative par le Canada et le Royaume-Uni, ont reçu le nom de code "Projet Manhattan". Peu après le test de juillet, le gouvernement Truman a sérieusement commencé à réfléchir à l'utilisation de la bombe contre le Japon. Finalement, Truman a pris la décision difficile de le faire, malgré une résistance importante de la direction militaire américaine. Malgré le fait que la bombe tuerait des dizaines de milliers d'innocents, Truman estimait qu'elle épargnerait finalement des vies tant au sein de l'armée américaine qu'au sein de la population civile japonaise, qui aurait été inévitablement victime lors d'une invasion terrestre au Japon. La première bombe atomique a été larguée sur la ville d'Hiroshima le matin du 6 août 1945 depuis un B-29 appelé Enola Gay. L'explosion a dévasté une grande partie du centre-ville et tué 80 000 personnes en un instant. D'ici la fin de l'année, 60 000 autres victimes succomberaient à l'empoisonnement par les radiations, et des milliers d'autres décéderaient dans les années suivantes des suites du cancer et d'autres effets à long terme de la radiation. On estime que le nombre total de victimes à Hiroshima était bien au-delà de 200 000. La réaction immédiate à la bombe au Japon a été marquée par un total incompréhension. Toute communication avec Hiroshima a été perdue et des rumeurs ont rapidement circulé, suggérant que la ville avait disparu dans une explosion. Cependant, le radar militaire japonais indiquait qu'il y avait seulement quelques avions isolés dans la région. La vérité sur l'ampleur de la destruction n'a été connue par les Japonais qu'après seize heures de l'explosion, lorsque le gouvernement américain a fait une déclaration publique expliquant ce qui s'était passé. Trois jours plus tard, le 9 août, une seconde bombe atomique a été larguée sur la ville portuaire de Nagasaki, avec des conséquences similaires dévastatrices.

La veille du bombardement de Nagasaki, l'Union soviétique est entrée en guerre contre le Japon et a lancé une offensive dans la province chinoise de Mandchourie, toujours sous contrôle japonais. La combinaison des largages de bombes atomiques avec la menace potentielle d'une invasion majeure du Japon par l'URSS a suffi à ôter à ce dernier toute l'espoir de poursuivre la guerre. Le 15 août 1945, l'empereur Hirohito annonça la capitulation du Japon en conformité avec la Déclaration de Potsdam. La capitulation formelle fut signée le 2 septembre à bord du navire de guerre USS Missouri.

CONNAISSANCES GÉNÉRALES

3. Politique et économie

3.1 SYSTÈMES POLITIQUES

Absolutisme

L'absolutisme désigne la pratique politique d'une autorité centralisée illimitée et d'une souveraineté absolue exercée en particulier par un monarque ou un dictateur. L'essence d'un système absolutiste réside dans le fait que le pouvoir en place n'est soumis à aucun défi ou contrôle régulé par une autre instance, que ce soit la justice, la législation, la religion, l'économie ou le droit de vote. Le roi Louis XIV (1643-1715) de France a formulé la déclaration la plus célèbre de l'absolutisme en disant : "L'état, c'est moi" ("L'État, c'est moi").

L'absolutisme a pris différentes formes dans toutes les régions du monde, y compris en Allemagne nazie sous Adolf Hitler et en Union soviétique sous Joseph Staline. La forme la plus courante de l'absolutisme est la monarchie absolue, qui trouve son origine dans l'Europe de l'époque moderne et repose sur les dirigeants individuels puissants des nouveaux États nationaux qui sont apparus à la suite de la dissolution de l'ordre médiéval. Le pouvoir de ces États était étroitement lié au pouvoir de leurs souverains ; pour renforcer les deux, il était nécessaire de réduire les contraintes du gouvernement centralisé exercées par l'Église, les seigneurs féodaux et le droit coutumier médiéval. En revendiquant l'autorité absolue de l'État en tant que chef d'État, le monarque revendiquait également son propre pouvoir absolu. Au XVIe siècle, l'absolutisme monarchique dominait largement une grande partie de l'Europe occidentale, et il était répandu au XVIIe et XVIIIe siècle. Outre la France, dont l'absolutisme était incarné par Louis XIV, l'absolutisme était présent dans de nombreux autres pays européens, notamment l'Espagne, la Prusse et l'Autriche.

La justification la plus courante de l'absolutisme monarchique, connue sous le nom de théorie du "droit divin des rois", prétendait que les rois tiraient leur autorité de Dieu. Cette vision pouvait même justifier une domination tyrannique en tant que châtiment divinement ordonné et exécuté par les dirigeants en réponse à la péché humain. À ses origines, la théorie du droit divin remonte à la notion médiévale selon laquelle Dieu conférait le pouvoir politique au souverain, tandis que le pouvoir spirituel revenait au chef de l'Église catholique romaine. Cependant, les nouveaux monarques nationaux revendiquaient leur autorité dans tous les domaines et avaient tendance à devenir à la fois chefs de l'Église et de l'État, comme l'a fait le roi Henri VIII en devenant à la fois chef de l'Église d'Angleterre au XVIe siècle. Leurs pouvoirs étaient absolus d'une manière qui était impossible à atteindre pour les monarques médiévaux.

Parmi les dirigeants absolutistes apparus plus tard au XXe siècle, on trouve, outre Hitler et Staline, Benito Mussolini en Italie, Mao Zedong en Chine et Kim Il-Sung en Corée du Nord, dont le fils (Kim Jong Il) et le petit-fils (Kim Jong-Un) ont perpétué le modèle de gouvernance absolutiste dans le pays jusqu'au XXIe siècle.

Aristocratie

L'aristocratie est une forme de gouvernement où une petite classe privilégiée règne, impliquant ainsi le règne des meilleurs. Néanmoins, il existe quelques caractéristiques associées à l'aristocratie, parmi lesquelles les suivantes.

Tout d'abord, le terme est synonyme de gouvernement héréditaire, car il y a une succession héréditaire où les meilleures personnes sont sélectionnées pour gouverner.

Deuxièmement, les décisions de ces privilégiés sont parfois hâtives, car ils se perçoivent comme un petit groupe et ont suffisamment de confiance en eux.

Une autre caractéristique est que le pouvoir est concentré entre les mains de quelques individus considérés comme suffisamment intelligents ou sages pour gouverner les affaires de l'État.

Le mot "aristocratie" vient du grec "aristos" (parfait, meilleur) + "kratos" (État, autorité, pouvoir), littéralement "gouvernement par les mieux qualifiés". Cependant, la signification du mot varie considérablement en fonction du contexte, de la personne qui l'utilise et de l'époque à laquelle il est utilisé. Dans la Grèce antique et pour la majeure partie de l'histoire, "aristocratie" avait une connotation positive et était considérée comme souhaitable. Dans la plupart des cercles modernes, cependant, l'aristocratie est associée à la décadence et à des modèles économiques dépassés tels que le féodalisme, et elle est accusée de manquer de méritocratie et de favoriser le népotisme. Une aristocratie insiste toujours sur le fait que la classe dirigeante est correctement éduquée dans l'art de gouverner, et elle est fière de son rôle et de son dévouement envers l'État. En résumé, l'aristocratie vise à cultiver et à former les meilleurs individus, ou à sélectionner et à choisir parmi les meilleurs et les plus intelligents de la population existante. En ce sens, elle est intrinsèquement méritocratique.

Un exemple remarquable d'une tentative très influente de gouvernement aristocratique est celui des premiers États-Unis. La conception originale des États-Unis prévoyait essentiellement que la démocratie représentative cherche à soutenir et à sélectionner un groupe classiquement éduqué de "meilleurs hommes" sachant comment gouverner. Les premiers dirigeants des États-Unis étaient formés en grec et en latin, avaient un fort idéal humaniste, et ils tentaient de se placer eux-mêmes ainsi qu'un collège électoral pour protéger les masses de la "domination de la populace". De manière similaire, bon nombre de ces idées ont pris racine dans l'Empire britannique, qui cherchait à élever une aristocratie pour créer les "meilleurs hommes" pour gouverner l'empire à la fois dans des positions politiques et militaires. L'aristocratie diffère de l'oligarchie, qui est un système de gouvernement où une petite élite détient le pouvoir, mais qui n'a pas nécessairement à être la meilleure ni à aspirer à l'être. L'aristocratie diffère de la ploutocratie en ce sens qu'elle est censée être une classe politique et non économique. Les meilleures personnes ne sont pas nécessairement les plus riches et ne devraient pas nécessairement aspirer à le devenir. L'aristocratie diffère de la démocratie en ce qu'elle ne considère pas le mandat du peuple comme une justification de son droit de gouverner - les meilleurs individus sont qualifiés, que le "peuple" soit d'accord ou non.

Monarchie constitutionnelle

La monarchie constitutionnelle est un système de gouvernement dans lequel un monarque partage le pouvoir avec un gouvernement organisé de manière constitutionnelle. Le monarque peut être de facto le chef de l'État ou simplement une figure cérémonielle. La constitution répartit le reste du pouvoir gouvernemental entre le législatif et le judiciaire. Le Royaume-Uni est devenu une monarchie constitutionnelle sous les Whigs. D'autres monarchies constitutionnelles comprennent la Belgique, le Cambodge, la Jordanie, les Pays-Bas, la Norvège, l'Espagne, la Suède et la Thaïlande.

Démocratie directe

La démocratie directe, également appelée démocratie pure, est une forme de participation directe des citoyens au processus décisionnel démocratique, par opposition à la démocratie indirecte ou représentative. Les démocraties directes peuvent fonctionner par le biais d'une assemblée citoyenne ou par le biais de référendums et d'initiatives, où les citoyens votent sur des questions plutôt que sur des candidats ou des partis. Le terme est parfois également utilisé pour désigner la pratique de choisir des représentants par un vote direct et non pas indirect par un collège électoral, comme le collège électoral, et pour la révocation des titulaires de fonctions élues. La démocratie directe peut être comprise comme un système complet d'institutions politiques, mais à l'époque moderne, elle se manifeste le plus souvent sous la forme d'institutions décisionnelles spécifiques au sein d'un système plus large de démocratie représentative.

La référence historique la plus importante de la démocratie directe est la démocratie d'assemblée dans les anciennes cités-États grecques, en particulier à Athènes, où les décisions étaient prises par une assemblée d'environ 1 000 citoyens masculins. Plus tard, des assemblées populaires ont été mises en place dans de nombreux cantons et villes suisses, ainsi que sous forme d'assemblées citoyennes dans certaines colonies et États américains. Aux débuts des États-Unis, des procédures permettaient également aux constitutions ou aux modifications constitutionnelles d'être ratifiées par des votes populaires, une pratique qui est devenue courante par la suite dans le pays.

Cependant, la souveraineté populaire proclamée lors de la Révolution française (1787-1799) a été déformée par les plébiscites autocratiques de Napoléon. La Suisse et de nombreux États américains ont inscrit la démocratie directe dans leurs constitutions au cours du XIXe siècle, tandis que l'Allemagne et certains autres pays ont adopté certains éléments après la Première Guerre mondiale. La démocratie directe existe sous diverses formes institutionnelles, partageant toutes l'élément commun de procédures se concentrant sur les votes populaires sur des questions politiques.

Ses principales formes peuvent être distinguées en fonction des acteurs qui initient la procédure. Les référendums obligatoires ont lieu lorsque le vote populaire est prescrit par une loi (comme une constitution) pour décider d'un sujet spécifique. Les référendums d'autorités gouvernementales ont lieu lorsqu'un président, un cabinet ou un législateur décide, sous des conditions préalablement définies ou ad hoc, de convoquer un vote populaire sur un sujet spécifique. Parfois, une minorité du législateur est également autorisée à demander un tel vote. Les initiatives populaires, soutenues par un nombre requis de signatures, permettent aux électeurs de voter sur des mesures politiques proposées par un groupe, sur des projets de loi approuvés par un législateur mais non encore en vigueur, ou sur des lois existantes (référendums populaires). Un vote populaire peut être contraignant ou consultatif, conformément aux exigences de majorité simples ou spécifiques ou de taux de participation pour une validité du vote.

Dictature

La dictature est une forme de gouvernement dans laquelle une personne ou un petit groupe détient un pouvoir absolu sans contraintes constitutionnelles effectives. Le terme "dictature" provient du titre latin "dictator", qui désignait dans la République romaine un magistrat temporaire doté de pouvoirs extraordinaires pour faire face aux crises de l'État. Cependant, les dictateurs modernes ressemblent davantage aux tyrans antiques qu'aux dictateurs antiques. Les descriptions des philosophes antiques sur les tyrannies en Grèce et en Sicile suffisent à caractériser les dictatures modernes. Les dictateurs ont généralement recours à la violence ou à la fraude pour obtenir un pouvoir politique despotique, qu'ils maintiennent par l'intimidation, la terreur et la répression des libertés civiques fondamentales. Ils peuvent également utiliser des techniques de propagande de masse pour obtenir un soutien public.

Démocratie représentative

Depuis l'époque des anciens Grecs, à la fois la théorie et la pratique de la démocratie ont subi des changements profonds. La forme d'association dans laquelle la démocratie était pratiquée était la tribu ou la cité-état, suffisamment petite pendant des millénaires pour être adaptée à une forme de démocratie de rassemblement ou "démocratie directe". Lorsque les tribus et duchés typiques sont devenus des États-nations, la démocratie directe a cédé la place à la démocratie représentative - un changement majeur.

CONNAISSANCES GÉNÉRALES

Les caractéristiques de la démocratie représentative

- **Électorat informé.** Les citoyens ont la possibilité de s'informer sur la politique ainsi que sur les éventuelles politiques alternatives et leurs conséquences probables dans un délai raisonnable.
- **Contrôle de l'ordre du jour par les citoyens.** Les citoyens décident quelles questions sont inscrites à l'ordre du jour du processus décisionnel et comment elles y sont placées. Le processus démocratique est donc "ouvert" dans le sens où le citoyen peut modifier la politique de l'association à tout moment..
- **Inclusion.** Chaque membre individuel du dēmos est autorisé à participer à l'association de la manière décrite précédemment..
- **• Droits fondamentaux.** Chacune des caractéristiques nécessaires de la démocratie idéale établit un droit qui est en soi une caractéristique nécessaire de la démocratie idéale : Ainsi, chaque citoyen a le droit de communiquer avec les autres, le droit que sa voix soit comptée de manière égale à celles des autres, le droit de collecter des informations, le droit de participer de manière égale avec d'autres membres, et le droit, conjointement avec d'autres membres, d'exercer le contrôle sur l'ordre du jour. La démocratie ne consiste donc pas seulement en des processus politiques, elle est nécessairement aussi un système de droits fondamentaux..
- **Élections libres, équitables et fréquentes** Les citoyens peuvent participer à de telles élections à la fois en tant qu'électeurs et en tant que candidats (bien que des restrictions d'âge et de résidence puissent être imposées).
- **Liberté d'expression.** Les citoyens ont le droit de s'exprimer publiquement sur un large éventail de sujets politiquement pertinents, sans craindre de sanctions (voir la liberté d'expression).
- **Sources d'information indépendantes.** Il existe des sources d'information politique qui ne sont pas sous le contrôle du gouvernement ou d'un groupe individuel, et leur droit de publier ou de diffuser des informations est légalement protégé ; de plus, tous les citoyens sont autorisés à rechercher et à utiliser de telles sources d'information.
- **Liberté de rassemblement.** Les citoyens ont le droit de former des organisations politiques indépendantes, y compris des partis politiques et des groupes d'intérêt, et de participer à leur fonctionnement.

Les institutions et les systèmes de ce type ont évolué en Europe et aux États-Unis dans différents contextes politiques et historiques, et les impulsions qui les ont favorisées n'étaient pas toujours démocratiques en elles-mêmes. Cependant, au fil de leur développement, il est devenu de plus en plus évident qu'elles étaient nécessaires pour atteindre un niveau satisfaisant de démocratie au sein d'une entité politique de la taille d'un État-nation.

La relation entre ces institutions et les caractéristiques de la démocratie idéale qu'elles permettent de réaliser peut être résumée comme suit. Dans une entité aussi vaste qu'un État-nation, la représentation est nécessaire pour une participation efficace et pour le contrôle de l'ordre du jour par les citoyens ; des élections libres, équitables et fréquentes sont nécessaires pour une participation efficace et pour l'égalité dans le vote ; et la liberté d'expression, les sources d'information indépendantes et la liberté d'association sont chacunes nécessaires pour une participation efficace, un électorat informé et le contrôle des décisions politiques par les citoyens..

3.2 ÉCONOMIE

L'histoire de l'argent

Imaginez que nous soyons deux agriculteurs néolithiques. Vous avez un peu de blé, j'ai quelques vaches, et nous décidons tous les deux d'échanger. Cet échange direct de biens est appelé troc.

Le troc peut sembler une idée agréable en principe, mais il est terriblement inefficace. Cela est dû au fait que le troc souffre de ce qu'on appelle la double coïncidence des besoins. Pour qu'un échange ait lieu, les deux parties doivent vouloir exactement l'objet que l'autre personne est prête à échanger. Que se passe-t-il si Jörg veut une vache d'Oleg, tandis que Peter veut du blé de Paul et Niklas veut de la laine de Dominik ? Dans une économie de troc, ce marché ne peut pas se régler, et chacun est contraint d'attendre que la configuration parfaite d'échanges se présente sur le marché. Cela signifie que de nombreux échanges souhaitables ne se produiront jamais.

Souvent, il y a un bien qui est très demandé dans une économie, et ce bien commence à dominer le commerce. Ce bien pourrait être du bétail, des patates douces ou, si vous êtes en prison, des cigarettes. Lorsque ce bien est suffisamment répandu, il devient effectivement une forme d'argent, connue sous le nom d'argent marchandise. Cependant, la plupart des formes d'argent marchandise ne sont pas très évolutives, et les biens les plus précieux étaient différents dans les premières sociétés.

La première forme observée de proto-monnaie a pris la forme d'objets de collection. Les objets de collection sont de petits objets le plus souvent homogènes comme des coquillages ou des perles. Les objets de collection ont tendance à être durables, faciles à conserver ou à cacher, difficiles à trouver ou à contrefaire et faciles à évaluer en termes de valeur. Cela en a fait une forme d'argent plus robuste par rapport à de nombreuses formes d'argent marchandise comme le bétail.

L'adoption, par exemple, de coquillages comme forme d'argent durable a été décisive pour l'évolution humaine. Les tribus se spécialisaient souvent dans la chasse à une espèce particulière, mais en raison des migrations animales, il se pouvait qu'une tribu particulière ait très peu de nourriture pendant une partie de l'année. En cherchant par exemple des coquillages pendant la saison creuse de leur propre chasse, ils pouvaient commercer avec d'autres tribus dont la saison de chasse était prospère, et qui avaient donc un surplus de nourriture. En échangeant des objets de collection comme des coquillages, la nourriture pouvait être répartie plus uniformément dans le temps et toutes les tribus étaient mieux loties. Certains historiens affirment que l'argent, comme par exemple des monnaies telles que les coquillages, est né, tandis que d'autres affirment que l'argent est né du crédit. Dans ce contexte, le crédit se réfère simplement au règlement humain basique des faveurs : je te prête quelque chose en comptant sur le fait que tu me le rendras plus tard. Compte tenu de la forte interdépendance des tribus humaines, il est possible que le crédit ait dominé de nombreuses relations sociales. Même lorsque les tribus humaines sont devenues sédentaires au néolithique, les villages avaient tendance à être petits et très proches les uns des autres. Ainsi, la plupart des gens connaissaient la solvabilité des autres. Il était possible d'accumuler une dette à la taverne locale si le "barman" vous connaissait, ainsi que votre famille et votre statut dans la société. Avec le temps, ces relations de crédit ont évolué vers des notes de crédit et ont été échangées directement dans une économie locale.

Cependant, les systèmes de crédit informels ne pouvaient pas être étendus aux villes, où il était impossible que tout le monde se connaisse. Pour orchestrer des sociétés plus grandes, un système monétaire sophistiqué était finalement nécessaire.

La question se pose donc : qu'est-ce qu'il faut pour qu'une chose devienne de l'argent ?
La définition économique courante de l'argent a été proposée pour la première fois par William Stanley Jevons en 1875. Selon Jevons, l'argent a trois caractéristiques principales :
- **Asset**
- **Moyen d'échange**
- **Unité de compte**

Si un actif sert de "valeur", cela signifie que vous pouvez récupérer de manière fiable la valeur que vous avez payée pour cet actif. Cela disqualifie les actifs périssables tels que les patates douces comme monnaie. Si votre argent peut pourrir, il constitue un mauvais moyen de conservation de la valeur. Ainsi, pour qu'un actif puisse servir de réserve de valeur, il doit être durable.

Cependant, la durabilité est une condition nécessaire mais non suffisante. Pour récupérer la valeur que vous avez payée pour un actif, vous devez être en mesure de le revendre plus tard à quelqu'un au prix d'achat initial. Une deuxième condition pour qu'un actif puisse servir de "valeur" est donc qu'il doit être constamment évalué par les autres sur le marché.

Un moyen d'échange est l'actif que nous utilisons pour régler les transactions directement. C'est le critère le plus simple à satisfaire. Vous pouvez utiliser des points de fidélité Payback pour acheter un café au lait, donc les points Payback fonctionnent comme moyen d'échange. Mais bien sûr, les points Payback ne sont pas un excellent actif - les gens le savent instinctivement et n'investissent pas leurs économies dans les points Payback. Ce n'est pas seulement parce que c'est peu pratique ; les gens sont conscients que Starbucks pourrait changer son programme de fidélité pour dévaluer ces points, et il n'y a pas de marché stable pour la vente des points accumulés. Mais en tant que moyen d'échange pour acheter du café, les points Payback fonctionnent parfaitement.

Une unité de compte est l'unité dans laquelle vous désignez les prix. Comment indiquez-vous le prix d'une maison ? Le prix est-il indiqué en USD, en euros ou en coquillages cauris ? C'est l'unité dans laquelle vous calculez.

Il y a des moments où la monnaie légale cesse d'être une unité de compte. Par exemple, le dollar zimbabwéen a connu une hyperinflation rapide en 2009 (ou en Allemagne au début des années 1920). Alors que les prix des biens montaient en flèche, il est devenu peu pratique pour les entreprises d'augmenter leurs prix chaque jour dans la monnaie en déclin. Au lieu de cela, les entreprises ont indiqué les prix en USD et ont simplement enregistré le taux de change quotidien entre USD et dollar zimbabwéen. Ainsi, le dollar zimbabwéen a cessé d'être une unité de compte et n'a plus servi de manière significative en tant que monnaie.
Ce que Jevons nous dit finalement, c'est que fondamentalement, presque n'importe quoi peut être de l'argent, mais peu de choses le sont réellement, car différents facteurs sont pertinents pour cela.

Les métaux comme monnaie

L'évolution de la monnaie moderne trouve en réalité son origine dans les métaux précieux. On estime que la première utilisation des métaux comme monnaie a débuté vers l'an 1000 av. J.-C., au début de l'âge du fer.

Il peut sembler évident maintenant que les métaux précieux ont de la valeur, mais il vaut la peine de se poser la question : pourquoi tant de sociétés ont-elles convenu d'utiliser des métaux comme forme de monnaie ? Il y a plusieurs raisons intrinsèques pour lesquelles les métaux précieux sont de meilleures formes de monnaie que les objets de collection. Les métaux précieux sont :

- visuellement attractifs pour la décoration et les bijoux
- rares (ce qui entraîne une faible inflation de l'offre)
- durables et résistants à la corrosion
- difficiles à contrefaire
- divisibles (en les fractionnant en quantités plus petites)

À l'origine, des pièces de métal en or et en argent ont été utilisées directement comme formes de monnaie. Finalement, la frappe de monnaie a débuté vers 600 av. J.-C. en Turquie actuelle. Ces premières pièces de monnaie étaient frappées à partir d'un alliage d'or et d'argent. Mais pourquoi frapper des pièces de monnaie ? Cela représente beaucoup de travail. Alors, qu'est-ce qui ne va pas avec l'utilisation directe de pièces d'or et d'argent ?

CONNAISSANCES GÉNÉRALES

La réponse évidente est que la frappe de monnaie standardise les quantités de paiement. Mais ce n'est pas toute la réponse - après tout, la plupart des petites sociétés fonctionnaient sur des relations de crédit, et les paiements en or étaient rarement nécessaires dans les réseaux commerciaux locaux.

Les anthropologues spéculent que la monnaie métallique a vu le jour pour répondre aux besoins des armées organisées et des mercenaires. Les soldats voyagent sur de longues distances et n'ont pas de relations de crédit permanentes. La seule façon pour eux de recevoir un salaire est donc une forme de monnaie reconnue dans des endroits éloignés. Même si une contrepartie ne reconnaissait pas la propre monnaie derrière la pièce, elle serait quand même disposée à estimer la valeur du métal précieux dans la pièce elle-même.

En revanche, la monnaie papier n'est apparue qu'en l'an 1000 apr. J.-C., soit 1600 ans plus tard. Le papier-monnaie a été inventé en premier en Chine pendant la dynastie Song et a été exporté en Europe beaucoup plus tard par Marco Polo. Cette monnaie papier est une étude de cas intéressante.

Les billets de la dynastie Song devaient être échangeables contre de l'or, de l'argent ou de la soie à des taux de change fixes. Mais en pratique, l'échange n'était jamais autorisé. Ainsi, les billets étaient essentiellement négociés sans aucune garantie matérielle. Ainsi, le premier papier-monnaie était probablement aussi la première monnaie fiduciaire.

Que comprenons-nous par monnaie fiduciaire ? Le mot "fiduciaire" signifie littéralement "par la foi". Une monnaie fiduciaire est une monnaie qui n'a pas de valeur intrinsèque, mais qui est précieuse uniquement parce que les parties qui l'échangent conviennent de sa valeur ou parce qu'une tierce partie utilise son pouvoir pour maintenir cette valeur. Ainsi, la monnaie fiduciaire est en contraste frappant avec la monnaie marchandise, qui a une valeur intrinsèque. Sans le soutien implicite d'une tierce partie, les billets de papier-monnaie seraient essentiellement du papier sans valeur.

Cela soulève la question : pourquoi la monnaie fiduciaire n'a-t-elle pas émergé plus tôt ? Il est beaucoup moins cher d'imprimer des billets de papier que de frapper des pièces d'or. Bien sûr, le papier a été inventé en Chine et n'est arrivé en Europe qu'au 13e siècle, mais il n'est pas nécessaire d'utiliser du papier pour créer des monnaies fiduciaires. Aujourd'hui, les pièces de cuivre et de nickel sont des monnaies fiduciaires, car leurs métaux sous-jacents valent moins que leur valeur nominale. Pourquoi cela n'est-il pas arrivé plus tôt ?

La raison de l'émergence de la monnaie fiduciaire en Chine est que c'était le seul gouvernement centralisé et suffisamment puissant pour exercer un contrôle du haut vers le bas sur l'économie nationale. Il faut rappeler que l'histoire a tendance à survaloriser les rois et leurs royaumes - après tout, ce sont eux qui dictent les livres d'histoire - mais les rois et leurs activités avaient peu d'influence sur la vie quotidienne de la plupart des gens. Ainsi, ce n'était généralement pas une monnaie émise par le gouvernement qui circulait dans une économie locale.

Avec le temps, grâce aux progrès technologiques et à la bureaucratie développée, les gouvernements ont acquis beaucoup plus de contrôle sur leur économie nationale. Et avec ce contrôle est venue la standardisation économique sur la monnaie adossée à l'État.

Aujourd'hui, la plupart des transactions financières sont facilitées par les banques. Cependant, la banque est une invention relativement récente dans l'histoire de la monnaie. Les changeurs de monnaie, les usuriers et les établissements de dépôt ont des racines anciennes, mais les premières banques modernes ont été créées dans l'Italie de la Renaissance et étaient dirigées par des familles de commerçants comme les Médicis. Les faillites bancaires étaient courantes à cette époque et la plupart des banques ne survivaient pas longtemps.

La monnaie fiduciaire en papier est finalement arrivée sur le marché en Europe en 1661 sous forme de billets de banque suédois. Avant la centralisation du secteur bancaire, toutes les banques étaient privées. Chaque banque émettait ses propres billets, qui pouvaient généralement être échangés contre de l'or provenant des réserves de la banque. Étant donné que le dollar américain est aujourd'hui la plus grande monnaie du monde, il est intéressant de parler de l'histoire monétaire de l'Amérique. Lors de la fondation de l'Amérique, le gouvernement fédéral était responsable de la frappe de pièces d'argent et d'or, avec le dollar américain défini comme une quantité fixe de métal précieux. Cependant, la majeure partie de la monnaie en circulation dans l'économie était constituée de billets de banque privés émis par diverses banques commerciales - à un moment donné, plus de 5 000 types différents de billets de banque étaient en circulation. Les États-Unis ont brièvement imprimé des billets de papier pour financer la guerre civile en 1861, mais sont ensuite revenus à une monnaie adossée à des métaux précieux, tels que l'or.
La particularité du dollar a toujours été qu'il avait une certaine valeur intrinsèque. Celle-ci était en fait liée à la matière première qu'est l'or... jusqu'en 1971 :

Nixon met fin à la convertibilité des dollars américains en or

La décision de Richard Nixon en août 1971 de suspendre la convertibilité du dollar en or a été l'un des chapitres les plus importants de l'histoire économique moderne. La décision de Nixon, motivée par les déficits croissants de la balance des paiements des États-Unis, a mis fin au système de taux de change fixes établi lors de la conférence de Bretton Woods en 1944, et a introduit un régime de taux de change flottants.

Dans le cadre de l'accord de Bretton Woods de 1944, le dollar américain était la seule monnaie nationale adossée directement à l'or. D'autres devises étaient évaluées par rapport au dollar, qui pouvait être échangé contre une quantité fixe d'or via la "fenêtre de l'or" du gouvernement américain. Cependant, au cours des années 1960, ce système a commencé à être mis sous pression. Les dépenses liées à la guerre du Vietnam, à la Great Society ainsi que la prospérité en Europe de l'Ouest et au Japon ont entraîné une détérioration de la balance des paiements américaine. Cela a mis le dollar sous une pression significative : les réserves d'or des États-Unis ne pouvaient pas suivre l'expansion de la masse monétaire nécessaire à la croissance économique nationale et internationale. Craignant que d'autres gouvernements ne convertissent leurs dollars en or, déclenchant ainsi une fuite hors du dollar, Richard Nixon a unilatéralement suspendu la convertibilité dollar-or le 15 août 1971.

Cette action, présentée par Nixon comme faisant partie d'un plan de lutte contre l'inflation, a effectivement mis fin au système de Bretton Woods et a conduit en quelques années à un système de taux de change flottants. Les effets du "choc Nixon" sur les affaires intérieures et internationales ont été nombreux. Étant donné que le dollar n'était plus adossé à l'or, la fin du système de taux de change fixes de Bretton Woods a accru la marge de manœuvre de la Réserve fédérale américaine pour mener une politique monétaire contracyclique. L'introduction des taux de change flottants en 1973, après l'échec des tentatives de relance du système de taux de change fixes, a également facilité les flux de capitaux mondiaux. Le résultat a été une inflation nettement accrue : il y a plus de dollars américains en circulation que ce que tout l'or du monde pourrait couvrir.

Économie de marché libre

Un marché libre est un type de système économique qui est dirigé par les forces du marché de l'offre et de la demande, par opposition à un système régulé par des contrôles gouvernementaux (voir économie planifiée). Il est l'opposé d'une économie planifiée, dans laquelle une autorité gouvernementale centrale planifie les facteurs de production et l'utilisation des ressources, et fixe les prix. Dans un marché libre, les entreprises et les ressources sont détenues par des individus ou des entreprises qui sont libres de conclure des contrats entre eux. Les économistes définissent un marché libre comme un marché où les produits sont échangés par un acheteur et un vendeur volontaires. L'achat d'aliments à un prix fixé par l'agriculteur est un bon exemple d'échange économique. Payer un salaire mensuel à un travailleur en est un autre exemple. Dans une économie de marché libre ou pure, il n'y a pas d'obstacles pour les vendeurs de différents produits. Fondamentalement, on peut vendre n'importe quel produit à n'importe quel prix. Cependant, un tel système économique n'existe que rarement dans le monde réel. Les tarifs douaniers imposés sur les importations et les exportations, ainsi que les restrictions légales telles que l'âge légal pour la consommation d'alcool, sont tous des obstacles à un marché libre.

Propriété privée des ressources : Les économies de marché libre existent parce qu'une partie importante des ressources appartient à des individus ou des entreprises du secteur privé, et non à une entité gouvernementale centrale. De cette manière, les propriétaires exercent un contrôle total sur les moyens de production, l'allocation et l'échange de produits. Ils contrôlent également l'offre de travail.

Marchés financiers prospères : Un facteur clé contribuant au succès d'une économie de marché libre est la présence d'institutions financières. Les banques et les maisons de courtage existent pour permettre aux individus et aux entreprises d'échanger des biens et des services, et de fournir des services d'investissement. Les institutions financières réalisent ensuite des bénéfices en percevant des intérêts ou des frais sur les transactions.

Liberté de participation : Un autre trait caractéristique d'une économie de marché libre est que chaque individu peut y participer. La décision de produire ou de consommer un produit spécifique est totalement volontaire. Cela signifie que les entreprises ou les individus peuvent produire ou acheter autant ou aussi peu d'un produit qu'ils le souhaitent, ou que le marché le demande.

Économie planifiée

La plupart des activités économiques dans les pays du monde entier existent sur un spectre allant d'une économie de marché pure à une économie de commandement extrême. L'économie planifiée est un type de système dans lequel le gouvernement joue un rôle central dans la planification et la régulation des biens et services produits dans le pays. L'autorité gouvernementale détermine les types de biens et services à produire et à offrir, ainsi que la quantité et les prix proposés sur le marché.

CONNAISSANCES GÉNÉRALES

Les économies de commandement modernes se reconnaissent à travers les caractéristiques suivantes :

- Les plans économiques sont élaborés de manière centralisée par le gouvernement pour la plupart, voire tous les secteurs et régions.

- Le gouvernement répartit le capital, le travail et les ressources naturelles de la nation de la manière qu'il considère comme la plus efficace.

- La production et les prix sont dictés par le gouvernement.

- Les entreprises dans les secteurs financier, des services publics et de l'automobile sont détenues par des autorités gouvernementales et sont monopolisées.

- Les politiques gouvernementales sont créées pour mettre en œuvre le plan économique centralisé. Ce type de système économique est une caractéristique principale des pays communistes ou socialistes, tels que la Corée du Nord d'aujourd'hui.Nordkorea.

Économie sociale de marché

L'économie sociale de marché réunit les avantages des deux systèmes. L'économie sociale de marché repose sur un marché qui repose sur la propriété privée et l'offre et la demande, mais où l'État établit des réglementations, telles que les salaires des employés et similaires, pour assurer l'équilibre et éviter la fraude.

NORBERT KIRCHHUBER

4. Science

4.1 QU'EST-CE QUE LA SCIENCE ?

La science consiste en l'observation du monde à travers l'observation, l'écoute, l'observation et l'enregistrement. La science est la curiosité dans une action réfléchie concernant le monde et son comportement.

La science, c'est...

• Observer le monde.

• Voir et écouter.

• Déduire et enregistrer.

La science est la curiosité dans une action réfléchie concernant le monde et son comportement. Tout le monde peut avoir une idée de comment la nature fonctionne. Certaines personnes pensent que leur idée est correcte parce que "cela semble correct" ou "cela a du sens". Mais pour un scientifique, cela ne suffit pas. Un scientifique testera l'idée dans le monde réel. Une idée qui prédit comment le monde fonctionne est appelée une hypothèse.

Lorsqu'une idée ou une hypothèse prédit correctement le comportement d'une chose, nous l'appelons une théorie. Lorsqu'une idée explique tous les faits ou preuves que nous avons trouvés, nous l'appelons également une théorie. La "méthode scientifique" désigne généralement une série d'étapes que les scientifiques suivent pour découvrir comment la nature fonctionne.funktioniert.

De l'observation à la théorie :

Parfois, les observations précèdent l'idée ou la théorie. Pendant des millénaires, les gens observaient certaines "étoiles" errantes dans le ciel nocturne. Finalement, en 1514, Nicolas Copernic a eu l'idée de l'"héliocentrisme" (ce qui signifie "centré sur le soleil"). Il croyait que le soleil était le centre de l'univers et que la Terre était l'une des nombreuses sphères orbitant autour du soleil. Cette idée expliquait les motifs erratiques des planètes. Elle prédisait également où elles se déplaceraient ensuite. Cette idée est devenue une théorie. Bien sûr, nous avons par la suite amélioré cette théorie. En fin de compte, le soleil n'est pas le centre de l'univers entier, mais seulement de notre propre système solaire. Parfois, la science se déroule principalement dans l'esprit d'un scientifique. C'était souvent le cas avec Albert Einstein et ses théories. Il a fallu du temps aux scientifiques pour pouvoir les tester et montrer qu'elles étaient correctes.

La science n'est pas seulement un ensemble organisé de connaissances. La science n'est pas seulement une approche pas à pas de la découverte. La science ressemble plutôt à un mystère qui invite tous les intéressés à devenir détectives et à participer.

Ne perdons pas de temps, mais plongeons directement dans le monde mystérieux de la science.

4.2 PHYSIQUE

Qu'est-ce que la physique ?

La physique est la science de la matière et de son mouvement - la science qui traite de concepts tels que la force, l'énergie, la masse et la charge. En tant que science expérimentale, elle vise à comprendre le monde.

Sous une forme ou une autre, la physique est l'une des disciplines académiques les plus anciennes ; grâce à sa branche, l'astronomie, elle est peut-être la plus ancienne de toutes. Au cours des deux derniers millénaires, parfois synonyme de philosophie, de chimie, voire de certaines branches des mathématiques et de la biologie, la physique s'est développée en tant que science moderne au XVIIe siècle, et ces disciplines sont aujourd'hui généralement nettement distinctes les unes des autres, bien que les frontières restent difficiles à définir.

Les avancées en physique ont souvent des répercussions sur le domaine technologique et influencent parfois aussi les autres sciences ainsi que les mathématiques et la philosophie. Par exemple, les progrès dans la compréhension de l'électromagnétisme ont conduit à l'utilisation répandue d'appareils électriques (télévisions, ordinateurs, appareils ménagers, etc.) ; les avancées en thermodynamique ont conduit au développement des transports motorisés ; et les progrès en mécanique ont conduit au développement du calcul infinitésimal, de la chimie quantique et de l'utilisation d'instruments tels que le microscope électronique en microbiologie.

Aujourd'hui, la physique est un domaine large et hautement développé. La recherche est souvent divisée en quatre domaines : la physique de la matière, la physique atomique, moléculaire et optique, la physique de l'énergie, ainsi que l'astronomie et l'astrophysique.

La plupart des physiciens se spécialisent soit dans la recherche théorique, soit dans la recherche expérimentale, la première se concentrant sur le développement de nouvelles théories et la seconde sur la vérification expérimentale de théories et la découverte de nouveaux phénomènes. Malgré les découvertes majeures des quatre derniers siècles, il existe un certain nombre de questions ouvertes en physique et de nombreux domaines de recherche actifs. Bien que la physique englobe une grande variété de phénomènes, tous les physiciens compétents sont familiers avec les théories fondamentales de la mécanique classique, de l'électromagnétisme, de la relativité, de la thermodynamique et de la mécanique quantique.

Chacune de ces théories a été testée dans de nombreuses expériences et s'est avérée être un modèle précis de la nature dans son domaine de validité. Par exemple, la mécanique classique décrit correctement le mouvement des objets dans l'expérience quotidienne, mais elle s'effondre à l'échelle atomique, où elle est remplacée par la mécanique quantique, et à des vitesses approchant la vitesse de la lumière, où les effets relativistes deviennent importants. Bien que ces théories soient connues depuis longtemps, elles continuent d'être activement explorées - un aspect remarquable de la mécanique classique, connu sous le nom de théorie du chaos, a par exemple été développé au XXe siècle, trois siècles après la formulation initiale de la mécanique par Isaac Newton (1642-1727).

La mécanique

La mécanique est la science qui étudie le mouvement des corps sous l'influence des forces, y compris le cas particulier où un corps reste au repos. Au cœur du problème du mouvement se trouvent les forces que les corps exercent les uns sur les autres. Cela conduit à l'étude de sujets tels que la gravitation, l'électricité et le magnétisme, en fonction de la nature des forces impliquées. Face à ces forces, on peut chercher à comprendre la manière dont les corps se déplacent sous l'effet des forces ; c'est le domaine de la mécanique elle-même. Historiquement, la mécanique a été l'une des premières sciences exactes à se développer. En tant que discipline mathématique et en raison de son succès précoce remarquable dans la description quantitative des mouvements de la Lune, de la Terre et d'autres corps planétaires, elle a eu une influence considérable sur la pensée philosophique et a stimulé le développement systématique de la science.

La mécanique peut être divisée en trois branches :

• La statique, qui traite des forces agissant sur un corps au repos ;

• La cinématique, qui décrit les mouvements possibles d'un corps ou d'un système de corps ;

• La cinétique, qui tente d'expliquer ou de prédire le mouvement qui se produira dans une situation donnée.

Alternativement, la mécanique peut également être divisée en fonction du type de système étudié.

Le système mécanique le plus simple est la particule, définie comme un corps si petit que sa forme et sa structure interne ne jouent aucun rôle pour le problème donné. Plus complexe est le mouvement d'un système composé de deux ou plusieurs particules qui exercent des forces les unes sur les autres et qui peuvent subir des forces exercées par des corps extérieurs au système. Les principes de la mécanique ont été appliqués à trois domaines généraux de phénomènes. Les mouvements des corps célestes tels que les étoiles, les planètes et les satellites peuvent être prédits avec une grande précision des milliers d'années à l'avance. (La théorie de la relativité prédit quelques déviations par rapport au mouvement prédit par la mécanique classique ou newtonienne ; cependant, ces déviations sont si petites qu'elles ne peuvent être observées qu'avec des techniques très précises, sauf dans le cas de problèmes concernant tout l'univers observable ou une grande partie de celui-ci.) En tant que deuxième domaine, les objets ordinaires sur Terre jusqu'à des tailles microscopiques (se déplaçant à des vitesses bien inférieures à celle de la lumière) sont correctement décrits par la mécanique classique sans corrections significatives. L'ingénieur concevant des ponts ou des avions peut appliquer en toute confiance les lois newtoniennes de la mécanique classique, même si les forces peuvent être très complexes et que les calculs peuvent manquer de la belle simplicité de la mécanique céleste. Le troisième domaine de phénomènes concerne le comportement de la matière et du rayonnement électromagnétique à l'échelle atomique et subatomique. Bien qu'il y ait eu quelques succès limités dans la description du comportement des atomes en termes de mécanique classique, ces phénomènes sont correctement traités en mécanique quantique.

La mécanique classique s'occupe du mouvement des corps sous l'influence des forces ou de l'équilibre des corps lorsque toutes les forces sont en équilibre. Le sujet peut être considéré comme l'élaboration et l'application de principes fondamentaux formulés pour la première fois par Isaac Newton dans son "Philosophiae Naturalis Principia Mathematica" (1687), généralement connu sous le nom de "Principia".

Ces postulats, connus sous le nom de lois du mouvement de Newton, sont expliqués ci-dessous. Ils peuvent être utilisés pour prédire avec une grande précision une variété de phénomènes allant du mouvement de particules individuelles aux interactions de systèmes hautement complexes.

Dans le cadre de la physique moderne, la mécanique classique peut être comprise comme une approximation émergente des lois plus profondes de la mécanique quantique et de la théorie de la relativité. Cependant, cette perspective sous-estime l'importance du sujet pour la formation du contexte, du langage et de l'intuition de la science moderne et des scientifiques. Notre vision actuelle du monde et de la place de l'homme en son sein est profondément enracinée dans la mécanique classique. De plus, de nombreuses idées et résultats de la mécanique classique perdurent et jouent un rôle important dans la nouvelle physique.

Les concepts fondamentaux de la mécanique classique sont la force, la masse et le mouvement. Ni la force ni la masse n'ont été très clairement définies par Newton, et toutes deux ont fait l'objet de nombreuses spéculations philosophiques depuis Newton. Toutes deux sont mieux connues par leurs effets. La masse est une mesure de la tendance d'un corps à résister aux changements de son état de mouvement. Les forces, en revanche, accélèrent les corps, c'est-à-dire qu'elles modifient l'état de mouvement des corps sur lesquels elles agissent. L'interaction de ces effets est le principal sujet de la mécanique classique.

Bien que les lois newtoniennes attirent l'attention sur la force et la masse, trois autres grandeurs revêtent une importance particulière, car leur somme totale ne change jamais. Ces trois grandeurs sont l'énergie, la quantité de mouvement (linéaire) et le moment cinétique. Chacune de ces grandeurs peut être transférée d'un corps ou d'un système de corps à un autre. De plus, l'énergie peut changer de forme tout en restant liée à un système unique, apparaissant sous forme d'énergie cinétique, l'énergie du mouvement ; d'énergie potentielle, l'énergie de position ; de chaleur ou d'énergie interne, associée aux mouvements aléatoires des atomes ou des molécules constituant tout corps réel ; ou d'une combinaison des trois. Néanmoins, l'énergie totale, la quantité de mouvement et le moment cinétique ne changent jamais dans l'univers. Cette réalité est exprimée en physique par le principe de conservation de l'énergie, de la quantité de mouvement et du moment cinétique. Bien que ces trois lois de conservation dérivent des lois newtoniennes, Newton lui-même ne les a pas formulées. Elles ont été découvertes ultérieurement.

Il est remarquable que les trois lois de conservation dérivées des lois de Newton - conservation de l'énergie, de la quantité de mouvement et du moment cinétique - sont également exactes en mécanique quantique et en théorie de la relativité, bien que les lois newtoniennes ne soient plus considérées comme fondamentales et même comme exactement correctes dans la physique moderne. En fait, dans la physique moderne, la force n'est plus un concept central, et la masse n'est qu'une des nombreuses propriétés de la matière. Cependant, l'énergie, la quantité de mouvement et le moment cinétique demeurent au cœur des préoccupations. L'importance continue de ces idées héritées de la mécanique classique peut aider à expliquer pourquoi ce sujet conserve une telle importance dans la science moderne.behält.

La thermodynamique
La thermodynamique est le domaine de la physique qui traite de la relation entre la chaleur et d'autres propriétés (telles que la pression, la densité, la température, etc.) dans une substance. En particulier, la thermodynamique se concentre largement sur la manière dont le transfert de chaleur est lié aux différentes modifications d'énergie à l'intérieur d'un système physique subissant un processus thermodynamique. De tels processus entraînent généralement un travail effectué par le système et sont régis par les lois de la thermodynamique. De manière générale, la chaleur d'un matériau est comprise comme une représentation de l'énergie contenue dans les particules de ce matériau. Ceci est connu sous le nom de théorie cinétique des gaz, bien que le concept s'applique également, dans des mesures différentes, aux solides et aux liquides. La chaleur provenant du mouvement de ces particules peut être transférée de différentes manières aux particules voisines, et donc à d'autres parties du matériau ou à d'autres matériaux :

CONNAISSANCES GÉNÉRALES

- Le contact thermique est lorsque deux substances peuvent influencer la température l'une de l'autre.

- L'équilibre thermique survient lorsque deux substances en contact thermique ne transfèrent plus de chaleur.

- L'expansion thermique se produit lorsqu'une substance augmente son volume lorsqu'elle gagne de la chaleur. Il existe également la contraction thermique.

- La conduction se produit lorsque la chaleur se propage à travers un solide chauffé.

- La convection survient lorsque des particules chauffées transfèrent de la chaleur à une autre substance, par exemple lors de la cuisson de quelque chose dans de l'eau bouillante.

- Le rayonnement se produit lorsque la chaleur est transférée par des ondes électromagnétiques, comme celles provenant du soleil.

- L'isolation est l'utilisation d'un matériau à faible conductivité pour empêcher le transfert de chaleur.

Processus thermodynamiques

Un système subit un processus thermodynamique lorsqu'il subit un changement énergétique interne, généralement associé à des variations de pression, de volume, d'énergie interne (c'est-à-dire de température) ou à un type de transfert de chaleur. Il existe plusieurs types spécifiques de processus thermodynamiques qui ont des propriétés particulières :

- **Processus adiabatique** - Un processus sans transfert de chaleur entrant ou sortant du système.
- **Processus isochore** - Un processus sans changement de volume, dans ce cas, le système n'effectue pas de travail.
- **Processus isobare** - Un processus au cours duquel il n'y a aucun changement de pression.
- **Processus isotherme** - Un processus au cours duquel la température ne change pas.

États de la matière

Un état de la matière est une description du type de structure physique que possède une substance matérielle, avec des propriétés qui décrivent comment le matériau est lié (ou ne l'est pas). Il y a cinq états de la matière, dont seulement les trois premiers sont généralement inclus dans la notion d'états de la matière : gazeux, liquide, solide.

De nombreuses substances peuvent passer entre les phases de la matière gazeuse, liquide et solide, tandis que seules quelques substances sont connues pour pouvoir passer à un état superfluide. Le plasma est un état particulier de la matière, comme un éclair :

- **Condensation** - Gaz vers liquide

- **Congélation** - Liquide vers solide

- **Fusion** - Solide vers liquide

- **Sublimation** - Solide vers gazeux
- **Évaporation** - Liquide ou solide vers gazeux

Lois de la thermodynamique
Il existe plusieurs lois fondamentales de la thermodynamique :

• Le zéroième principe de la thermodynamique - Deux systèmes en équilibre thermique avec un troisième système sont en équilibre thermique entre eux.

• Le premier principe de la thermodynamique - La variation d'énergie d'un système est égale à l'énergie ajoutée au système moins l'énergie dépensée pour le travail.

• Le deuxième principe de la thermodynamique - Il est impossible qu'un processus ait pour seul résultat le transfert de chaleur d'un corps plus froid vers un corps plus chaud.

• Le troisième principe de la thermodynamique - Il est impossible de réduire un système à la température absolue nulle en un nombre fini d'opérations. Cela signifie qu'une machine thermique parfaitement efficace ne peut pas être créée.

Dans tout système clos, l'entropie du système restera constante ou augmentera. Par "système clos", on entend que chaque partie du processus est prise en compte dans le calcul de l'entropie du système.

D'une certaine manière, il est trompeur de considérer la thermodynamique comme une forme autonome de physique. La thermodynamique touche pratiquement tous les domaines de la physique, de l'astrophysique à la biophysique, car ils traitent tous d'une manière ou d'une autre du changement d'énergie dans un système. Sans la capacité d'un système à utiliser l'énergie à l'intérieur du système pour effectuer un travail - le cœur de la thermodynamique - il n'y aurait rien à étudier pour les physiciens.

Dans l'ensemble, la thermodynamique est un domaine très intéressant de la physique.

Électrocinétique et Magnétisme

L'électricité est un phénomène lié aux charges électriques stationnaires ou en mouvement. La charge électrique est une propriété fondamentale de la matière portée par des particules élémentaires. Dans l'électricité, la particule impliquée est l'électron, qui porte une charge conventionnellement désignée comme négative. Ainsi, les différentes manifestations de l'électricité résultent de l'accumulation ou du déplacement de nombres d'électrons.

CONNAISSANCES GÉNÉRALES

L'électrostatique est l'étude des phénomènes électromagnétiques qui se produisent en l'absence de charges en mouvement, c'est-à-dire après l'établissement d'un équilibre statique. Les charges atteignent rapidement leur équilibre car la force électrique est extrêmement forte. Les méthodes mathématiques de l'électrostatique permettent de calculer les distributions du champ électrique et du potentiel électrique à partir d'une configuration connue de charges, de conducteurs et d'isolants. Inversement, avec un ensemble de conducteurs aux potentiels connus, il est possible de calculer les champs électriques dans les régions entre les conducteurs et de déterminer la répartition des charges à la surface des conducteurs. L'énergie électrique d'un ensemble de charges au repos peut être envisagée du point de vue du travail nécessaire pour assembler ces charges ; alternativement, l'énergie peut être considérée comme contenue dans le champ électrique généré par cette disposition de charges. Enfin, l'énergie peut être stockée dans un condensateur ; l'énergie nécessaire pour charger un tel dispositif est stockée en lui sous forme d'énergie électrostatique du champ électrique.

Le magnétisme est un phénomène lié aux champs magnétiques qui résultent du mouvement des charges électriques. Ce mouvement peut prendre de nombreuses formes, comme un courant électrique dans un conducteur, des particules chargées se déplaçant dans l'espace ou même le mouvement d'un électron dans un orbital atomique. Le magnétisme est également lié aux particules élémentaires, comme l'électron, qui possèdent une propriété appelée spin. Les fondements du magnétisme reposent sur les champs magnétiques et leurs effets sur la matière, tels que la déviation des charges en mouvement et les moments de force sur d'autres objets magnétiques. Une preuve de l'existence d'un champ magnétique est la force magnétique exercée sur les charges en mouvement dans ce champ ; la force est perpendiculaire à la fois au champ et à la vitesse de la charge. Cette force dévie les particules sans changer leur vitesse. La déviation peut être observée dans le moment de force agissant sur une aiguille de boussole, qui agit pour aligner l'aiguille avec le champ magnétique terrestre. L'aiguille est une mince tige de fer magnétisée, soit un petit aimant. Une extrémité de l'aimant est appelée pôle nord et l'autre pôle sud. La force entre un pôle nord et un pôle sud est attractive, tandis que la force entre des pôles similaires est répulsive. Le champ magnétique est parfois appelé induction magnétique ou densité de flux magnétique ; il est toujours symbolisé par B. Les champs magnétiques sont mesurés en unités de tesla (T). Une propriété fondamentale d'un champ magnétique est que son flux à travers toute surface fermée est nul. (Une surface fermée entoure complètement un volume.)

Optique

L'optique est une science qui étudie la genèse et la propagation de la lumière, les modifications qu'elle subit et provoque, ainsi que d'autres phénomènes qui lui sont étroitement liés. Il existe deux principales branches de l'optique : l'optique physique et l'optique géométrique. L'optique physique traite principalement de la nature et des propriétés de la lumière elle-même. L'optique géométrique se penche sur les principes qui déterminent les propriétés d'imagerie des lentilles, des miroirs et d'autres dispositifs utilisant la lumière. Elle englobe également le traitement optique des données, qui inclut la manipulation du contenu d'information d'une image générée par des systèmes optiques cohérents. À l'origine, le terme "optique" était utilisé uniquement en relation avec l'œil et la vision. Plus tard, avec le développement des lentilles et d'autres dispositifs optiques pour aider à la vision, le terme a naturellement été étendu à toute application de la lumière, même si le récepteur final n'est pas l'œil humain, mais un détecteur physique tel qu'une plaque photographique ou une caméra de télévision. Au XXe siècle, les méthodes optiques ont été largement appliquées à des domaines du spectre de rayonnement électromagnétique invisibles pour l'œil humain, tels que les rayons X, les ultraviolets, les infrarouges et les micro-ondes, et à ce titre, ces domaines sont maintenant souvent inclus dans le domaine général de l'optique.

Un seul point lumineux, qui peut être un point dans un objet étendu, émet de la lumière sous forme d'une onde qui se propage constamment, centrée sur le point lumineux et s'étendant en forme de sphère. Cependant, il est souvent beaucoup plus pratique de considérer un point d'objet comme un faisceau de rayons, les rayons étant partout perpendiculaires aux ondes et se déplaçant en ligne droite. Lorsque le rayon lumineux est dévié par une lentille ou réfléchi par un miroir, la courbure des ondes est modifiée, et la divergence angulaire du faisceau de rayons est également modifiée de sorte que les rayons restent partout perpendiculaires aux ondes. En présence d'aberrations, un faisceau convergent ne se réduit pas à un point parfait, et les ondes émises ne sont alors pas vraiment sphériques.

En 1690, Christiaan Huygens, un scientifique néerlandais, postula que l'onde lumineuse progresse parce que chaque point de l'onde devient le centre d'une petite onde qui se propage à la vitesse de la lumière dans toutes les directions, chaque nouvelle onde n'étant que l'enveloppe de toutes ces petites ondes en expansion. Lorsque les ondes atteignent la région en dehors des rayons extérieurs du faisceau lumineux, elles s'annulent mutuellement par interférence, chaque crête d'onde tombant sur un creux d'une autre onde. En dehors du rayon lumineux géométrique défini par les rayons, aucune onde ou ondelette ne peut donc effectivement exister. La destruction normale d'une onde par une autre, qui vise à limiter l'énergie lumineuse à la région des trajectoires de rayons rectilignes, s'effondre cependant lorsque le rayon lumineux rencontre un bord opaque, car le bord coupe alors certaines des ondes en interférence et en laisse d'autres existantes, divergeant légèrement dans la région d'ombre. Ce phénomène est appelé diffraction et conduit à une structure fine complexe aux bords des ombres et dans les images optiques.

Réflexion et réfraction

L'utilisation de miroirs polis pour la réflexion de la lumière est connue depuis des milliers d'années, et les miroirs concaves sont depuis longtemps utilisés pour créer des images réelles d'objets éloignés. En fait, Isaac Newton préférait nettement l'utilisation d'un miroir comme objectif de télescope par rapport aux lentilles de qualité inférieure disponibles à son époque.

Comme il n'y a pas de limite à la taille possible d'un miroir, tous les grands télescopes d'aujourd'hui sont de ce type. Lorsqu'un faisceau lumineux est réfléchi sur une surface polie, l'angle de réflexion entre le faisceau et la normale (la ligne perpendiculaire à la surface) est exactement égal à l'angle d'incidence. Il est important de noter qu'un miroir convexe forme une image virtuelle d'un objet lointain, tandis qu'un miroir concave forme une image réelle. Un miroir plan forme une image virtuelle d'objets proches, comme dans les miroirs que nous utilisons couramment. Les miroirs plans sont souvent utilisés dans les instruments pour dévier un faisceau lumineux dans une autre direction.

La loi de la réfraction

Lorsqu'un faisceau lumineux rencontre la surface de séparation entre deux milieux transparents, il est fortement dévié ou réfracté. Étant donné que les rayons lumineux ne sont en réalité que des directions et n'ont pas d'existence physique, il faut considérer le passage des ondes lumineuses à travers une surface pour comprendre la réfraction.

Les effets de réfraction sont dus au fait que la lumière se propage plus lentement dans un milieu plus dense. Le rapport entre la vitesse de la lumière dans l'air et sa vitesse dans le milieu est appelé indice de réfraction du milieu pour la lumière d'une couleur ou longueur d'onde spécifique. L'indice de réfraction est plus élevé pour la lumière bleue que pour la lumière à l'extrémité rouge du spectre.

Physique atomique et nucléaire

La physique nucléaire s'intéresse, comme son nom l'indique, au modèle et à la mécanique du noyau atomique.

Structure du noyau

Sur la base de la compréhension d'une charge positive centrale, le proton, dans le noyau de l'hydrogène, il était plausible que d'autres atomes aient également des noyaux contenant des protons. Sir James Chadwick a confirmé l'existence d'une particule neutre - le neutron - qui possède essentiellement la même masse que le proton. Le noyau atomique est composé de protons et de neutrons, appelés collectivement nucléons. Selon le modèle moderne du noyau atomique, le numéro atomique (Z) représente le nombre de protons dans le noyau et la masse atomique (A) représente le nombre de nucléons dans le noyau. (Le nombre d'électrons est équivalent au nombre de protons dans un atome électriquement neutre, et donc le nombre d'électrons en orbite est également déterminé par la valeur de Z). Les noyaux ayant le même nombre de protons mais un nombre différent de neutrons sont appelés isotopes.

Les propriétés chimiques d'un élément sont déterminées par les électrons de valence (équivalent au nombre de protons). Ainsi, les isotopes sont identiques dans leur nature chimique, mais différent en masse. Le symbole d'un élément (X) est $_Z^A X$; par exemple, le béryllium $_4^9 Be$ a quatre protons et cinq neutrons. Lorsque les masses des constituants du noyau sont additionnées, la somme est inférieure à celle du noyau lui-même. Par exemple, un deutéron est un isotope d'hydrogène avec un proton et un neutron dans le noyau. Dans la suite, ces particules sont additionnées en unités de masse atomique - abrégées en amu - où 1 amu équivaut à 1/12 de l'atome de carbone avec 12 nucléons.

Certains noyaux sont instables et émettent spontanément des rayonnements, ce phénomène est appelé radioactivité. Les rayonnements se divisent en trois types :

• La désintégration alpha, où les particules émises sont des noyaux d'hélium composés de 2 protons et 2 neutrons

• La désintégration bêta, où les particules émises sont des électrons

• La désintégration gamma, où des photons hautement énergétiques sont émis

Le noyau d'origine est appelé noyau mère, et le noyau restant après la désintégration est appelé noyau fille. Le processus de transformation d'un élément en un autre par radioactivité est appelé transmutation.

Lorsqu'un noyau émet une particule alpha, il perd deux protons et deux neutrons ; par conséquent, le noyau fille a une masse atomique inférieure de 4 et un numéro atomique inférieur de 2 par rapport au noyau mère.

Un exemple de désintégration alpha de l'uranium est :
$_{92}^{238}U \rightarrow {}_{90}^{234}Th + {}_{2}^{2}He$.

Lorsqu'un noyau émet une particule bêta, il perd un électron. Étant donné que la masse de l'électron est très petite en comparaison de celle d'un proton ou d'un neutron, la masse atomique du noyau mère reste la même que celle du noyau fille. Cependant, le numéro atomique du noyau fille est augmenté d'une unité par rapport à celui du noyau mère.

Un exemple de désintégration bêta est :
$_{83}^{212}Bi \rightarrow {}_{84}^{212}P_0 + {}_{-}^{0}e$.

Souvent, le noyau fille reste dans un état instable après une désintégration alpha ou bêta. Dans ces cas, le noyau peut libérer l'excès d'énergie en émettant des rayonnements gamma. Les règles de la désintégration radioactive sont basées sur les lois de conservation. L'examen des exemples précédents montre que le nombre de nucléons et la charge électrique sont conservés, c'est-à-dire que la somme d'un côté de l'équation est égale à la somme de l'autre côté de l'équation. D'autres lois de conservation à prendre en compte sont celles de l'énergie, de la quantité de mouvement et du moment cinétique.

Le taux de désintégration (R) ou l'activité d'un échantillon de matériau radioactif est défini comme le nombre de désintégrations par seconde, donné par $R = -\lambda N$, où N est le nombre de noyaux radioactifs à un moment donné et λ est la constante de désintégration. La demi-vie (T) est définie comme le temps nécessaire à la désintégration de la moitié d'un nombre donné de noyaux radioactifs. Elle diffère pour chaque élément radioactif.

La courbe de désintégration générale pour un échantillon radioactif, qui relie le nombre de noyaux présents à un moment donné au nombre initial de noyaux, est exponentielle. La masse au repos totale des produits est inférieure de 220 MeV à la masse au repos initiale de l'uranium. Cela représente une énorme quantité d'énergie par rapport aux libérations d'énergie dans les processus chimiques (nous aborderons ce point plus tard) et si l'on considère qu'un morceau relativement modeste d'uranium contient autant de noyaux. Une fusion nucléaire se produit lorsque des noyaux légers se combinent pour former un noyau plus lourd. C'est ce qui alimente le soleil. L'énergie de liaison est liée à la stabilité. Si l'énergie de masse du noyau initial est supérieure à l'énergie de masse totale des produits de désintégration, une désintégration spontanée se produit. Si les produits de désintégration ont une énergie de masse totale supérieure à celle du noyau mère, une énergie supplémentaire est nécessaire pour la réaction. De l'énergie est libérée lorsque des noyaux légers fusionnent (fusion) et lorsque des noyaux lourds se fendent (fission).

Cependant, ce n'était qu'un bref aperçu du merveilleux monde de la physique. Passons maintenant à un sujet tout aussi passionnant : la chimie.

NORBERT KIRCHHUBER

4.3 CHIMIE

Qu'est-ce que la chimie ?

La chimie est l'étude de la matière et des réactions chimiques entre les substances. Elle englobe également l'analyse de la composition, de la structure et des propriétés de la matière. La matière est essentiellement tout ce qui occupe de l'espace et possède une masse dans le monde. La chimie est parfois appelée "la science centrale" car elle fait le lien entre la physique et d'autres sciences naturelles telles que la géologie et la biologie.

L'histoire de la chimie

La chimie est une science qui étudie la matière et les réactions chimiques entre les substances. Elle englobe également l'analyse de la composition, de la structure et des propriétés de la matière. La matière est essentiellement tout ce qui occupe de l'espace et possède une masse dans le monde. La chimie est parfois appelée "la science centrale" car elle fait le lien entre la physique et d'autres sciences naturelles telles que la géologie et la biologie.

Une hypothèse chimique fondamentale a émergé pour la première fois dans la Grèce antique classique, lorsque Aristote a défini les quatre éléments du feu, de l'air, de la terre et de l'eau. Ce n'est que aux 17e et 18e siècles que des scientifiques tels que Robert Boyle (1627-1691) et Antoine Lavoisier (1743-1794) ont commencé à transformer les anciennes traditions alchimiques en une discipline scientifique rigoureuse. En tant que l'une des sciences naturelles, la chimie offre aux scientifiques un aperçu d'autres sciences physiques et des outils d'analyse puissants pour des applications techniques. Les sciences biologiques et leurs dérivées, telles que la psychologie, ont leurs racines dans la biochimie, et les scientifiques commencent seulement maintenant à comprendre comment les différents niveaux d'organisation s'influencent mutuellement.

Les fondements de la médecine moderne sont, par exemple, les processus biochimiques du corps humain. La chimie a le pouvoir d'expliquer d'innombrables phénomènes dans le monde, des plus courants aux plus étranges. Pourquoi le fer rouille-t-il ? Qu'est-ce qui rend le propane si efficace comme combustible propre ? Comment le carbone peut-il se présenter sous forme de suie et de diamant, avec des similitudes chimiques ? La chimie a les réponses à ces questions et à bien d'autres. Comprendre la chimie est la clé pour comprendre le monde tel que nous le connaissons. L'étude de la chimie peut être divisée en différentes branches qui mettent l'accent sur des concepts chimiques spécifiques. La chimie analytique vise à déterminer les compositions chimiques précises des substances. La biochimie étudie les substances chimiques trouvées dans les êtres vivants (comme l'ADN et les protéines). La chimie inorganique examine les substances ne contenant pas de carbone. La chimie organique traite des substances contenant du carbone. La chimie physique étudie les propriétés physiques des produits chimiques. La chimie biophysique applique la chimie physique dans un contexte biologique.

CONNAISSANCES GÉNÉRALES

Tout comme en physique, les chimistes travaillent souvent avec la méthode scientifique, qui se présente généralement différemment en chimie :

Le processus scientifique commence généralement en chimie par une observation (souvent un problème à résoudre), qui conduit à une question. Prenons un problème simple qui commence par une observation, et appliquons la méthode scientifique pour résoudre le problème. Un adolescent remarque que son ami est très grand et se demande pourquoi. Sa question pourrait être : "Pourquoi mon ami est-il si grand ?"

Rappelle-toi qu'une hypothèse est une supposition fondée qui peut être testée. Les hypothèses incluent souvent également une explication pour cette supposition. Pour résoudre un problème, plusieurs hypothèses peuvent être émises. Par exemple, l'élève pourrait croire que son ami est grand parce qu'il boit beaucoup de lait.

Son hypothèse pourrait donc être : "Si une personne boit beaucoup de lait, alors elle deviendra très grande car le lait est bon pour les os." En général, les hypothèses ont un format "Si... alors..." Garde à l'esprit qu'il pourrait y avoir d'autres réponses à la question, donc d'autres hypothèses pourraient être proposées. Une deuxième hypothèse pourrait être : "Si une personne a de grands parents, alors elle sera également grande car elle a les gènes pour être grande." Une fois qu'une hypothèse a été choisie, le scientifique peut faire une prédiction. Une prédiction est similaire à une hypothèse, mais elle est en réalité une conjecture. Par exemple, ils pourraient prédire que leur ami est grand parce qu'il boit beaucoup de lait.

Une hypothèse valide doit être vérifiable. Elle doit également être falsifiable, ce qui signifie qu'elle peut être réfutée par des résultats expérimentaux. Il est important de noter que la science ne prétend pas "prouver" quoi que ce soit, car les connaissances scientifiques peuvent toujours être modifiées par de nouvelles informations. Cette étape - l'ouverture à la réfutation des idées - est ce qui distingue les sciences des non-sciences. La présence du surnaturel, par exemple, n'est ni vérifiable ni falsifiable. Pour tester une hypothèse, un chercheur effectuera une ou plusieurs expériences conçues pour réfuter une ou plusieurs hypothèses. Chaque expérience aura une ou plusieurs variables et une ou plusieurs contrôles.

Une variable est toute partie de l'expérience qui peut varier ou changer pendant l'expérience. Le groupe témoin contient toutes les caractéristiques du groupe expérimental, sauf qu'il ne reçoit pas la manipulation hypothétique. Par exemple, un groupe témoin pourrait être un groupe de différents adolescents ne buvant pas de lait, comparé au groupe expérimental, un groupe de différents adolescents buvant du lait. Ainsi, si les résultats du groupe expérimental diffèrent de ceux du groupe témoin, la différence doit être attribuée à la manipulation hypothétique et non à un facteur extérieur. Pour tester la première hypothèse, l'élève vérifierait si boire du lait affecte la taille du corps. Si boire du lait n'a pas d'effet sur la taille, il doit y avoir une autre raison pour la taille de l'ami.

Pour tester la deuxième hypothèse, l'élève pourrait vérifier si son ami a effectivement de grands parents ou non. Chaque hypothèse devrait être testée par des expériences appropriées. Garde à l'esprit que le rejet d'une hypothèse ne détermine pas si les autres hypothèses peuvent être acceptées ou non. Cela élimine simplement une hypothèse qui n'est pas valide. La méthode scientifique consiste à rejeter les hypothèses qui ne correspondent pas aux données expérimentales.

Bien que l'exemple de "la taille du corps" soit basé sur des observations, d'autres hypothèses et expériences pourraient avoir des contrôles plus clairs. Par exemple, une étudiante qui assiste à un cours le lundi pourrait constater qu'elle avait du mal à se concentrer pendant le cours. Une hypothèse expliquant cet événement pourrait être : "Si je prends un petit-déjeuner avant le cours, alors je pourrais mieux me concentrer." L'étudiante pourrait ensuite concevoir une expérience avec un groupe témoin pour tester cette hypothèse.

La méthode scientifique peut sembler rigide et structurée. Il est important de se rappeler que, bien que les scientifiques suivent souvent cette séquence, il y a de la flexibilité. Dans de nombreux cas, la science ne suit pas une ligne droite. Au lieu de cela, les scientifiques tirent constamment des conclusions, font des généralisations et trouvent des motifs à mesure que leurs recherches progressent. La pensée scientifique est plus complexe que ce que la méthode scientifique seule pourrait laisser penser.

En fin de compte, nous avons maintenant examiné en détail le processus scientifique en chimie, ce qui nous permet de nous plonger pleinement dans la chimie et toutes ses facettes fascinantes.

Chimie : Termes importants et leurs définitions

Voici une liste de termes chimiques importants et de leurs définitions :

Point de zéro absolu - Le point de zéro absolu est de 0K (Kelvin). C'est la température la plus basse possible. Théoriquement, les atomes cessent de bouger au point de zéro absolu.

- Acide - Il existe plusieurs façons de définir un acide, mais cela inclut toute substance chimique libérant des protons ou des $H+$ dans l'eau. Les acides ont un pH inférieur à 7. Ils rendent le révélateur de pH phénolphtaléine incolore et le papier tournesol rouge.

- Anhydride d'acide - Un anhydride d'acide est un oxyde qui forme un acide lorsqu'il réagit avec de l'eau. Par exemple, lorsque le SO_3- est ajouté à l'eau, il se transforme en acide sulfurique, H_2SO_4.

CONNAISSANCES GÉNÉRALES

- Rendement - Le rendement réel est la quantité de produit que vous obtenez réellement lors d'une réaction chimique, c'est-à-dire la quantité que vous pouvez mesurer ou peser, par opposition à une valeur calculée.

- Réaction d'addition - Une réaction d'addition est une réaction chimique dans laquelle des atomes sont ajoutés à une double liaison carbone-carbone.

- Alcool - Un alcool est toute molécule organique contenant un groupe -OH.

- Aldéhyde - Un aldéhyde est une molécule organique contenant un groupe -COH.

- Métal alcalin - Un métal alcalin est un métal du groupe I du tableau périodique. Des exemples de métaux alcalins sont le lithium, le sodium et le potassium.

- Métal alcalino-terreux - Un métal alcalino-terreux est un élément appartenant au groupe II du tableau périodique. Des exemples de métaux alcalino-terreux sont le magnésium et le calcium.

- Alcane - Un alcane est une molécule organique ne contenant que des liaisons simples carbone-carbone.

- Alcène - Un alcène est une molécule organique contenant au moins une liaison C=C ou une double liaison carbone-carbone.

- Alcyne - Un alcynes est une molécule organique contenant au moins une liaison triple carbone-carbone.

- Allotrope - Les allotropes sont différentes formes d'une phase d'un élément. Par exemple, le diamant et le graphite sont des allotropes du carbone.

- Particule alpha - Une particule alpha est un autre nom pour un noyau d'hélium, composé de deux protons et de deux neutrons. On l'appelle particule alpha en référence à la désintégration radioactive (alpha).

- Amine - Une amine est une molécule organique dans laquelle un ou plusieurs des atomes d'hydrogène dans l'ammoniac ont été remplacés par un groupe organique. Un exemple d'amine est la méthylamine.

- Point d'équivalence - Le point d'équivalence est atteint lorsque la solution dans une titration est complètement neutralisée. Il ne correspond pas au point final d'une titration, car l'indicateur peut ne pas changer de couleur précisément lorsque la solution est neutre.

- Base - Un composé chimique qui génère des ions OH- ou des électrons dans l'eau, ou qui accepte des protons. Un exemple courant de base est l'hydroxyde de sodium (NaOH).

- Particule bêta - Une particule bêta est un électron, bien que le terme soit utilisé lorsqu'un électron est émis lors de la désintégration radioactive.

- Composé binaire - Un composé binaire est un composé chimique composé de deux éléments.

- Énergie de liaison - L'énergie de liaison est l'énergie qui maintient ensemble les protons et les neutrons dans le noyau atomique.

- Énergie de liaison - L'énergie de liaison est la quantité d'énergie nécessaire pour rompre une mole de liaisons chimiques.

- Longueur de liaison - La longueur de liaison est la distance moyenne entre les noyaux de deux atomes liés.

CONNAISSANCES GÉNÉRALES

- Tampon - Un liquide qui résiste aux changements de pH lorsqu'une acide ou une base est ajoutée. Un tampon est constitué d'un acide faible et de sa base conjuguée. Un exemple de tampon est l'acide acétique et l'acétate de sodium.

- Calorimétrie - La calorimétrie est l'étude du transfert de chaleur. Elle permet de mesurer la chaleur de réaction entre deux composés ou la chaleur de combustion d'une substance.

- Acide carboxylique - Une molécule organique qui contient un groupe -COOH. Un exemple d'acide carboxylique est l'acide acétique.

- Catalyseur - Une substance qui réduit l'énergie d'activation d'une réaction ou l'accélère, sans être consommée par la réaction. Les enzymes sont des protéines qui servent de catalyseurs pour les réactions biochimiques.

- Cathode - L'électrode où les électrons gagnent ou subissent une réduction dans une cellule électrochimique. C'est le lieu de la réduction dans une pile électrochimique.

- Équation chimique - Une description d'une réaction chimique qui indique les réactifs, les produits et le sens de la réaction.

- Propriété chimique - Une propriété qui ne peut être observée que lorsqu'un changement chimique se produit. La capacité de brûler est un exemple de propriété chimique, car on ne peut pas mesurer le pouvoir inflammable d'une substance sans la faire réagir chimiquement.

- Liaison covalente - Une liaison chimique où deux atomes partagent une paire d'électrons.

- Masse critique - La plus petite quantité de matière radioactive nécessaire pour déclencher une réaction en chaîne nucléaire.

• Point critique - Le point où la ligne liquide-vapeur d'un diagramme de phase se termine, formant un fluide surcritique. Au point critique, la phase liquide et la phase gazeuse ne sont plus distinguables.

• Cristal - Un motif ordonné et répétitif tridimensionnel d'ions, d'atomes ou de molécules. La plupart des cristaux sont des solides ioniques, bien qu'il existe d'autres formes de cristaux.

• Délocalisation - La délocalisation se produit lorsque des électrons sont libres de se déplacer dans tout une molécule. Par exemple, les doubles liaisons entre atomes adjacents dans une molécule permettent la délocalisation des électrons.

• Denaturierung - Il existe deux significations courantes pour ce terme en chimie. Premièrement, cela peut se référer à n'importe quel processus rendant l'éthanol impropre à la consommation (alcool dénaturé). Deuxièmement, la dénaturation peut signifier la rupture de la structure tridimensionnelle d'une molécule, comme la dénaturation d'une protéine lorsqu'elle est exposée à la chaleur.

• Diffusion - La diffusion est le mouvement de particules d'une région de concentration élevée vers une région de concentration plus faible.

• Dilution - La dilution se produit lorsqu'un solvant est ajouté à une solution, ce qui la rend moins concentrée.

• Dissociation - La dissociation se produit lorsqu'une réaction chimique sépare un composé en deux ou plusieurs parties. Par exemple, NaCl se dissocie en Na+ et Cl- dans l'eau.

• Réaction de double substitution - Une réaction de double substitution se produit lorsque les cations de deux composés échangent leur place.

• Cellule unitaire - Une cellule unitaire est la structure la plus simple et répétitive d'un cristal.

• Effusion - L'effusion se produit lorsqu'un gaz se déplace à travers une ouverture vers un contenant à

CONNAISSANCES GÉNÉRALES

basse pression (par exemple, attiré par un vide). L'effusion est plus rapide que la diffusion car il n'y a pas de molécules supplémentaires sur le chemin.

- Électrolyse - L'électrolyse consiste à utiliser l'électricité pour rompre les liaisons dans un composé et le décomposer.

- Électrolyte - Un électrolyte est un composé ionique qui se dissout dans l'eau pour produire des ions capables de conduire le courant électrique. Les électrolytes forts se dissocient complètement dans l'eau, tandis que les électrolytes faibles se dissocient partiellement ou se désagrègent dans l'eau.

- Énantiomères - Les énantiomères sont des molécules qui sont des images miroirs non superposables l'une de l'autre.

- Endothermique - Endothermique décrit un processus qui absorbe de la chaleur. Les réactions endothermiques donnent une sensation de froid.

- Point final - Le point final est le moment où une titration est arrêtée, généralement parce qu'un indicateur a changé de couleur. Le point final peut ne pas être identique au point d'équivalence d'une titration.

- Niveau d'énergie - Un niveau d'énergie est une valeur potentielle de l'énergie qu'un électron peut avoir dans un atome.

- Enthalpie - L'enthalpie est une mesure de la quantité d'énergie dans un système.

- Entropie - L'entropie est une mesure du désordre ou de l'aléatoire dans un système.

- Enzyme - Une enzyme est une protéine qui agit en tant que catalyseur dans une réaction biochimique.

- Équilibre - L'équilibre se produit dans les réactions réversibles lorsque la vitesse de réaction directe est égale à la vitesse de réaction inverse.

- Esters - Un ester est une molécule organique contenant un groupe fonctionnel R-CO-OR'.

- Réactif en excès - Le réactif en excès est ce qui reste à la fin d'une réaction chimique lorsque l'un des réactifs est consommé en premier.

- État excité - Un état excité est un niveau d'énergie supérieur pour un électron dans un atome, un ion ou une molécule par rapport à son état fondamental.

- Exothermique - Exothermique décrit un processus qui libère de la chaleur.

- Familie - Une famille est un groupe d'éléments ayant des propriétés similaires. Ce n'est pas nécessairement la même chose qu'un groupe d'éléments. Par exemple, la famille des chalcogènes ou des non-métaux comprend plusieurs éléments différents.

- Volatil - On dit qu'une substance est volatile si elle a une pression de vapeur élevée.

- Kelvin - Le kelvin est une unité de température. Un kelvin est équivalent à un degré Celsius, mais il part du zéro absolu. Pour convertir une température en degrés Celsius en kelvins, il suffit d'ajouter 273,15. Le kelvin n'est pas suivi du symbole °. Par exemple, on écrirait simplement 300 K et non 300 °K.

- Cétone - Une cétone est une molécule contenant un groupe fonctionnel R-CO-R'. Un exemple courant de cétone est l'acétone (diméthylcétone).

- Énergie cinétique - L'énergie cinétique est l'énergie du mouvement. Plus un objet se déplace rapidement, plus son énergie cinétique est élevée.

CONNAISSANCES GÉNÉRALES

- **Contraction lanthanidique** - La contraction lanthanidique fait référence à la tendance des atomes de lanthanides à devenir plus petits lorsque l'on se déplace de gauche à droite dans le tableau périodique, bien que leur numéro atomique augmente.

- **Énergie de réseau** - L'énergie de réseau est la quantité d'énergie libérée lorsque l'on forme un môle de cristaux à partir de ses ions gazeux.

- **Loi de conservation de l'énergie** - La loi de conservation de l'énergie stipule que l'énergie de l'univers peut changer de forme, mais sa quantité reste inchangée.

- **Ligand** - Un ligand est une molécule ou un ion lié à l'atome central dans un complexe. Des exemples courants de ligands sont l'eau, le monoxyde de carbone et l'ammoniac.

- **Masse** - La masse est la quantité de matière dans une substance. Elle est généralement exprimée en grammes.

- **Mole** - Le nombre d'Avogadro ($6{,}02 \times 10^{23}$) de n'importe quoi.

- **Nœud** - Un nœud est un endroit dans un orbital où il n'y a aucune probabilité de trouver un électron.

- **Nucléon** - Un nucléon est une particule dans le noyau d'un atome (proton ou neutron).

- **Numéro d'oxydation** - Le numéro d'oxydation est la charge apparente d'un atome. Par exemple, le numéro d'oxydation d'un atome d'oxygène est -2.

- **Période** - Une période est une rangée (de gauche à droite) dans le tableau périodique.

- **Précision** - La précision mesure la reproductibilité d'une mesure. Les mesures plus précises sont exprimées avec plus de chiffres significatifs.

- Pression - La pression est la force par unité de surface.

- Produit - Un produit est quelque chose qui résulte d'une réaction chimique.

- Théorie quantique - La théorie quantique décrit les niveaux d'énergie et prédit le comportement des atomes à des niveaux d'énergie spécifiques.

- Radioactivité - La radioactivité se produit lorsque le noyau atomique est instable et se désintègre, libérant de l'énergie ou des rayonnements.

- Loi de Raoult - La loi de Raoult stipule que la pression de vapeur d'une solution est directement proportionnelle à la fraction molaire du solvant.

- Étape déterminante de la vitesse - L'étape déterminante de la vitesse est l'étape la plus lente de toute réaction chimique.

- Loi de vitesse - Une loi de vitesse est une expression mathématique qui décrit la vitesse d'une réaction chimique en fonction de la concentration.

- Réaction d'oxydoréduction - Une réaction d'oxydoréduction est une réaction chimique qui implique l'oxydation et la réduction.

- Structure de résonance - Les structures de résonance sont les différentes structures de Lewis qui peuvent être dessinées pour une molécule lorsque celle-ci possède des électrons délocalisés.

- Réaction réversible - Une réaction réversible est une réaction chimique qui peut se produire dans les deux sens : les réactifs forment les produits et les produits forment les réactifs.

CONNAISSANCES GÉNÉRALES

• Vitesse quadratique moyenne (RMS) - La vitesse quadratique moyenne (Root Mean Square Velocity) est la racine carrée de la moyenne des carrés des vitesses individuelles des particules gazeuses, ce qui est une manière de décrire la vitesse moyenne des particules gazeuses.

• Sel - Un composé ionique résultant de la réaction d'un acide et d'une base.

• Substance dissoute - La substance dissoute est la substance qui est dissoute dans un solvant. Généralement, cela fait référence à un solide dissous dans un liquide. Lorsque vous mélangez deux liquides, la substance dissoute est celle présente en moindre quantité.

• Solvant - Il s'agit du liquide qui dissout une substance. Techniquement, vous pouvez également dissoudre des gaz dans des liquides ou d'autres gaz. Lorsque vous fabriquez une solution où les deux substances sont dans la même phase (par exemple, liquide-liquide), le solvant est le composant majoritaire de la solution.

• STP - STP signifie conditions normales de température et de pression, c'est-à-dire 273 K et 1 atmosphère.

• Acide fort - Un acide fort est un acide qui se dissocie complètement dans l'eau. Un exemple d'acide fort est l'acide chlorhydrique, HCl, qui se dissocie dans l'eau en H+ et Cl-.

• Force nucléaire forte - La force nucléaire forte est la force qui maintient ensemble les protons et les neutrons dans le noyau atomique.

• Sublimation - La sublimation est le passage direct d'un solide à un gaz. À pression atmosphérique, le dioxyde de carbone solide (glace sèche) se sublime directement en gaz carbonique sans passer par l'état liquide.

• Synthèse - La synthèse est la fabrication d'une molécule plus grande à partir de deux atomes ou de petites molécules.

• Système - Un système comprend tout ce que vous évaluez dans une situation donnée.

• Température - La température est une mesure de l'énergie cinétique moyenne des particules.

• Rendement théorique - Le rendement théorique est la quantité de produit qui serait obtenue si une réaction chimique se déroulait de manière parfaite, sans pertes.

• Thermodynamique - La thermodynamique est l'étude de l'énergie et de ses interactions.

• Titration - La titration est une méthode permettant de déterminer la concentration d'un acide ou d'une base en mesurant la quantité de base ou d'acide nécessaire pour les neutraliser.

• Point triple - Le point triple est la température et la pression auxquelles les phases solide, liquide et gazeuse d'une substance sont en équilibre.

• Insaturé - Le terme "insaturé" a deux significations courantes en chimie. La première fait référence à une solution chimique qui ne contient pas la totalité des solutés qu'elle pourrait dissoudre. "Insaturé" fait également référence à un composé organique contenant une ou plusieurs liaisons doubles ou triples carbone-carbone.

• Paire d'électrons non liants - Une paire d'électrons non liants, ou paire solitaire, fait référence à deux électrons qui ne sont pas impliqués dans une liaison chimique.

• Électron de valence - Les électrons de valence sont les électrons les plus externes de l'atome.Atoms.

CONNAISSANCES GÉNÉRALES

Organik

Le terme "organique" a un sens très différent en chimie par rapport à son utilisation pour parler de produits et d'aliments. Les composés organiques et les composés inorganiques forment la base de la chimie.

La principale différence entre les composés organiques et inorganiques est que les composés organiques contiennent toujours du carbone, tandis que la plupart des composés inorganiques n'en contiennent pas. De plus, presque tous les composés organiques contiennent des liaisons carbone-hydrogène ou C-H. Notez qu'il ne suffit pas qu'un composé contienne du carbone pour être considéré comme organique, il doit également contenir de l'hydrogène.

La chimie organique et la chimie inorganique sont deux des principales disciplines de la chimie. Un chimiste organique étudie les molécules et réactions organiques, tandis qu'un chimiste inorganique se concentre sur les réactions inorganiques.

Exemples de composés ou de molécules organiques

Les molécules liées aux organismes vivants sont d'origine organique. Cela inclut les acides nucléiques, les graisses, les sucres, les protéines, les enzymes et les hydrocarbures combustibles. Toutes les molécules organiques contiennent du carbone, presque toutes contiennent de l'hydrogène, et beaucoup contiennent également de l'oxygène.

- ADN
- Saccharose ou sucre de table, $C_{12}H_{22}O_{11}$
- Benzène, C_6H_6
- Méthane, CH_4
- Éthanol ou alcool éthylique, C_2H_6O

Exemples de composés inorganiques

Les composés inorganiques incluent les sels, les métaux, les substances composées d'éléments individuels, ainsi que toutes les autres composés qui ne contiennent pas de carbone lié à l'hydrogène. Certaines molécules inorganiques contiennent effectivement du carbone.

- Chlorure de sodium ou sel de table, NaCl
- Dioxyde de carbone, CO_2
- Diamant (carbone pur)

- Argent
- Soufre

Il existe peu de composés organiques qui ne contiennent pas de liaisons carbone-hydrogène. Des exemples de ces exceptions sont

- Tétrachlorure de carbone (CCl_4)
- Urée [$CO(NH_2)_2$]

Les composés organiques et la vie

Alors que la plupart des composés organiques rencontrés en chimie sont produits par des organismes vivants, il est possible que les molécules se forment par d'autres processus.

Par exemple, lorsque les scientifiques parlent de molécules organiques découvertes sur Pluton, cela ne signifie pas qu'il y a des extraterrestres sur la planète. Le rayonnement solaire peut fournir l'énergie nécessaire pour convertir des composés carbonés inorganiques en composés organiques.

Réalisations importantes en chimie

Tout au long de l'histoire, de nombreuses découvertes majeures ont été faites, soit par hasard, soit parce que quelqu'un cherchait à comprendre le fonctionnement d'une chose. Certaines de ces découvertes sont plus importantes que d'autres, mais elles restent toutes essentielles. Voici une liste approximative des découvertes chimiques les plus importantes de l'histoire :

Tableau périodique des éléments

Le tableau périodique des éléments est l'une des avancées les plus importantes dans l'histoire du domaine de la chimie. Le tableau périodique regroupe tous les éléments chimiques connus, les organisant dans un tableau en fonction de leurs configurations électroniques, de leurs numéros atomiques et de leurs propriétés chimiques récurrentes. L'ordre dans lequel les éléments sont présentés dans le tableau correspond à leur numéro atomique.

Celui qui a publié pour la première fois le tableau périodique des éléments était Dmitri Mendeleïev, un chimiste russe. Il a développé le tableau en se basant sur ses propres découvertes et celles d'autres chimistes, dont John Newlands et Antoine-Laurent de Lavoisier. En 1865, Newlands a publié un ouvrage intitulé "La loi des octaves". Cet ouvrage discutait de la périodicité des éléments connus à l'époque en fonction de leur poids atomique. Dans son travail, il a également fait une suggestion qui a contribué à identifier le potentiel d'éléments, dont le germanium. Cependant, la société chimique n'a reconnu ou soutenu son idée que plus de deux décennies plus tard.

La découverte de l'oxygène

CONNAISSANCES GÉNÉRALES

Bien que l'oxygène ait toujours existé avant même que l'humanité ne soit sur Terre, la découverte de la nature de l'oxygène et de ses éléments constitutifs a été une grande avancée dans l'histoire de la chimie. Joseph Priestley est le scientifique à qui la découverte de l'oxygène en 1774 est attribuée, mais Antoine Lavoisier est considéré comme celui qui a découvert l'élément dont l'oxygène est composé.

Cependant, il existe une controverse sur qui était réellement la première personne à découvrir cet élément important. En 1772, un chimiste suédois du nom de Carl Wilhelm Scheele a fait la même découverte que Priestley. Malheureusement, il n'a publié ses découvertes qu'en 1777, soit cinq ans après sa découverte. Mais comment se sont déroulées leurs approches ? Priestley a réalisé plusieurs expériences pour mieux comprendre la nature de l'oxygène. Il a expérimenté son rôle dans la respiration et la combustion. Alors que Priestley expérimentait avec l'oxygène et en apprenait beaucoup à son sujet, c'est Lavoisier qui a réellement donné son nom à l'élément. Il a également décrit en détail son rôle dans la combustion. De plus, il a collaboré avec d'autres chimistes pour développer la nomenclature chimique de l'oxygène.

La découverte des électrons

Les électrons sont des particules chargées négativement, mais cela était inconnu pendant de nombreuses années. Les scientifiques connaissaient l'électricité et travaillaient avec elle depuis de nombreuses années avant de comprendre que le courant était en réalité composé d'électrons. De nombreux scientifiques travaillaient avec des tubes cathodiques qui produisaient des courants électriques, mais ils n'étaient pas certains de comment cela fonctionnait réellement. Certains pensaient que les rayons cathodiques étaient en réalité des flux de particules. D'autres pensaient que les rayons se déplaçaient à travers un mystérieux "éther". Il a fallu attendre 1897, lorsque J. Thomson décida de découvrir ce qui se passait exactement avec les courants électriques. Thomson, qui enseignait la physique à l'Université de Cambridge au Royaume-Uni, plaça des tubes cathodiques dans des champs magnétiques et électriques. Il savait que les champs pouvaient déplacer les particules d'un côté à l'autre, mais ils n'avaient pas d'influence sur la manière dont les ondes se déplaçaient réellement.

Au cours de ses expériences, il constata que les rayons cathodiques se courbaient vers un côté. Il en conclut alors que les rayons cathodiques devaient être composés de petites particules qu'il appela "corpuscules" (en référence à Newton). Au début, il pensait que ces petites particules étaient trop insignifiantes pour susciter de l'intérêt. Cependant, il découvrit que les courants électriques étaient composés d'électrons en mouvement. Étant donné que la plupart des produits utilisés de nos jours sont alimentés par l'électricité, l'électron est devenu l'une des découvertes les plus importantes en chimie et en physique.

Théorie atomique

En 1808, John Dalton découvrit une manière de relier les atomes invisibles à des objets ayant des propriétés mesurables, telles que la masse d'un minéral ou le volume d'un gaz spécifique. Dans sa théorie, il expliqua que les éléments étaient composés de minuscules particules microscopiques appelées atomes. Sa théorie affirmait également qu'un élément pur était constitué uniquement d'atomes identiques ayant la même masse.

Cependant, Dalton ne fut pas le premier à croire que toute la matière était composée de minuscules particules appelées atomes. Cette idée émergea au 5e siècle en Grèce, lorsque Leucippe de Milet, un philosophe grec de l'époque, et son élève Démocrite croyaient que les atomes étaient trop petits pour être vus.

Leur théorie allait plus loin en affirmant que les atomes étaient solides et n'avaient pas de structure interne. Ils croyaient également que le goût, la couleur et d'autres propriétés découlaient des atomes.

Aristote n'était pas d'accord avec la théorie selon laquelle toute la matière était constituée de petites particules. Étant une personnalité influente de son temps, et même au-delà, la philosophie de la théorie atomique fut largement rejetée pendant plusieurs siècles. Dalton donna de la crédibilité à l'idée de la théorie atomique lorsqu'il publia "A New System of Chemical Philosophy". Sa théorie reposait sur quatre idées. La première stipulait que les atomes constituaient les éléments chimiques. La deuxième affirmait que les atomes dans un élément avaient exactement le même poids. Troisièmement, les atomes dans différents éléments avaient des poids différents. Enfin, les atomes ne se combinaient que dans de petits rapports entiers pour former des composés. Les Grecs avaient déjà développé nombre de ces idées, et Dalton les développa davantage. Sa contribution majeure à la théorie était une méthode pour déterminer le poids atomique d'un élément. En 1805, il publia un ouvrage scientifique contenant les poids atomiques de plus de 20 éléments. On attribue également à Dalton la création des symboles standard pour identifier les éléments.

Vaccin contre la variole

Le vaccin contre la variole était peut-être l'une des découvertes chimiques les plus importantes de l'histoire de l'humanité. La variole était une maladie qui sévissait en Europe et en Occident au cours des 17e et 18e siècles. À intervalles réguliers, des épidémies décimaient une grande partie de la population. Dans certains cas, elle tuait jusqu'à 35 % des personnes infectées. La plupart de ceux qui survivaient à la variole portaient des cicatrices et avaient des problèmes de santé pour le reste de leur vie. Elle touchait tout le monde, qu'ils soient pauvres ou riches.

Cependant, les pays orientaux avaient réussi à gérer efficacement la variole et avaient réussi à éviter la maladie pendant plusieurs siècles. Des endroits comme la Chine, le Moyen-Orient et même l'Afrique avaient développé une méthode pour prévenir la variole, qui fut bientôt introduite en Occident. Lady Mary Wortley Montagu est à l'origine de la sensibilisation du reste du monde à la méthode de lutte contre la variole. Elle était membre de la noblesse britannique et vivait en Turquie lorsque son mari, un ambassadeur britannique, y était en poste. Elle a contracté la variole en 1715, mais a survécu. Cependant, la maladie avait laissé des séquelles sur son apparence physique, rendant son visage déformé et extrêmement cicatrisé. Elle ne voulait pas que son enfant subisse la même chose et s'est donc montrée très intéressée lorsqu'elle a appris que les Turcs avaient une méthode pour prévenir cette maladie.

L'idée utilisée dans d'autres parties du monde pour prévenir la variole était la vaccination. On administrait de très petites particules de la maladie à une personne, soit en les inhalant par le nez, soit en les introduisant à travers une ouverture cutanée. La personne subissait ensuite une forme légère de la maladie, mais son corps développait une immunité contre celle-ci, la rendant ainsi immunisée à vie.

Lady Mary a plaidé en faveur de la vaccination lorsqu'elle est revenue en Angleterre en 1721. Elle a fait vacciner ses deux enfants contre la variole et ils ont survécu sans séquelles permanentes. De nombreuses personnes ont fait vacciner leurs enfants, même la famille royale, mais à condition que six prisonniers soient d'abord vaccinés. Tous les prisonniers ont survécu à la vaccination et ont reçu une grâce pour le reste de leur peine. Bien que Lady Mary ait introduit l'idée en Occident, c'est Edward Jenner à qui l'on attribue la découverte et le développement du vaccin moderne contre la variole. En utilisant des informations issues d'études sur le virus de la vaccine, similaire à la variole, il a pu créer un vaccin plus sûr pour les humains. En effet, le mot anglais "vaccination" dérive du mot latin "vaca", qui signifie vache. Il a mené de nombreuses expériences avec son vaccin contre la vaccine et a présenté ses données à la Royal Society en 1796. Jenner a réussi à réduire le taux de mortalité due à la variole d'un taux élevé à presque zéro.

Dans les années 1970, on a annoncé que le vaccin contre la variole avait été essentiellement éradiqué. Il existe toujours deux échantillons du virus original - l'un au Centre d'État de recherche en virologie et biotechnologie de Koltsovo, en Russie, et l'autre au CDC à Atlanta, en Géorgie. Ils sont principalement conservés à des fins de recherche, mais aussi au cas où il y aurait une nouvelle épidémie et que ces échantillons seraient nécessaires pour fabriquer un nouveau vaccin.

Radioactivité

Dans les années 1890 et au début des années 1900, Marie et Pierre Curie travaillèrent avec le minerai d'uranium, extrayant l'uranium de celui-ci et menant des expériences et des études dessus. En conséquence, ils découvrirent des matériaux radioactifs et purent les isoler. Marie découvrit que les résidus de l'uranium étaient en réalité plus actifs que l'uranium pur. Les Curie s'appuyèrent sur des découvertes antérieures réalisées par Antoine Henri Becquerel en 1896. Il était un scientifique français qui effectua des expériences exposant des cristaux contenant de l'uranium à la lumière solaire. Après avoir exposé l'uranium au soleil, puis placé celui-ci sur une plaque photographique, une image apparut sur la plaque. Il mit l'uranium dans un tiroir pendant quelques jours car le temps était nuageux et les expériences avec la lumière du soleil n'étaient pas possibles. Quelques jours plus tard, lorsqu'il revint à l'uranium, il constata qu'il avait laissé une image, même s'il n'y avait pas de lumière. C'était de la radioactivité, mais ce furent les Curie qui forgèrent le terme après leurs expériences avec les émissions spontanées.

En 1903, les Curie et Becquerel partagèrent le prix Nobel de physique pour leur travail sur la découverte de la radioactivité. Marie Curie remporta un autre prix Nobel en 1911 pour la découverte du radium et du polonium, devenant ainsi la seule personne à remporter deux prix Nobel.

Pasteurisation

Le processus de pasteurisation a été qualifié de l'une des découvertes les plus importantes dans le domaine de la science et de la chimie, car il a sauvé de nombreuses vies en prévenant les maladies. Découverte par le scientifique français Louis Pasteur au 19e siècle, la pasteurisation était une méthode dans laquelle le lait était chauffé à une haute température puis refroidi rapidement avant d'être mis en bouteille. Cela aidait le lait à rester frais pendant une longue période.

Cependant, cette méthode a depuis été utilisée dans l'industrie alimentaire et des boissons pour de nombreuses autres applications, car elle aide à retarder le processus de détérioration causé par la croissance de micro-organismes dans les aliments et les boissons. En France, Pasteur a appliqué ses recherches et ses découvertes à l'industrie du vin et de la bière, les sauvant ainsi de l'effondrement imminent dû aux problèmes de production et de contamination.

En 1863, Napoléon III a chargé Pasteur d'étudier la contamination du vin. Il a découvert que la contamination était causée par des micro-organismes et a commencé à chauffer le vin à des températures entre 120 et 140 degrés Fahrenheit, ce qui tuait les micro-organismes. Cela a été appelé la pasteurisation.

Teflon

En 1938, Roy Plunkett a accidentellement inventé le Téflon, la substance antiadhésive qui est largement utilisée de nos jours dans la plupart des ustensiles de cuisine, pendant qu'il travaillait chez Kinetic Chemicals. À l'époque, il travaillait sur le développement d'un nouveau réfrigérant à base de FCKW. Lors de ses expériences avec un récipient sous pression, il a découvert que le fer à l'intérieur du récipient agissait comme un catalyseur.

Près de 20 ans plus tard, un ingénieur français nommé Marc Grégoire a utilisé les découvertes de Plunkett et a pour la première fois enduit une poêle avec la résine de Téflon. La marque a été appelée Tefal. Le Téflon est l'un des matériaux les plus glissants connus aujourd'hui et il est inerte face à presque tous les produits chimiques. Il a été commercialisé pour la première fois en 1945 sous la marque Dupont. Son poids moléculaire peut dépasser 30 000 000, ce qui en fait l'une des plus grandes molécules connues. C'est une substance incolore et inodore qui a révolutionné l'industrie culinaire en rendant les poêles et les casseroles antiadhésives accessibles au consommateur moyen. Cependant, il a également un champ d'application beaucoup plus large à des fins industrielles et domestiques.

CONNAISSANCES GÉNÉRALES

Penicilline

La découverte de la pénicilline est attribuée à Alexander Fleming, un scientifique écossais et lauréat du prix Nobel en 1928. Fleming a découvert que la culture de Penicillium rubens produisait une substance qui pouvait être utilisée comme antibiotique. Il a nommé cette découverte la pénicilline. Cependant, la découverte de Fleming aurait presque été mise au rebut. En effet, elle a failli être jetée à la poubelle. Il examinait une boîte de Pétri qui avait déjà été jetée, quand il a remarqué que le champignon dans la boîte contenait en réalité un puissant antibiotique.

Au moment de la découverte, Fleming travaillait à l'hôpital St. Mary. Il venait de revenir de vacances en famille quand il a vérifié les boîtes de Pétri qu'il avait mises de côté pour un autre scientifique pendant son absence. Fleming triait les boîtes de Pétri et plaçait les contaminées dans un plateau rempli de Lysol. Quand son ancien assistant de laboratoire, Merlin Pryce, est venu lui parler, Fleming a commencé à parler de tout le travail supplémentaire qu'il avait fait récemment. Il a commencé à passer en revue son empilement de boîtes de Pétri, dont certaines n'étaient pas plongées dans le Lysol. Quand il a soulevé l'une des boîtes pour la montrer à Pryce, il a remarqué qu'il y avait un champignon dans la boîte qui avait tué les bactéries Staphylocoques qui y poussaient. À ce moment-là, il a réalisé qu'il était peut-être sur quelque chose. Fleming a passé les semaines suivantes à mener des expériences et à essayer de découvrir la substance dans le champignon qui avait tué les bactéries. Il a discuté de ses découvertes avec un expert en champignons, C.J. La Touche, qui travaillait dans le même bâtiment. Ils ont conclu que le champignon devait être un Penicillium. Ils ont également spéculé que le champignon avait peut-être été emporté du laboratoire de La Touche, qui se trouvait juste en dessous du laboratoire de Fleming. Lors de ses expériences ultérieures, Fleming a constaté que le nouveau champignon qu'il avait découvert n'était pas toxique. Il a publié ses résultats en 1929, mais il n'y a pas eu une grande acceptation de ce qu'il avait trouvé. Bien qu'il ait découvert cet antibiotique, il a fallu près d'une décennie avant que quelqu'un puisse transformer cette découverte en médicament tel qu'il est aujourd'hui. Avec la découverte de la pénicilline par Fleming, un vif intérêt pour le domaine et la recherche sur les antibiotiques a émergé dans l'ère moderne.

Et bien que Fleming reçoive la reconnaissance pour la découverte de cette propriété antibiotique, ce n'est que plus d'une décennie plus tard qu'Howard Walter Florey, un lauréat du prix Nobel australien, avec Ernst Chain et Norman Heatley, a développé la pénicilline en tant que médicament pendant qu'ils travaillaient à l'université d'Oxford pendant la Seconde Guerre mondiale. Ils ont isolé la substance ayant des propriétés bactéricides et l'ont transformée en une poudre brune. Après avoir constaté qu'elle était sûre à utiliser, ils l'ont produite en masse pour la rendre disponible aux soldats pendant la guerre. Cela a sauvé des centaines, voire des milliers de vies de soldats qui seraient sinon morts d'infections. Elle a été et est toujours utilisée pour traiter des problèmes tels que la pneumonie, la syphilis, la gangrène et bien d'autres encore.

Résumé de la chimie

Comme tu peux le constater, il n'est pas possible de simplement classer les domaines tels que "Chimie", "Physique", "Médecine", etc. Chaque science est d'une manière ou d'une autre liée aux autres sciences. Chaque discipline scientifique apporte des aspects divers qui contribuent à créer une image globale fascinante de connaissances scientifiques.

CONNAISSANCES GÉNÉRALES

4.4 MÉDECINE

Qu'est-ce que la médecine ?

La médecine est le domaine de la santé et de la guérison. Elle englobe les infirmières, les médecins et divers spécialistes. Elle comprend le diagnostic, le traitement et la prévention des maladies, la recherche médicale et de nombreux autres aspects de la santé. L'objectif de la médecine est de promouvoir et de préserver la santé et le bien-être. Les formes de médecine alternatives et complémentaires incluent l'acupuncture, l'homéopathie, la médecine à base de plantes, l'art-thérapie, la médecine traditionnelle chinoise, et bien d'autres encore.

Les causes de décès les plus fréquentes (maladies)

Lorsque les gens pensent aux maladies les plus mortelles du monde, ils ont probablement en tête les maladies à action rapide et incurable qui font périodiquement les gros titres. Cependant, en réalité, bon nombre de ces maladies ne figurent pas parmi les 10 principales causes de décès à l'échelle mondiale. En 2015, environ 56,4 millions de personnes sont décédées dans le monde, dont 68 % étaient dues à des maladies à progression lente. Ce qui est peut-être encore plus surprenant, c'est que plusieurs des maladies les plus mortelles sont partiellement évitables. Les facteurs non évitables incluent le lieu de résidence, l'accès aux mesures préventives et la qualité des soins de santé. Tous ces facteurs jouent un rôle dans le risque. Cependant, il existe toujours des mesures que chacun peut prendre pour réduire son risque.

1. Maladie cardiaque ischémique, ou maladie coronarienne

La maladie la plus mortelle au monde est la maladie coronarienne, également appelée maladie cardiaque ischémique. Elle se produit lorsque les vaisseaux sanguins qui alimentent le cœur en sang se rétrécissent. Si elle n'est pas traitée, la maladie coronarienne peut entraîner des douleurs thoraciques, une insuffisance cardiaque et des troubles du rythme cardiaque.

<u>Les effets de la maladie coronarienne ischémique (KHK) à travers le monde :</u> Bien que la maladie coronarienne reste la cause de décès la plus fréquente, le taux de mortalité a diminué dans de nombreux pays européens et aux États-Unis. Cela peut être attribué à une meilleure éducation à la santé publique, à l'accès aux soins de santé et à des formes de prévention. Cependant, dans de nombreux pays en développement, le taux de mortalité dû à la maladie coronarienne augmente. L'augmentation de l'espérance de vie, les changements socio-économiques et les facteurs de risque liés au mode de vie contribuent à cette augmentation.

Facteurs de risque et prévention

Les facteurs de risque de la maladie coronarienne comprennent :

- Hypertension artérielle

- Taux élevé de cholestérol

- Tabagisme

- Antécédents familiaux de maladie coronarienne

- Diabète
- Surpoids

2. Accident vasculaire cérébral

Un accident vasculaire cérébral (AVC) se produit lorsque une artère dans votre cerveau est bloquée ou commence à fuir. Cela provoque la mort des cellules cérébrales en manque d'oxygène en quelques minutes. Pendant un AVC, vous pouvez ressentir un engourdissement soudain et de la confusion, ou avoir des difficultés à marcher et à voir. Si un AVC n'est pas traité, il peut entraîner un handicap à long terme. En effet, les AVC sont la principale cause de handicaps à long terme. Les personnes traitées dans les 3 heures suivant un AVC ont moins de chances de devenir handicapées. 93 % des personnes savaient que l'engourdissement soudain d'un côté est un symptôme d'AVC. Cependant, seulement 38 % connaissaient tous les symptômes qui les inciteraient à appeler les urgences.

Les facteurs de risque d'un AVC comprennent :

- Hypertension artérielle

- Antécédents familiaux d'AVC

- Tabagisme

- Être de sexe féminin

Certains facteurs de risque d'AVC peuvent être réduits par des mesures préventives, des médicaments et des changements de mode de vie. En général, de bonnes habitudes de santé peuvent réduire votre risque.

3.. Infections des voies respiratoires inférieures

Une infection des voies respiratoires inférieures est une infection dans vos voies respiratoires et vos poumons. Elle peut être causée par :

CONNAISSANCES GÉNÉRALES

- La grippe (influenza)
- La pneumonie
- La bronchite
- La tuberculose

Les infections des voies respiratoires inférieures sont généralement provoquées par des virus, mais elles peuvent aussi être causées par des bactéries. La toux est le principal symptôme d'une infection des voies respiratoires inférieures. Vous pouvez également ressentir de l'essoufflement, des sifflements et une sensation de serrement dans la poitrine. Les infections des voies respiratoires inférieures non traitées peuvent entraîner une insuffisance respiratoire et le décès.

4. Maladie pulmonaire obstructive chronique (MPOC)

La broncho-pneumopathie chronique obstructive (BPCO) est une maladie pulmonaire à long terme et progressive qui rend la respiration difficile. La bronchite chronique et l'emphysème sont des types de BPCO. En 2004, environ 64 millions de personnes dans le monde vivaient avec la BPCO.

Les facteurs de risque de la BPCO comprennent :

- Le tabagisme ou l'exposition au tabagisme passif
- Les irritants pulmonaires tels que les vapeurs chimiques
- Les antécédents familiaux, avec une association de la BPCO au gène AATD
- Les infections des voies respiratoires dans l'enfance

Il n'y a pas de remède pour la BPCO, mais sa progression peut être ralenti avec des médicaments. La meilleure façon de prévenir la BPCO est d'arrêter de fumer et d'éviter le tabagisme passif ainsi que d'autres irritants pulmonaires. Si vous remarquez des symptômes de la BPCO, il est important de consulter un professionnel de la santé dès que possible pour améliorer vos perspectives.

5.. Carcinomes de la trachée, des bronches et des poumons

Les cancers des voies respiratoires comprennent les cancers de la trachée, du larynx, des bronches et des poumons. Les principales causes sont le tabagisme, l'exposition au tabagisme passif et aux produits chimiques environnementaux. Les pollutions domestiques telles que les combustibles et les moisissures contribuent également à ces cancers. Une étude de 2015 a rapporté que les cancers des voies respiratoires sont responsables d'environ 4 millions de décès chaque année. Dans les pays en développement, les chercheurs prévoient une augmentation de 81 à 100 % des cas de cancers des voies respiratoires en raison de la pollution environnementale et du tabagisme. De nombreux pays asiatiques, en particulier l'Inde, continuent d'utiliser du charbon pour la cuisson. Les émissions de combustibles solides sont responsables de 17 % des décès par cancer du poumon chez les hommes et de 22 % chez les femmes.

Le cancer de la trachée, des bronches et des poumons peut toucher tout le monde, mais les personnes qui ont fumé ou consommé du tabac par le passé sont les plus susceptibles d'être touchées. D'autres facteurs de risque pour ces types de cancer comprennent les antécédents familiaux et l'exposition à des facteurs environnementaux tels que les émanations de diesel. Mis à part éviter les émanations et les produits du tabac, on ne sait pas si l'on peut faire autre chose pour prévenir le cancer du poumon. Cependant, une détection précoce peut améliorer vos perspectives et réduire les symptômes du cancer du poumon.

Alors que les décès dus à certaines maladies ont augmenté, ceux dus à des maladies graves ont également diminué. Certains facteurs, tels que l'augmentation de l'espérance de vie, augmentent naturellement la fréquence de maladies telles que la KHK, l'accident vasculaire cérébral et les maladies cardiaques. Cependant, bon nombre des maladies figurant sur cette liste sont évitables et traitables.

À mesure que la médecine progresse et que la sensibilisation à la prévention augmente, nous pourrions voir une réduction des taux de mortalité causés par ces maladies. Une approche saine avec une alimentation équilibrée et de l'exercice peut réduire votre risque de contracter l'une de ces maladies. Éviter de fumer et consommer de l'alcool avec modération peut également aider. En cas d'infections bactériennes ou virales, se laver correctement les mains peut aider à prévenir ou réduire le risque.

Vaccins

Il est difficile de dire quand les vaccins sont devenus une pratique acceptée, surtout parce que le chemin vers leur découverte a été long et compliqué. À partir de la tentative d'Edward Jenner en 1796 de dompter le redoutable virus de la variole par le biais de la vaccination, les avantages et la popularité des vaccins ont rapidement augmenté. Au cours des années 1800 et au début des années 1900, différents vaccins ont été développés pour lutter contre certaines des maladies les plus mortelles au monde, dont la variole, la rage, la tuberculose et le choléra. En l'espace de 200 ans, l'une des maladies les plus mortelles que l'humanité connaissait - la variole - a été éradiquée de la surface de la Terre. Aujourd'hui, les vaccins continuent de sauver des millions de vies chaque année - y compris les vaccins qui protègent contre les souches mortelles de la grippe et qui peuvent aider à prévenir certains types de cancer.

CONNAISSANCES GÉNÉRALES

Anesthésie

Avant la première utilisation de l'anesthésie générale au milieu du 19e siècle, une opération n'était réalisée qu'en dernier recours, de nombreux patients préférant la mort à la torture douloureuse. Bien qu'il y ait eu d'innombrables expérimentations antérieures avec l'anesthésie dès 4000 av. J.-C., William T. G. Morton écrivit l'histoire en 1846 en utilisant avec succès l'éther comme agent anesthésique lors d'une opération. Peu de temps après, une substance à action plus rapide appelée chloroforme devint largement répandue, mais fut considérée comme risquée après plusieurs décès signalés. Au cours des 150 années qui ont suivi, des agents anesthésiques plus sûrs ont été développés, permettant des millions d'opérations sans douleur et vitales.

Théorie des germes

Avant l'émergence de la "théorie des germes", la théorie largement répandue était que les maladies étaient causées par "la génération spontanée". En d'autres termes, les médecins de l'époque pensaient que les maladies pouvaient apparaître de nulle part, au lieu d'être transmises par l'air ou par contact cutané.

En 1861, le microbiologiste français Louis Pasteur prouva par une simple expérience que les maladies infectieuses étaient le résultat de l'invasion de certains organismes microscopiques, également connus sous le nom d'agents pathogènes, dans des hôtes vivants. Cette nouvelle compréhension marqua un tournant majeur dans le traitement, le contrôle et la prévention des maladies, aidant à prévenir les épidémies dévastatrices qui causaient chaque année des milliers de décès, telles que la peste, le choléra et le typhus.

Rayons X

Les premiers dispositifs d'imagerie médicale étaient les rayons X. Les rayons X, une forme de rayonnement électromagnétique, ont été "accidentellement" découverts en 1895 par le physicien allemand Wilhelm Conrad Röntgen lorsqu'il expérimentait avec des courants électriques à travers des tubes à rayons cathodiques en verre. Cette découverte a changé la médecine du jour au lendemain et l'année suivante, l'hôpital de Glasgow a ouvert le premier service de radiologie au monde. Bien que l'échographie ait été découverte de nombreuses années auparavant, elle n'a été utilisée à des fins de diagnostic médical qu'à partir de 1955. Cet appareil d'imagerie médicale utilise des ondes sonores haute fréquence pour produire une image numérique, et il a été révolutionnaire pour la détection de maladies prénatales et d'autres anomalies dans le bassin et la cavité abdominale. En 1967, le tomographe informatisé (CT) a été développé, utilisant des détecteurs de rayons X et des ordinateurs pour diagnostiquer de nombreuses maladies différentes, devenant un outil de diagnostic fondamental en médecine moderne. La prochaine avancée majeure en imagerie médicale a eu lieu en 1973, lorsque Paul Lauterbur a créé la première image par résonance magnétique (IRM). Les données de résonance magnétique nucléaire génèrent des images détaillées à l'intérieur du corps et sont un outil essentiel pour détecter des conditions potentiellement mortelles telles que les tumeurs, les kystes, les lésions cérébrales et de la moelle épinière, ainsi que certains problèmes cardiaques et hépatiques.

La transplantation d'organes

En décembre 1954, la première greffe réussie de rein a été réalisée par le Dr Joseph Murray et le Dr David Hume à Boston, aux États-Unis. Malgré de nombreuses tentatives antérieures dans l'histoire, c'était le premier cas où le receveur d'une transplantation d'organe a survécu à l'opération. Le tournant est survenu lorsque différents problèmes techniques ont été surmontés, tels que l'anastomose vasculaire (la connexion entre deux vaisseaux sanguins), le positionnement du rein et la réaction immunitaire. En 1963, la première transplantation pulmonaire a été réalisée, suivie d'une greffe pancréas-rein en 1966 et de greffes de foie et de cœur en 1967. Au cours des années suivantes, non seulement des milliers de vies ont été sauvées, mais les procédures de transplantation sont devenues de plus en plus innovantes et complexes, permettant aux médecins de réaliser la première transplantation de main en 1998 et la première transplantation de visage complet en 2010 avec succès !

Médicaments antiviraux

Des virus terribles tels que la variole, la grippe et l'hépatite ont ravagé de nombreuses populations humaines au cours de l'histoire. Contrairement au succès retentissant des antibiotiques dans les années 1930 et 1940, le développement de médicaments antiviraux n'a vraiment décollé qu'à partir des années 1960.

Cela était principalement dû à la structure d'un virus, un noyau de matériel génétique enveloppé dans une couche protectrice de protéines, qui se cache et se multiplie dans les cellules d'un être humain. Comme l'information virale est ainsi protégée, il était difficile de la traiter sans endommager la cellule hôte. Au fil des années, les médicaments antiviraux se sont considérablement améliorés en bloquant la multiplication rapide des virus, et certains peuvent même stimuler le système immunitaire pour attaquer le virus. Le développement d'antiviraux efficaces a été d'une grande importance pour le traitement et le contrôle de la propagation d'épidémies virales mortelles telles que le VIH/SIDA, Ebola et la rage.

Cellules souches

Le potentiel incroyable des cellules souches a été découvert à la fin des années 1970, lorsqu'elles ont été trouvées dans le sang de cordon ombilical humain. Deux caractéristiques spécifiques rendent les cellules souches remarquables : elles sont non spécialisées et peuvent se renouveler par division cellulaire, même après avoir été inactives, et dans certaines conditions, elles peuvent être utilisées pour produire n'importe quel type de cellule humaine.

Cette découverte présente un énorme potentiel, et la thérapie à base de cellules souches a déjà été utilisée pour traiter la leucémie et d'autres maladies du sang, ainsi que pour les greffes de moelle osseuse. Actuellement, des recherches sont en cours pour utiliser les cellules souches dans le traitement des lésions de la moelle épinière et de diverses maladies neurologiques telles que la maladie d'Alzheimer, Parkinson et les accidents vasculaires cérébraux. En raison des problèmes éthiques liés à l'utilisation de cellules souches embryonnaires, les chercheurs sont susceptibles de rencontrer de nombreux obstacles dans le développement d'une thérapie à base de cellules souches.

Immunothérapie

L'immunothérapie, un traitement qui stimule le système immunitaire pour lutter contre une maladie, est en développement depuis plus d'un siècle. L'histoire a commencé dans les années 1890 avec les travaux expérimentaux de William B. Coley, qui injectait des bactéries inactives dans les tumeurs cancéreuses et atteignait une rémission chez certains patients. Cependant, ce n'est que ces dernières 40 années que des progrès significatifs ont été réalisés dans le domaine de l'immunothérapie, notamment en ce qui concerne le traitement du cancer. Dans les années 1970, des thérapies par anticorps ont été développées et en 1991, les chercheurs ont produit le premier vaccin contre le cancer, approuvé par la FDA en 2010. Au cours de la dernière décennie, l'immuno-oncologie est devenue l'une des thérapies anticancéreuses les plus révolutionnaires.

NORBERT KIRCHHUBER

5. Religion

Il y a en tout 5 religions mondiales, qui seront brièvement abordées ci-dessous.

5.1 CHRISTIANISME

Avec environ 2 milliards de fidèles, le christianisme est la religion la plus répandue dans le monde. Le christianisme est basé sur la vie, la mort et les enseignements de Jésus de Nazareth. La religion a trois principales branches : le catholicisme romain, l'orthodoxie orientale et le protestantisme.

Au cœur du christianisme se trouve la croyance que Jésus est le Christ ou l'Élu envoyé par Dieu dans le monde pour sauver les gens. Les chrétiens affirment que Jésus a dû souffrir, mourir et ressusciter pour expier les péchés de l'humanité. Les chrétiens voient la nouvelle vie de Jésus après la mort comme une espérance qu'ils peuvent aussi obtenir la vie éternelle.

Les chrétiens croient également en la Trinité. La Trinité (qui signifie trois) est la conception que trois entités sont unies en un seul Dieu : Dieu le Père, Dieu le Fils (Jésus) et Dieu le Saint-Esprit. Le Saint-Esprit est considéré comme un guide envoyé pour guider et enseigner les gens. L'Écriture sainte du christianisme est la Bible, composée de deux parties : l'Ancien Testament (ou Bible hébraïque) et le Nouveau Testament, qui raconte l'histoire de Jésus.

Le cœur de la vie chrétienne est l'amour envers Dieu par-dessus tout. Le christianisme enseigne également que les individus devraient s'aimer les uns les autres et être pardonnants, humbles et bienveillants. De nombreux chrétiens assistent régulièrement aux offices religieux, le dimanche étant le jour le plus courant. Les services religieux comprennent généralement des chants, des lectures bibliques et un sermon d'un prêtre ou d'un pasteur. Dans de nombreuses églises, les services religieux incluent une cérémonie appelée la communion, où les membres mangent du pain et boivent du vin en souvenir du dernier repas de Jésus avec ses disciples.

CONNAISSANCES GÉNÉRALES

Trois des jours les plus importants de l'année pour les chrétiens sont Noël, l'Épiphanie (la visite des rois mages) et Pâques. À Noël, la naissance de Jésus Christ est célébrée. De nombreuses traditions sont associées à cette fête, comme la décoration de l'arbre de Noël et l'échange de cadeaux. L'Épiphanie célèbre l'une des trois occasions : l'arrivée des rois mages pour voir Jésus enfant, le baptême de Jésus ou le premier miracle de Jésus. Pâques est le jour le plus saint de l'année pour les chrétiens. Il commémore leur foi en la résurrection de Jésus Christ.

Le christianisme est né du judaïsme au Moyen-Orient. Vers l'an 29 apr. J.-C., un Juif du nom de Jésus a commencé à prêcher en Galilée. Il a attiré de nombreux disciples en raison de ses guérisons et de ses enseignements religieux. Cependant, les autorités craignaient qu'il ne provoque une révolte et l'ont fait tuer. La Bible rapporte que trois jours après sa crucifixion, Jésus est ressuscité des morts, a passé 40 jours sur Terre, puis a été élevé au ciel.

Pendant de nombreuses années, les disciples de Jésus pratiquaient la religion comme les Juifs, sauf qu'ils croyaient que Jésus était un sauveur envoyé par Dieu. Au Ier siècle de notre ère, un missionnaire du nom de Paul a contribué à séparer le christianisme et le judaïsme en deux religions distinctes.

Pour diffuser les enseignements de Jésus, certains premiers chrétiens ont écrit à son sujet. Les écrits de quatre hommes - Matthieu, Marc, Luc et Jean - ont été sélectionnés comme récit standard de la vie et des enseignements de Jésus. Ces quatre récits font maintenant partie du Nouveau Testament. Aux premiers jours de l'Église, l'Empire romain contrôlait la majeure partie de la Méditerranée. La vie était difficile et dangereuse pour les chrétiens vivant à l'intérieur de l'Empire. Ils étaient persécutés en raison de leur foi. Cependant, en 312 apr. J.-C., l'empereur romain s'est converti au christianisme. À la fin du IVe siècle, le christianisme est devenu la religion officielle de l'Empire. Ce pouvoir a contribué à assurer la place du christianisme dans le monde. Le christianisme a continué de gagner en force pendant le Moyen Âge, une période allant d'environ 500 à 1500. Ses dirigeants sont devenus puissants et riches, et l'Église est devenue l'institution culturelle la plus importante en Europe. Cependant, à mesure que le christianisme s'étendait, il n'a pas pu maintenir son unité. En 1054, l'Église d'Orient à Constantinople s'est séparée de l'Église d'Occident à Rome en raison de différences de croyances et de pratiques. Cette division a donné naissance aux Églises orthodoxes orientales et à l'Église catholique romaine. Une autre évolution majeure a été celle des croisades. Au XIe siècle, un empire turc musulman a conquis l'Asie du Sud-Ouest, y compris de nombreux endroits associés à Jésus. Au cours des deux siècles suivants, des armées chrétiennes européennes ont combattu les forces musulmanes au Moyen-Orient, en partie dans le but de reprendre la Terre sainte.

Au XVIe siècle, un prêtre allemand nommé Martin Luther a commencé à remettre en question certaines pratiques et enseignements de l'Église catholique romaine. Les critiques de Luther ont contribué à déclencher la révolution religieuse connue sous le nom de Réforme. En conséquence, différents réformateurs ont finalement fondé les premières Églises protestantes. Alors que le christianisme prospérait en Europe, les chrétiens étaient convaincus que leur religion devait être enseignée aux peuples d'autres pays. Du XVIe au XXIe siècle, des missionnaires chrétiens ont propagé leur foi en Afrique, en Asie, en Amérique du Nord et du Sud. Ces efforts ont contribué à faire du christianisme la religion la plus répandue dans le monde.

5.2 ISLAM

L'islam est l'une des plus grandes religions du monde. Son fondateur était Mahomet. La religion compte environ 1,6 milliard de fidèles à travers le monde. La plupart des adeptes de l'islam, appelés musulmans, vivent en Afrique du Nord, au Moyen-Orient et en Asie du Sud et centrale. Au cœur de l'islam se trouve cette idée : "Il n'y a de dieu qu'Allah, et Mahomet est le prophète d'Allah." Les musulmans croient qu'Allah a créé l'univers et que les humains doivent se soumettre à sa volonté. Le contenu du Coran, le livre saint de l'islam, est considéré par les musulmans comme la parole d'Allah transmise à Mahomet.

Cinq obligations, appelées les cinq piliers de l'islam, sont attendues de chaque musulman. La première est la plus importante : reconnaître qu'il y a un Dieu et que Mahomet est son prophète. La deuxième obligation est la prière. Les musulmans prient cinq fois par jour. Le vendredi, les communautés se rassemblent dans un lieu de culte appelé mosquée pour des prières spéciales. La troisième obligation est la charité. La quatrième obligation est le jeûne, c'est-à-dire s'abstenir de manger du lever au coucher du soleil pendant le mois saint de Ramadan. La cinquième obligation est de faire au moins une fois le pèlerinage à la ville sainte de La Mecque en Arabie saoudite. Il existe deux grandes branches de l'islam. La plupart des musulmans appartiennent à la branche sunnite. Ils sont appelés sunnites. Les sunnites sont considérés comme des musulmans traditionnels. Ils suivent les enseignements de Mahomet et mettent l'accent sur la communauté. Les membres de la branche chiite plus petite sont appelés chiites. Ils croient que les vérités du Coran sont révélées uniquement par un chef religieux, l'imam. Les interprétations par d'autres personnes ne sont pas acceptées. Pour cette raison, les chiites ne sont pas aussi ouverts à d'autres points de vue que les sunnites.

Les deux principales fêtes religieuses du calendrier musulman sont ʿId al-Fitr et ʿId al-Adha. ʿId al-Fitr marque la fin du Ramadan. Les familles partagent des repas spéciaux, échangent des cadeaux et les enfants portent de nouveaux vêtements. ʿId al-Adha marque la fin du pèlerinage à La Mecque. C'est un moment de prière, de rencontres avec des amis et la famille, et de dons. De nombreuses familles sacrifient un animal et partagent la viande avec la famille, les amis et les démunis. Selon les musulmans, un ange a révélé à Mahomet en l'an 610 qu'Allah l'avait choisi comme prophète. Tout au long de sa vie, Mahomet a reçu à plusieurs reprises des messages qu'il croyait provenir de Dieu. Cette croyance en un seul Dieu était inhabituelle pour les Arabes de l'époque. De nombreuses personnes dans la ville natale de Mahomet, La Mecque, ont rejeté la nouvelle religion à cause de cette croyance. Pour échapper à leur hostilité, Mahomet a encouragé ses partisans à déménager dans la ville voisine de Médine. Le voyage de

CONNAISSANCES GÉNÉRALES

Mahomet à Médine s'est terminé le 24 septembre 622, considéré comme le point de départ de l'histoire islamique.

Mahomet a finalement convaincu la majorité des gens en Arabie (y compris à La Mecque) de pratiquer l'islam. Cependant, après sa mort en 632, les musulmans étaient en désaccord sur qui devait les diriger. Le gendre de Mahomet, ʿAli, est devenu le dirigeant musulman, ou calife, en 656. Mais il a été assassiné en 661. Certains musulmans ont affirmé que la direction musulmane revenait exclusivement aux descendants de ʿAli. Ils ont formé la branche chiite de l'islam. Les musulmans qui ont contesté cette revendication sont devenus sunnites. Aux VIe et VIIe siècles, l'islam s'est répandu bien au-delà de l'Arabie, du bassin méditerranéen occidental jusqu'en Asie centrale. Des guerres saintes, appelées djihad, ont été menées pour obtenir le contrôle politique des sociétés afin de les gouverner selon les principes islamiques.

Au XIe siècle, les Turcs ont commencé à s'élever en tant que puissance islamique. Les S

eldjoukides ont conquis de vastes territoires au Moyen-Orient. En 1071, ils ont conquis Jérusalem. Les Seldjoukides ont refusé d'autoriser les chrétiens à visiter les lieux saints dans les terres qu'ils contrôlaient. Au cours des deux siècles suivants, les puissances musulmanes ont repoussé les tentatives des chrétiens de reconquérir la Terre sainte lors d'une série de guerres appelées les croisades. Au XIIIe siècle, un autre groupe de Turcs musulmans, les Ottomans, a fondé un empire. Les Ottomans ont finalement régné pendant des centaines d'années sur l'Afrique du Nord, le Moyen-Orient et le sud-est de l'Europe.

Aux XIXe et XXe siècles, les puissances occidentales ont fondé des colonies dans les pays musulmans à des fins commerciales. Les dirigeants musulmans ont perdu du pouvoir politique. Cependant, face à la colonisation, les musulmans se sont davantage rassemblés en tant que communauté. Au XXe siècle, ce sentiment d'unité a aidé de nombreux pays musulmans dans leur lutte pour l'indépendance politique. À la fin du XXe siècle, l'islam est devenu l'une des religions mondiales à la croissance la plus rapide. Certains musulmans se sont opposés à l'influence de l'Occident, qu'ils estiment entraîner une perte des valeurs traditionnelles de l'islam. En 1979, une révolution a porté au pouvoir des leaders religieux islamiques en Iran. Dans d'autres pays également, l'islam a exercé une forte influence sur les gouvernements.

5.3 HINDOUISME

L'hindouisme est la plus ancienne des principales religions du monde. Certaines de ses traditions remontent à plus de 3 000 ans. Au fil des siècles, ses adeptes - les hindous - ont cependant intégré de nouvelles idées tout en les combinant avec les anciennes. Plus de 900 millions de personnes pratiquent l'hindouisme dans le monde entier. La plupart d'entre elles vivent en Inde, où l'hindouisme a ses origines. L'hindouisme n'a ni fondateur ni organisation centrale. Personne n'a établi de liste de croyances que tous les hindous doivent suivre. Cependant, tous les hindous vénèrent les Vedas, une œuvre ancienne de la littérature sacrée. Les hindous croient en une force spirituelle appelée Brahman. Brahman est la source de toute existence et est présent en toute chose et en tout lieu. L'âme humaine, appelée Atman, fait partie du Brahman universel. Les hindous croient généralement que lorsque quelqu'un meurt, l'Atman renaît dans un autre corps. Une âme peut revenir plusieurs fois sous forme humaine, animale, voire végétale. Cette idée est connue sous le nom de réincarnation. Le cycle de la renaissance se poursuit jusqu'à ce que l'on accepte que l'Atman et le Brahman ne font qu'un. La plupart des hindous considèrent comme le but ultime de l'homme de se libérer de ce cycle. Les hindous sont censés agir selon le principe d'ahimsa, qui signifie "non-violence".

Cela signifie qu'ils ne veulent jamais blesser qui que ce soit ou quoi que ce soit. Les hindous considèrent de nombreux animaux comme sacrés, en particulier la vache. Les hindous pieux ne consomment que des aliments végétariens. Les hindous vénèrent de nombreux dieux. Le dieu Vishnu est considéré comme le protecteur et le préservateur de la vie. Le dieu Shiva représente à la fois les forces créatrices de la vie et celles qui la détruisent. La déesse suprême est généralement appelée Shakti. Comme Shiva, elle peut être bienveillante ou féroce, selon sa forme. La vénération de Vishnu, Shiva et Shakti constitue les trois principales branches de l'hindouisme moderne. Brahma (à ne pas confondre avec Brahman) est considéré comme le créateur de l'univers. Dans les temps anciens, il était largement vénéré, mais son nombre de fidèles est aujourd'hui réduit. Dans une forme de vénération appelée puja, les hindous prient pour qu'un dieu entre dans une maison ou un temple, puis le traitent comme un invité d'honneur. Ils vénèrent une image du dieu et lui offrent de la nourriture, de l'eau et d'autres choses. Le tantrisme est la recherche de la connaissance spirituelle et de la libération du cycle de la renaissance. Il implique le chant de sons et de mots sacrés, appelés mantras, et le dessin de symboles, appelés mandalas. Les pèlerinages, ou voyages vers des lieux saints, sont courants dans l'hindouisme depuis l'Antiquité. De nombreux lieux de pèlerinage se trouvent le long du Gange, en Inde du Nord, que les hindous considèrent comme le fleuve le plus sacré de tous.

Les fêtes hindoues ont lieu tout au long de l'année. Elles durent souvent plusieurs jours. Diwali est probablement la fête hindoue la plus célèbre. C'est une fête du Nouvel An qui dure cinq jours à la fin d'octobre ou au début de novembre. Diwali est célébrée par des échanges de cadeaux, des repas festifs, des visites d'amis, ainsi que par l'allumage de lampes et de feux d'artifice.

Une autre fête importante est Holi. C'est une fête du printemps au cours de laquelle les gens se lancent mutuellement de l'eau et de la poudre colorée, et où les rôles traditionnels sont inversés. Sharad Navratri est une fête hindoue qui a lieu à la fin de l'été, généralement sur neuf jours. La fête célèbre les déesses Durga, Lakshmi et Sarasvati. Elle se termine souvent par la fête de Dussehra le dixième jour. Dussehra marque la victoire de Rama (Vishnu) sur le roi démon aux dix têtes, Ravana. Les gens du sud de l'Inde célèbrent la fête de la récolte appelée Pongal en janvier.

CONNAISSANCES GÉNÉRALES

Vers 1500 av. J.-C., des personnes appelées Aryens sont arrivées en Inde depuis l'Iran actuel. Les Aryens ont écrit les plus anciens textes sacrés, les Vedas. Ils ont développé une religion qu'ils appelaient le Védisme, qui mettait l'accent sur les sacrifices d'animaux aux dieux. Le Védisme était à l'origine de l'hindouisme. Cependant, l'influence d'autres peuples et idées au fil des ans a transformé l'hindouisme en une religion très différente du Védisme. Au fil du temps, par exemple, les gens ont commencé à désapprouver le sacrifice d'animaux. De 100 av. J.-C. à 300 apr. J.-C., les anciens dieux du Védisme ont été progressivement remplacés par des dieux plus récents. Cependant, certaines pratiques du Védisme ont survécu dans l'hindouisme moderne.

Au Xe siècle, des musulmans ont envahi le nord de l'Inde et l'islam a influencé de nouvelles écoles de l'hindouisme. À la fin du XVe siècle, une nouvelle religion, le sikhisme, a combiné des éléments hindous et islamiques.

Au début du XIXe siècle, la Grande-Bretagne a commencé à faire de l'Inde une colonie. En réaction à la domination étrangère, l'hindouisme a connu un renouveau. Il a contribué à unifier les Indiens contre les Britanniques. Cependant, à cette époque, certains dirigeants hindous ont également commencé à critiquer certains aspects de l'hindouisme traditionnel. Le réformateur Ram Mohun Roy, par exemple, s'est opposé à l'ancienne forme d'organisation sociale, le système des castes. Selon ce système, les personnes étaient traitées différemment en fonction de leur classe sociale à la naissance. Les réformateurs ont incorporé certaines idées occidentales pour moderniser l'hindouisme. Le leader hindou le plus célèbre du XXe siècle a été Mahatma Gandhi. Il a introduit le concept d'ahimsa dans la politique et a contribué à obtenir l'indépendance de l'Inde vis-à-vis de la Grande-Bretagne en utilisant exclusivement des méthodes non violentes. Les divergences entre hindous et musulmans ont augmenté après que la colonie britannique de l'Inde a été divisée en 1947 en les pays indépendants de l'Inde et du Pakistan. Des millions d'hindous ont quitté leur domicile au Pakistan et des millions de musulmans ont quitté l'Inde pour le Pakistan. De nombreux hindous et musulmans ont été tués. Les violences entre hindous et musulmans ont perduré en Inde et ailleurs jusqu'au XXIe siècle.

5.4 BUDDHISME

La religion basée sur les enseignements du Bouddha est connue sous le nom de bouddhisme. Le Bouddha est né sous le nom de Siddhartha Gautama et a vécu quelque part entre le 6ème et le 4ème siècle avant Jésus-Christ. Il a atteint l'illumination, ce qui signifie qu'il a découvert un moyen de se libérer du cycle du désir et de la souffrance. Le Bouddha a enseigné à ses disciples comment ils pouvaient également atteindre cela. Le bouddhisme a commencé en Inde et s'est répandu en Asie centrale et du Sud-Est, en Chine, en Corée et au Japon. Aujourd'hui, certaines personnes dans le monde occidental suivent également le bouddhisme.

Au milieu des années 2010, le bouddhisme était la quatrième religion la plus importante au monde, avec environ 500 millions d'adeptes. Le bouddhisme est fondé sur les enseignements du Bouddha, connus sous le nom des Quatre Nobles Vérités. La première vérité est que la vie est faite de douleur et de souffrance. La deuxième est que toute souffrance est causée par nos propres désirs. La troisième est que l'on peut être libéré de ces désirs. Cette liberté du désir est appelée Nirvana. La quatrième vérité est le Noble Chemin Octuple, qui décrit huit étapes pour atteindre le Nirvana. Ce chemin octuple est également appelé le Chemin du Milieu. Il enseigne que les gens ne devraient pas se livrer à des excès de luxe et de plaisir, mais ne devraient pas non plus se priver rigoureusement de toutes les commodités du monde. Au lieu de cela, les gens devraient adopter une voie modérée et équilibrée dans leur comportement. Le bouddhisme se compose de trois éléments principaux appelés Triratna, ou "les trois joyaux". Ils sont : le Bouddha, ou le maître ; le Dharma, ou l'enseignement ; et la Sangha, ou la communauté des croyants. Les moines bouddhistes croient que les trois joyaux les protègent. Cela est exprimé dans la prière bouddhiste : "Je prends refuge dans le Bouddha. Je prends refuge dans le Dharma. Je prends refuge dans la Sangha."

De nombreuses années après la mort du Bouddha, deux grands groupes sont apparus parmi ses adeptes. Un groupe a suivi une branche appelée Theravada, qui signifie "Voie des Anciens". C'est la branche la plus ancienne et la plus conservatrice du bouddhisme. De nombreuses personnes au Sri Lanka, au Myanmar, en Thaïlande, au Laos et au Cambodge appartiennent à ce groupe. L'autre groupe est appelé Mahayana. Cette forme de bouddhisme est répandue en Mongolie, au Tibet, en Chine, au Japon, en Corée, au Vietnam et au Népal. Le bouddhisme Zen découle du bouddhisme Mahayana. Les bouddhistes Theravada se concentrent sur leur propre libération en améliorant leur propre vie. Les bouddhistes Mahayana croient qu'ils peuvent atteindre l'illumination en vivant une vie de bonnes actions envers les autres.

Les bouddhistes célèbrent de nombreux festivals, mais ceux-ci sont souvent célébrés différemment par les bouddhistes Theravada et Mahayana. Les trois événements les plus importants dans la vie du Bouddha - sa naissance, son illumination et sa mort - sont célébrés dans chaque pays bouddhiste, mais pas toujours le même jour. Dans les pays Theravada, les trois événements sont célébrés ensemble lors du Vesak (également appelé Wesak, Buddha Purnima, Buddha Jayanti ou Vaishaka Purnima). Dans les pays Mahayana, les trois anniversaires sont célébrés à des jours séparés. Les bouddhistes célèbrent également le Nouvel An et des festivals de récolte conformément aux coutumes et traditions locales. Dans de nombreux pays bouddhistes, les adeptes célèbrent le festival d'Ullambana pour se souvenir des ancêtres décédés et les aider à trouver la paix.

Le Bouddha a commencé à enseigner sa philosophie après avoir atteint l'illumination. Un jour, il s'est assis sous un arbre à Bodh Gaya (aujourd'hui dans l'État du Bihar en Inde) et a commencé à méditer. Au bout de 49 jours, il atteignit l'illumination et fut ainsi libéré de la souffrance. Il devint alors le Bouddha, ce qui signifie "l'Éveillé". Selon la tradition, le Bouddha vécut et enseigna pendant encore 45 ans après son illumination. Le Bouddha prêchait en Pali, la langue du peuple. Il croyait que ses enseignements étaient destinés à tous, pas seulement aux érudits. Cependant, il ne les écrivit pas. Les adeptes du Bouddha transmirent ses enseignements par voie orale à d'autres personnes. Ces enseignements furent consignés par écrit de nombreuses années après la mort du Bouddha. Le Bouddha fonda un ordre religieux appelé la Sangha. Bon nombre de ses membres étaient des moines errants, comme le Bouddha lui-même l'avait été. Après la mort du Bouddha, ces moines contribuèrent à répandre le bouddhisme dans le nord de l'Inde. Au 3ème siècle avant Jésus-Christ, le bouddhisme gagna un puissant soutien. Ashoka, souverain d'un empire s'étendant sur presque toute l'Asie du Sud, adopta la religion et la promut. Il fit construire de nombreux monuments bouddhistes et monastères. Plus tard, le bouddhisme déclina quelque peu en Inde, mais il se répandit depuis l'Inde vers le Sri Lanka, l'Asie du Sud-Est, à travers l'Asie centrale et le Tibet, et en Chine, en Corée et au Japon.

5.5 JUDAÏSME

La religion du peuple juif est le judaïsme. Le judaïsme compte plus de 14 millions de fidèles dans le monde, dont plus d'un tiers vit aux États-Unis. Beaucoup d'autres Juifs vivent en Israël, un pays situé à l'est de la Méditerranée. Comme le christianisme et l'islam, le judaïsme enseigne qu'il n'y a qu'un seul Dieu et que Dieu a créé le monde. Ce que Dieu attend des humains est exprimé dans les Dix Commandements et d'autres lois.

Les Juifs croient que Dieu les a choisis pour avoir une relation spéciale avec lui. Ils doivent se consacrer à Dieu et s'aimer les uns les autres, car Dieu les a choisis pour apporter au reste du monde une connaissance de lui. Ils croient que Dieu a promis en retour de faire des Juifs (Israël) une grande nation qui finira par rassembler d'autres nations dans une communauté mondiale de justice et de paix. Le livre saint du judaïsme est la Bible hébraïque. Les cinq premiers livres, connus sous le nom de Torah, sont particulièrement importants pour le judaïsme. Ces écrits expliquent et interprètent les lois de Dieu.

Le Talmud est une collection de lois traditionnelles juives, accompagnées d'histoires et de commentaires sur ces lois. Dans le judaïsme, la vie individuelle est étroitement liée à la communauté plus large. Le lieu de culte juif, appelé synagogue, sert également de lieu de rassemblement pour la communauté. Son dirigeant est appelé rabbin. Le cœur du service de la synagogue est la lecture publique de la Torah. Un moment important chaque semaine est le Sabbat. Les Juifs observent ce temps de sainteté et de repos du coucher du soleil le vendredi jusqu'à la tombée de la nuit le samedi.

Le judaïsme a trois principales branches. Les Juifs orthodoxes sont les plus traditionnels. Ils croient que le judaïsme doit être pratiqué aujourd'hui de la même manière qu'il l'était dans l'Antiquité. Au 19ème siècle, deux groupes se sont séparés. Ils croyaient que le judaïsme devait s'adapter aux nouvelles situations. Les Juifs réformés ont apporté le plus de changements. Ils ne participent pas à toutes les cérémonies observées par les Juifs orthodoxes. Les Juifs conservateurs maintiennent de nombreuses anciennes traditions, mais ont apporté des changements à leurs pratiques religieuses.

Les principales fêtes juives peuvent être divisées en deux catégories : les fêtes de pèlerinage et les fêtes solennelles. Les fêtes solennelles comprennent Yom Kippour et Roch Hachana. Roch Hachana est la fête juive du Nouvel An et est une fête joyeuse. Elle marque l'anniversaire de la création du monde. Roch Hachana commence une période de 10 jours appelée les Jours Saints ou les Jours de l'Adoration, qui se termine à Yom Kippour.

Yom Kippour est le jour le plus saint du judaïsme. Ce jour-là, les péchés des Juifs contre Dieu sont pardonnés, et ils demandent pardon aux personnes qu'ils ont offensées. Les fêtes de pèlerinage sont Pâque, Chavouot et Souccot. Pâque célèbre la libération des Juifs de l'esclavage en Égypte antique. Chavouot rappelle que Dieu a donné la Torah au peuple juif. Souccot est une fête d'automne qui commémore le temps où les Israélites étaient dans le désert. De nombreux Juifs construisent une soukkah (cabane ou abri) et y prennent leurs repas.

Deux autres fêtes, Pourim et Hanoucca, sont considérées comme moins importantes car elles ne sont pas mentionnées dans la Torah. Cependant, elles sont populaires car elles sont très festives. Pourim commémore une période où les Juifs en Perse (aujourd'hui en Iran) ont échappé à un complot visant à leur nuire. Hanoucca célèbre une victoire militaire des Juifs sur des dirigeants étrangers.

On estime que le judaïsme remonte à environ 2000 av. J.-C. Un homme du nom d'Abraham est considéré comme son fondateur. Selon la Torah, Dieu a ordonné à Abraham de quitter sa patrie en Mésopotamie (aujourd'hui en Irak) et d'emmener son peuple en Canaan (Palestine). Dieu a promis que si Abraham obéissait, lui et sa descendance deviendraient une grande nation dans ce nouveau pays. C'est la première alliance, ou contrat, que Dieu a conclu avec les Juifs.

Beaucoup plus tard, en raison de la famine, les Israélites se sont rendus en Égypte où ils ont été réduits en esclavage. Après plus de 400 ans, les Juifs ont été libérés de l'esclavage sous la direction de Moïse vers 1200 av. J.-C. Comme Dieu l'avait ordonné, Moïse a conduit les Israélites vers Canaan. Les Juifs croient que Dieu a donné les Dix Commandements à Moïse et a promis de prendre soin d'eux s'ils suivaient ces règles.

Au cours des siècles suivants, Israël est devenu une nation assez puissante au Moyen-Orient, en particulier sous ses trois premiers rois - Saül, David et Salomon. David a conquis Jérusalem et en a fait la capitale. Son fils Salomon a construit le premier grand temple à Jérusalem dans les années 900 av. J.-C. Au 8ème siècle av. J.-C., l'Empire assyrien a conquis le nord d'Israël. Au début du 6ème siècle av. J.-C., les Babyloniens ont conquis le sud d'Israël, détruit le temple et déporté une partie des Juifs en esclavage. Cet événement a marqué le début de la diaspora, qui signifie "dispersion". À partir de ce moment-là, le peuple juif n'était plus rassemblé en un seul endroit. Certains Juifs sont retournés plus tard dans leur pays d'origine et ont reconstruit le temple. Mais la région est restée sous le contrôle d'une puissance étrangère après l'autre, y compris l'Empire romain. Les révoltes juives contre l'Empire romain au 1er et 2ème siècle après J.-C. ont échoué. Pendant cette période, les Romains ont détruit le deuxième temple.

CONNAISSANCES GÉNÉRALES

À la fin du 19ème siècle, un mouvement appelé le sionisme a commencé en Europe. Il a été dirigé par des personnes qui voulaient créer une nation pour les Juifs dans la région de la Palestine. Le mouvement s'est renforcé au début du 20ème siècle, lorsque les Juifs qui échappaient aux conditions difficiles en Europe ont émigré en Palestine. Cette immigration juive a considérablement augmenté lorsque Adolf Hitler est arrivé au pouvoir au début des années 1930 en Allemagne. Hitler et son parti nazi considéraient que les Juifs étaient mauvais. D'abord, les nazis ont rendu la vie difficile aux Juifs, puis ils ont décidé de les tuer. Ce massacre est connu sous le nom d'Holocauste. L'Holocauste s'est terminé avec la défaite de l'Allemagne à la fin de la Seconde Guerre mondiale en 1945. Trois ans plus tard, l'État moderne d'Israël a été créé en tant que patrie des Juifs.

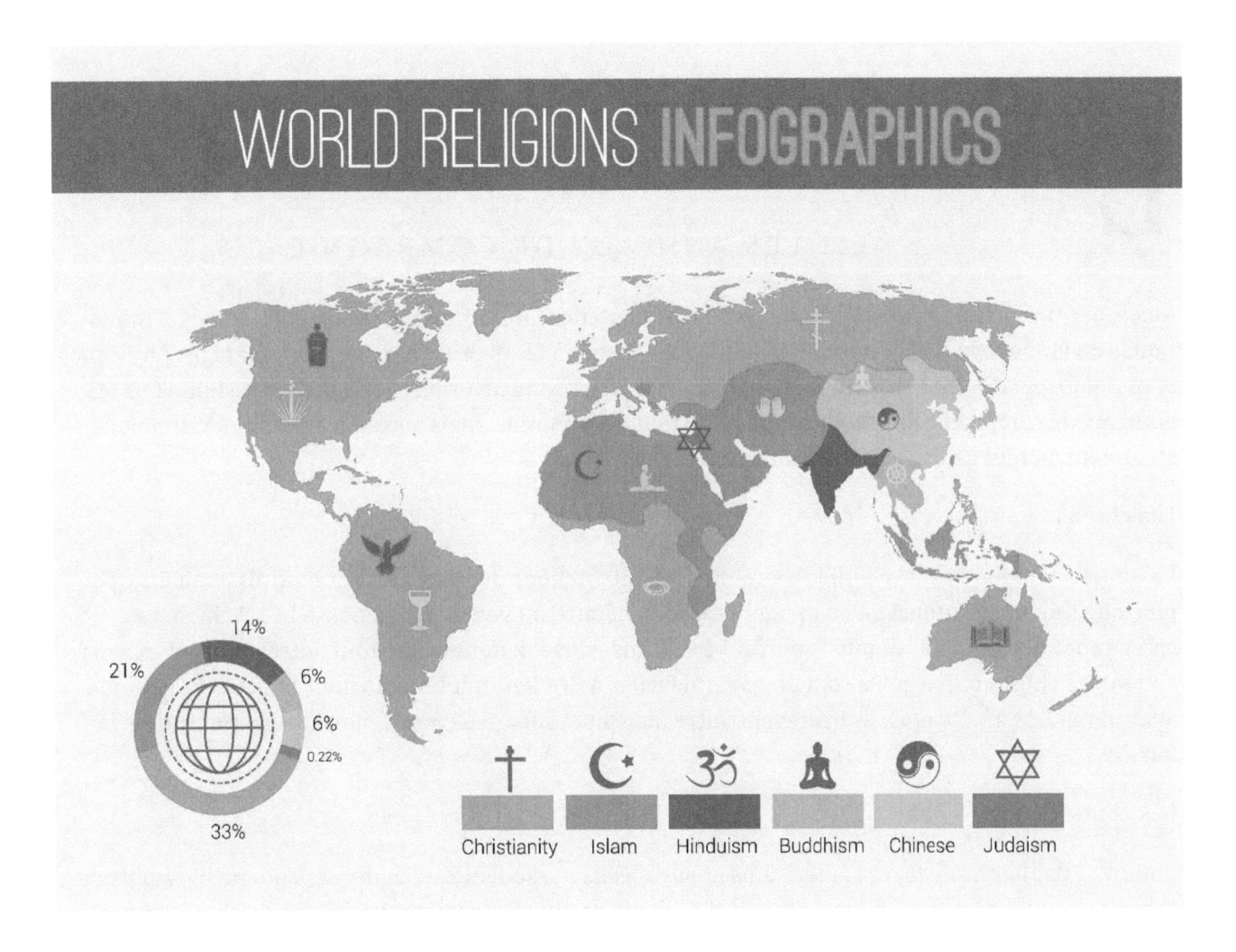

NORBERT KIRCHHUBER

6. Monde animal et biologie

L e monde animal est très extraordinaire et plein de caractéristiques intéressantes:

6.1 LES ANIMAUX DE COMPAGNIE

Aux États-Unis et en Europe, 62 % des ménages possèdent un animal de compagnie, selon les statistiques de l'industrie. Les animaux de compagnie offrent à leurs propriétaires des avantages physiques et mentaux positifs, notamment une réduction de la pression artérielle et de la dépression. Tous les animaux de compagnie ne conviennent pas à chaque personne, mais certains animaux se situent constamment en tête de liste des animaux préférés.

Les chiens

Les chiens font partie de la famille dans environ 100 millions de foyers aux États-Unis et en Europe, plus que tout autre animal de compagnie. Le propriétaire moyen de chien possède 1,7 chien. Les chiens sont domestiqués depuis environ 14 000 ans, plus longtemps que tout autre animal. Les gens aiment les chiens parce qu'ils sont en général faciles à dresser, fidèles et loyaux, et peuvent presque aller n'importe où. De plus, ils protègent votre maison et sont des compagnons de jeu pour toute la famille.

Les chats

Environ 70 millions de foyers américains et européens possèdent des chats. Cependant, il y a plus de chats domestiques que de chiens, avec 86,4 millions de chats, car les propriétaires de chats ont tendance à en avoir plus par foyer - environ 2,2. Les chats peuvent se déplacer seuls et n'ont pas besoin d'être promenés ou sortis à l'extérieur pour se soulager. Ils sont très indépendants et même s'ils sont rassasiés, ils aiment volontiers s'occuper de la lutte contre les rongeurs.

Les poissons

Bien qu'on ne puisse pas les câliner, les poissons sont le troisième animal de compagnie le plus populaire en Europe. Les environ 13 millions de foyers qui en possèdent ont en moyenne 12, ce qui fait un total d'environ 150 millions de poissons ! Que vous ayez un aquarium d'eau douce ou d'eau salée, vous constaterez probablement que c'est apaisant de regarder ces magnifiques créatures nager. Vous pouvez les laisser tranquilles en toute sécurité avec un minimum de précautions, et un aquarium est un excellent ajout à votre décoration.

Les oiseaux

Environ 16 millions d'oiseaux vivent dans 5,7 millions de foyers en Europe. Des canaris appréciés pour leur chant, aux oiseaux parlants en passant par les aras à la longue durée de vie - les oiseaux offrent divertissement et beauté visuelle impressionnante. Les oiseaux de compagnie ne sont pas vraiment des animaux domestiques, mais ils peuvent néanmoins développer un lien avec leurs humains.

Les lapins

Alors que les statistiques concernant les lapins ne sont pas aussi claires, environ 6 millions de foyers ont au moins 1 lapin comme animal de compagnie. Les lapins mignons et câlins demandent beaucoup d'attention et ne devraient jamais être achetés sur un coup de tête. Les lapins sont calmes et conviennent donc bien comme animaux de compagnie en appartement, mais ils ont également besoin d'exercice. Une fois qu'ils réalisent qu'ils ne sont pas simplement une proie pour vous, ils peuvent devenir des animaux de compagnie affectueux et divertissants.

Der homme et le chien

Qu'est-ce qui se passe en premier lorsque vous rentrez chez vous après une journée de travail ? Vous êtes peut-être fatigué et prêt pour un verre, mais l'accueil de votre chien suggère qu'il vous attendait déjà toute la journée devant la porte. Remuement de queue, sauts autour de vous, baisers baveux et apport de jouets. Vous regardez son visage joyeux et soudain vous ne vous sentez plus si fatigué...

D'où vient ce lien entre l'homme et le chien ? Et savez-vous quelque chose sur la maladie qui a modifié cette relation en évolution ? Cette maladie était la rage, et elle a eu un impact énorme.

Il existe des preuves archéologiques que les chiens ont été les premiers animaux à être domestiqués par les humains il y a plus de 30 000 ans (plus de 10 000 ans avant la domestication des chevaux et des ruminants). Cela a commencé lorsque les loups ont commencé à se nourrir des restes de nourriture des humains, qui ont ensuite commencé à domestiquer les loups en leur offrant abri et protection. En retour, les loups ont aidé les chasseurs et les cueilleurs humains dans leur chasse. Au fil des générations, ces loups domestiqués sont devenus les chiens que nous connaissons aujourd'hui, sur une période de plus de 1 000 ans. En plus de l'évolution physiologique du loup, il existe des preuves de la relation en développement entre les humains et ce que nous appelons aujourd'hui les chiens. Dans une tombe à Predmosti (République tchèque), un chien a été découvert enterré avec un os (probablement celui d'un mammouth) soigneusement placé dans sa gueule après sa mort - il est estimé à 32 000 ans. À Ober-

Kassel (Allemagne), le squelette d'un chien handicapé a été enterré avec les corps d'un homme et d'une femme ; la datation au carbone 14 remonte à environ 14 300 ans. Il s'agit là d'un exemple précoce unique de la relation en développement, au-delà de l'utilisation des chiens à des fins purement pratiques. D'autres tombes de chiens anciennes ont été découvertes dans de nombreux autres endroits ; le chien noir momifié de Tumat en Russie a probablement 12 450 ans, et en Israël, dans le site natoufien d'Ain Mallaha, 12 individus ont été enterrés, l'un d'entre eux reposant sa main sur le corps d'un petit chiot (daté d'au moins 12 000 ans).

Depuis au moins 6 000 ans, les chiens ont été vénérés dans de nombreuses civilisations influentes (Anubis en Égypte, Xolotl chez les Mayas, Cerbère chez les Grecs). Leur rôle était soit d'accompagner les défunts dans l'autre monde (ce qui met en avant le rôle de guide des chiens), soit de protéger l'autre monde. Du fait de leur évolution aux côtés des humains, ils sont capables de se connecter avec nous à un niveau plus profond que de nombreux animaux aujourd'hui.

6.2 LES ANIMAUX LES PLUS INTELLIGENTS

L'homme rêve depuis longtemps de pouvoir communiquer plus efficacement avec les êtres vivants de la Terre et a établi des relations remarquables avec les dauphins, les chiens, les perroquets et les singes. Un animal qui semble nous comprendre et nous impressionne en accomplissant des tâches ne cesse jamais de nous étonner. En tant qu'êtres humains, nous croyons toujours être les plus intelligents parmi eux, mais le sommes-nous vraiment ?

Chimpanzés

Les chimpanzés sont considérés comme les animaux les plus intelligents de la planète. Ils sont capables de manipuler leur environnement et leur contexte pour aider leur communauté et eux-mêmes. Ils peuvent découvrir comment utiliser des objets comme des outils pour accomplir des tâches plus rapidement, et ils ont souvent trompé les humains.

Cochons

La recherche a montré qu'un cochon moyen d'âge moyen a l'intelligence d'un enfant de trois ans. Si vous avez déjà observé à quel point les tout-petits s'adaptent rapidement à des outils complexes comme les téléphones et les tablettes, c'est vraiment impressionnant !

Grand dauphin (espèce de dauphin)

Le rapport entre la masse corporelle et le cerveau est la base du calcul de l'intelligence d'un animal, et ces créatures adorables possèdent le plus grand cerveau. Elles sont capables de se reconnaître dans des miroirs, de prendre soin de leur apparence et sont célèbres pour leurs compétences avancées en communication.

Baleines

CONNAISSANCES GÉNÉRALES

CES grands animaux ne peuvent pas parler comme nous, mais ils utilisent des méthodes très complexes pour communiquer entre eux. Les sons qu'ils utilisent sont très élaborés, et la manière dont ils utilisent ce "langage" pour coordonner leurs mouvements en équipe est extrêmement impressionnante.

Pieuvre

La pieuvre peut compter sur plusieurs stratégies hautement développées pour trouver de la nourriture. Lors de tests scientifiques, elle a également montré un talent pour résoudre des problèmes.

Éléphants

Si vous avez déjà appris par cœur un passage de Shakespeare ou des équations mathématiques pour obtenir de bonnes notes aux examens, vous savez à quel point la mémoire est importante. Les éléphants possèdent naturellement une excellente mémoire et ils sont également capables de sentir si vous êtes une personne gentille et amicale ou quelqu'un qui peut être méchant. Ils ont de grands cerveaux et montrent également beaucoup d'empathie, contrairement à de nombreuses créatures dans le règne animal qui sont fermement câblées en tant que prédateurs.

Chats

En réalité, les chats possèdent des capacités sensorielles incroyables, et beaucoup d'entre nous ne savent tout simplement pas apprécier leur cerveau parce qu'ils ne sont pas aussi facilement dressables que les chiens. Cependant, ils sont très doués pour apprendre de nouvelles compétences - et finalement, ils ont trouvé comment nous faire courir derrière eux pendant qu'ils dorment toute la journée.

Faucons
Ces oiseaux sont souvent utilisés pour transmettre des messages et pour un peu d'éducation. Ils obéissent aux commandes et se souviennent des territoires.

Singes rhésus
Cette espèce de singes est connue pour planifier des attaques de groupe. Il est également un fait que les singes rhésus ont souvent montré des intentions suicidaires, ce qui suggère qu'ils sont des êtres sensibles.

Chevaux
Si vous avez déjà vu un cheval aider un enfant autiste à parler pour la première fois, alors vous savez à quel point ils sont incroyablement intelligents et empathiques. Ils sont capables de suivre des commandes complexes même sous stress, et nous sommes surpris qu'ils ne soient pas plus hauts dans notre liste de classement.

NORBERT KIRCHHUBER

7. Littérature et langue

Depuis de nombreux siècles, les livres ont été l'une des formes majeures de divertissement pour l'humanité. Les lecteurs du monde entier investissent d'innombrables heures pour s'évader dans des mondes nouveaux et uniques, se perdant dans les mots et les pages de livres de différents genres. Alors que tous les livres influencent les lecteurs de différentes manières, l'histoire a montré que certains livres ont un moyen d'atteindre et d'influencer de grands groupes de personnes, les transformant à jamais. Ces livres peuvent partager des connaissances, de l'inspiration et des découvertes dans différents domaines. Ils enseignent, influencent et modifient notre façon de penser. Parfois, ces livres sont si importants et éclairants qu'ils aident le monde et ses habitants à évoluer. Les livres suivants ont accompli exactement cela. En éclairant et en informant les lecteurs dans les domaines de la politique et du gouvernement, en établissant de nouvelles normes dans la littérature, en remettant en question les normes sociales et en faisant progresser la pensée académique dans les domaines de la science et de la religion, ce sont les meilleurs livres et œuvres littéraires qui ont changé le monde.

7.1 RELIGION

Ces textes religieux font partie des livres les plus influents jamais écrits et servent de guides spirituels et pratiques à d'innombrables personnes à travers le monde. Certains de ces textes ont des milliers d'années.

• **La Bible.** Ce texte sacré a introduit le christianisme dans le monde et sert encore aujourd'hui de source d'inspiration pour des millions de personnes. C'est le livre le plus traduit et le plus acheté au monde.

• **Le Coran.** Le texte sacré de l'islam, le Coran, est considéré comme la dernière parole de Dieu révélée à Mahomet par l'ange Gabriel sur une période de 23 ans. Ce livre est le pilier de la religion islamique.

• **La Torah.** Les lois et enseignements écrits contenus dans le Tanakh ont offert un mode de vie pour ceux de la foi juive. Le texte propose des enseignements et des méthodes de pratique pour la vie

quotidienne, et a influencé l'art et la littérature de nombreuses manières.
- **Le Livre tibétain des morts..** Le texte tibétain le plus connu, ce livre a été écrit par un moine tibétain et aborde ce qui se passe pendant la mort, c'est-à-dire pendant la période entre la mort et la renaissance.
- **Les Entretiens (Analectes)** Les Entretiens de Confucius. Les Analectes sont une collection de maximes et d'idées attribuées à Confucius, un philosophe chinois. Le texte est lu et étudié en Chine depuis 2 000 ans et a eu une influence monumentale sur la culture chinoise, les valeurs, l'art et la pensée.

7.2 SOCIÉTÉ

Ce sont les livres les plus influents en termes d'impact sur la société. Ce sont des textes qui ont contribué à changer les opinions des gens sur le racisme, le féminisme, la consommation et la langue.

- **Le Journal d'Anne Frank..** Ce livre révolutionnaire est basé sur le véritable journal d'Anne Frank, la jeune fille d'une famille juive qui s'est cachée pendant la prise de pouvoir des nazis aux Pays-Bas. L'innocence de cette jeune fille, pleine d'espoirs et de rêves, contraste vivement avec la réalité de sa situation entre les mains des nazis. Ce livre est devenu un puissant symbole et un rappel de l'impact de la persécution raciale.
- **The Vindication of the Rights of Women** De Mary Wollstonecraft. Première grande œuvre sur le féminisme, le texte de Wollstonecraft a été écrit en réponse à ceux qui estimaient que les femmes ne devraient pas être éduquées. Elle a argumenté que les femmes méritent une éducation conforme à leur position dans la société en tant qu'éducatrices et compagnes. Wollstonecraft a démontré que l'inégalité n'est pas seulement moralement et éthiquement erronée, mais aussi économiquement et socialement irresponsable.
- **Le Deuxième Sexe** De Simone de Beauvoir. "Le Deuxième Sexe" examine pourquoi la position de la femme dans la société est précaire et comment elle en est arrivée là. Simone de Beauvoir a été l'une des premières à examiner le genre en tant que construction sociale, en distinguant entre les termes "sexe" et "genre".
- **A Room of One's Own** De Virginia Woolf. Dans "Une chambre à soi" (A Room of One's Own), un essai plus long qu'elle a présenté à deux collèges de femmes, Woolf discute des différences entre les écrivains masculins et féminins, et comment ces différences sont le résultat des contraintes et des limitations imposées aux femmes. Sans la liberté, l'éducation ou les récompenses financières des auteurs masculins, les femmes sont exclues de la création de leur propre tradition littéraire.
- **Walden** De Henry David Thoreau. "Walden" est la réflexion textuelle de l'expérience sociale de Thoreau, vivant isolé dans une cabane près de l'étang de Walden pour mieux comprendre la société. Thoreau a consigné les résultats de son expérience d'autosuffisance et de simplicité dans "Walden", qui est depuis devenu une source d'inspiration pour tous ceux qui cherchent une vie en marge de la société.
- **A Dictionary of the English Language** De Samuel Johnson. L'œuvre de Johnson est considérée

comme le dictionnaire le plus influent au monde, et il l'a compilé seul pendant plus de sept ans. Le dictionnaire de Johnson est considéré comme la pierre angulaire de l'étude de la langue anglaise et de la lexicographie. Ce n'était pas le premier du genre, mais il était le plus complet et le mieux documenté.

- **Critique de la raison pure** De Immanuel Kant. "Kritik der reinen Vernunft" d'Immanuel Kant est largement considéré comme l'un des textes philosophiques les plus influents de tous les temps. L'exploration de la connaissance humaine et de la raison, de leurs étendues et limites, ainsi que de la perception de l'espace et du temps, font de ce texte de Kant l'un des livres les plus importants pour tous ceux qui s'intéressent à la philosophie.
- **La Jungle** De Upton Sinclair. Bien qu'Upton Sinclair ait initialement voulu écrire un roman sur la vie des immigrants en Amérique au début du 20e siècle, "The Jungle" est finalement devenu populaire car il a mis en lumière les pratiques insalubres de l'industrie de la viande emballée. En décrivant d'innombrables violations sanitaires et des histoires sur le traitement et la rémunération injustes des travailleurs migrants, Sinclair a grandement contribué à la réforme des lois sur le contrôle de la viande aux États-Unis. Avec le temps, il a également gagné en reconnaissance pour son influence sur les salaires tarifaires.
- **Native Son** De Richard Wright. Souvent considéré comme le père de la littérature afro-américaine, Richard Wright a écrit "Native Son" pour tenter de mettre en lumière la réalité difficile de la vie en tant que Noir en Amérique blanche. C'était l'un des premiers et des plus réussis livres à examiner la division raciale dans le pays du point de vue de la minorité, mettant en avant la culture noire d'une manière qui n'avait jamais été faite auparavant.

7.3 SCIENCE, MATHÉMATIQUES ET GÉOGRAPHIE

Ces œuvres font partie des livres les plus influents car elles ont jeté les bases de mouvements entiers et d'écoles de pensée dans les domaines de la science, des mathématiques et de la géographie, ou du moins en ont posé les bases.

- **Philosophae Naturalis Principia** "Mathematica" d'Isaac Newton. Rédigé alors que l'Université de Cambridge était fermée en raison de la peste, "Philosophae Naturalis Principia Mathematica" de Newton décrit les principes de la gravité, de la mécanique, du calcul infinitésimal, de la lumière et des couleurs. Ce livre a posé les bases de l'étude moderne des mathématiques et de la physique.

- **La signification de la théorie de la relativité** De Albert Einstein. "La signification de la théorie de la relativité" est une collection des Stafford Little Lectures qu'Albert Einstein a donnés à l'Université de Princeton en 1921. Ces conférences ont eu lieu cinq ans après la publication de l'œuvre révolutionnaire d'Einstein sur la théorie de la relativité générale et résument le travail de l'homme. Bien que bon nombre des idées aient été présentées sous différentes formes avant la publication de ce livre, la théorie de la relativité reste l'une des collections d'idées les plus importantes jamais rassemblées.
- **On the Origin of Species** De Charles Darwin. Cette œuvre de Darwin a posé les bases de la théorie de l'évolution. Depuis sa publication, les théories et observations du livre ont contribué à façonner les sciences de la vie telles qu'elles sont aujourd'hui. Le modèle d'adaptation et d'évolution de Darwin continue d'aider les scientifiques modernes à mieux comprendre toutes les formes de vie sur Terre, y compris la nôtre.
- **Silent Spring** De Rachel Carson. Carson a abordé le sujet de la justice environnementale dans ce livre, qui a inspiré les lecteurs à réfléchir sérieusement à leur relation avec la Terre. "Silent Spring" a contribué à lancer le mouvement environnemental moderne et a conduit à l'interdiction nationale du DDT.
- **Geographia** De Ptolémée. Ptolémée a écrit et cartographié le monde en se basant sur les connaissances dont il disposait au 2e siècle. Ses cartes et méthodes ont été utilisées pendant des centaines d'années. La cartographie moderne est directement issue du travail de Ptolémée.
- **L'interprétation des rêves** De Sigmund Freud. Dans cette œuvre révolutionnaire, toujours lue et étudiée à travers le monde, Freud a posé les bases de ses théories de la psychanalyse. Dans cet ouvrage, Freud a introduit le concept d'inconscient et a montré comment ses théories sur l'interprétation des rêves sont appliquées. L'œuvre de Freud a popularisé la science de la psychologie et a contribué à jeter les bases du discours psychologique moderne d'aujourd'hui.

7.4 LITTÉRATURE (DE DIVERTISSEMENT)

De la création de personnages et d'histoires devenus des éléments fondamentaux dans les cultures du monde entier, à la remise en question de normes indésirables et à l'inspiration de l'imagination de nombreux individus, ces œuvres littéraires ont touché le monde de manière significative. Ce sont les livres les plus influents de la littérature.

- **La Divine Comédie** De Dante Alighieri. "La Divine Comédie", considérée comme l'une des œuvres les plus importantes de la littérature mondiale, est un poème épique décrivant un voyage à travers les royaumes de l'au-delà et, de manière allégorique, la découverte de Dieu par l'âme. "La Divine Comédie" est depuis longtemps considérée comme la plus grande œuvre de la littérature italienne et nous offre également un aperçu plus approfondi de la théologie et de la philosophie chrétiennes du Moyen Âge.

- **L'œuvre complète de William Shakespeare.** William Shakespeare est souvent considéré comme le plus grand écrivain du monde et le plus grand dramaturge de l'histoire. Ses personnages, ses histoires et sa langue ont captivé les lecteurs pendant des centaines d'années et ont profondément influencé la culture moderne. L'ensemble des œuvres de Shakespeare a été traduit dans toutes les langues importantes et est toujours apprécié dans le monde entier.
- **Moby Dick** De Herman Melville. Ce livre désormais célèbre sur la quête d'un homme pour capturer la grande baleine est considéré comme l'un des plus grands romans américains jamais écrits. "Moby Dick" est fortement symbolique, mais il est également célèbre pour sa représentation détaillée de l'industrie de la chasse à la baleine au 19e siècle et ses nombreux styles et structures narratifs différents.
- **1984** De George Orwell. Ce roman dystopique décrit la vie sous un régime totalitaire qui a privé les gens de leurs droits. Les thèmes de ce roman sont devenus une partie importante de la culture moderne et ont introduit des termes et des concepts qui ont trouvé leur place dans notre propre société. La surveillance, la vérité et la censure sont au cœur de ce roman ; aucun autre livre n'a contribué autant à notre compréhension de ces thèmes que "1984".
- **Brave New World** De Aldous Huxley. Un autre roman dystopique, celui-ci de Huxley, est souvent considéré comme l'un des grands romans du 20e siècle. Le roman de Huxley envisageait avec inquiétude la perte de l'identité individuelle due aux progrès technologiques futuristes. Les propres craintes de Huxley vis-à-vis de la commercialisation et de la culture de la jeunesse émergente transparaissent pleinement dans ce roman.
- **L'Iliade** und **L'Odyssée** De Homère. Ces deux épopées de la Grèce antique ne sont pas seulement les œuvres phares de la littérature grecque antique, mais ce sont aussi des textes incroyablement influents pour toutes les formes d'art, de pensée et de musique dans la civilisation occidentale. "L'Iliade" décrit quelques semaines à la fin de la guerre de Troie, et "L'Odyssée" décrit le voyage de dix ans d'Ulysse de retour de la guerre de Troie. Ces deux œuvres sont importantes pour les détails de l'histoire et de la légende grecques, la composition de l'histoire et le développement des thèmes.
- **Don Quichotte** De Miguel de Cervantes. Ce roman espagnol, initialement publié en deux volumes, est l'un des romans les plus influents et populaires au monde. Il est également considéré comme l'un des meilleurs livres jamais écrits. Les aventures, la symbolique et la caractérisation présentes dans "Don Quichotte" ont contribué à la popularité incroyable dont le livre jouit aujourd'hui. "Don Quichotte" est devenu l'un des premiers textes canoniques et inspire depuis des centaines d'années des artistes de toutes sortes.
- **À la recherche du temps perdu** De Marcel Proust. L'œuvre en sept volumes "À la recherche du temps perdu" est l'une des œuvres les plus significatives de la littérature moderne du début du XXe siècle. Le roman explore des thèmes tels que la mémoire, l'enfance et le sens, mais il évite le modèle axé sur l'intrigue des romans du XIXe siècle. Les personnages secondaires sont incroyablement bien dessinés et les événements sont poussés par les différentes perspectives à travers lesquelles ils sont vécus - une technique d'écriture qui a été largement imitée depuis la publication du roman.

CONNAISSANCES GÉNÉRALES

- **Madame Bovary** De Gustave Flaubert. L'histoire de Flaubert à propos d'une femme qui s'engage dans des affaires adultères pour échapper à un mariage sans amour a été soumise à une censure stricte au moment de sa publication, et Flaubert a été poursuivi en justice à cause du roman. Après son acquittement, "Madame Bovary" est devenu un chef-d'œuvre du réalisme.
- **Arabian Nights**, Traduit par Andrew Lang. Cette version en anglais des "Mille et Une Nuits" réinvente les anciennes histoires qui sont maintenant devenues populaires dans le monde entier, y compris la détresse de Shéhérazade, les aventures d'Aladin et les voyages de Sinbad.
- **One Hundred Years of Solitude** de Gabriel García Márquez. "Cent ans de solitude" est considéré comme l'un des romans les plus importants du canon littéraire espagnol, racontant l'histoire de la famille Buendia sur plusieurs générations. Le style et les thèmes du roman sont considérés comme représentatifs d'un mouvement littéraire latino-américain unique des années 1960 : le réalisme magique.
- **Guerre et Paix** de Léon Tolstoï. Bien que Tolstoï hésitait à qualifier cela de roman, "Guerre et Paix" est souvent inclus dans les discussions sur les meilleurs romans de tous les temps. Le livre décrit l'invasion française en Russie en 1812 et traite des effets psychologiques de la guerre ainsi que des discussions philosophiques qu'elle a suscitées.
- **Le Dit du Genji** de Murasaki Shikibu. Écrit au début du 11e siècle, "Le Dit du Genji" est souvent considéré comme le premier roman. Bien qu'il n'ait pas de trame par définition, l'histoire présente de nombreux éléments d'un roman moderne, y compris un personnage principal, un ensemble de personnages secondaires et une caractérisation. La traduction de ce roman s'est avérée difficile au fil du temps, mais la plupart le considèrent toujours comme la première et la plus grande œuvre de la littérature japonaise.
- **Uncle Tom's Cabin** de Harriett Beecher Stowe. Écrit par une femme blanche d'âge moyen en 1851, "La Case de l'oncle Tom" a été crédité d'avoir modifié les opinions sur l'esclavage dans le Nord et continue de servir de rappel des conséquences de l'esclavage et d'autres actes inhumains.
- **Things Fall Apart** de Chinua Achebe. L'histoire de la préservation de l'histoire culturelle face à la domination occidentale dans ce roman a donné une voix aux peuples opprimés en Afrique et a attiré l'attention du monde. Ce roman, écrit en 1958, est toujours largement lu et étudié comme un exemple des ravages du colonialisme.
- **Faust** de Johann Wolfgang von Goethe. Faust est une pièce tragique, mais elle est depuis longtemps considérée comme l'œuvre individuelle la plus importante de la littérature allemande. L'histoire raconte celle de Faust, qui vend son âme au diable pour obtenir la connaissance et le plaisir terrestres. L'influence de cette histoire sur l'art, la littérature, la musique et la pensée est immense..

- **Beloved** de Toni Morrison. Écrit pour honorer la mémoire des esclaves afro-américains qui ont été amenés lors de la traite négrière, Beloved de Toni Morrison est l'un des textes les plus connus et influents de la littérature moderne. En donnant une voix à l'expérience afro-américaine et en observant et en enregistrant la mémoire collective de la population, le roman de Morrison a remporté le prix Pulitzer de la fiction en 1988.
- **Le Seigneur des Anneaux** de J.R.R. Tolkien. Le Seigneur des Anneaux n'est pas seulement l'un des romans les plus vendus au monde, mais il a également contribué à façonner et à influencer le genre de la haute fantasy. Alors que de nombreux thèmes de l'histoire ont été adaptés de mythologies antérieures, Le Seigneur des Anneaux est devenu en lui-même un texte fondamental pour tous les lecteurs et auteurs de fantasy.

7.5 LIVRES POLITIQUES

Ces titres représentent quelques-uns des livres les plus influents qui examinent la politique, l'économie et la philosophie. Chacun de ces textes a eu une influence sur la façon dont nous comprenons la gouvernance.

- **La République**, Platon. Écrit vers 380 avant notre ère, ce texte est considéré comme l'une des œuvres les plus influentes jamais écrites. La République examine la justice chez l'homme et en politique, et discute du rôle du philosophe dans la société. Bon nombre des concepts intellectuels contenus dans la République sont encore débattus aujourd'hui, mais le texte est également un document historique important, offrant aux historiens un instantané de la Grèce à l'époque de sa rédaction.
- **Le Manifeste communiste** de Karl Marx et Friedrich Engels. Le Manifeste communiste est l'un des textes politiques les plus célèbres et les plus appréciés jamais écrits. Il décrit la lutte des classes dans la société et en retrace les débuts dans l'histoire. Le document met en lumière les problèmes du capitalisme et de la production capitaliste, ainsi que la manière dont ces structures influencent le paysage politique et social.
- **The Rights of Man** de Thomas Paine. Les Droits de l'homme argumentent qu'une révolution politique est acceptable et permise si un gouvernement ne remplit pas son devoir de protéger les droits naturels de ses citoyens. Écrit en tant que défense de la Révolution française, le livre de Paine, publié en 1791, a été largement diffusé et a remis en question toutes les institutions sociales qui ne sont pas en faveur de la nation dans son ensemble, y compris des institutions telles que les monarchies et les aristocraties.
- **Common Sense** de Thomas Paine. Ce pamphlet a été publié anonymement en 1776 et a soutenu les Américains dans leur lutte pour l'indépendance vis-à-vis des Britanniques pendant la Révolution américaine. Le pamphlet encourageait les habitants des colonies américaines à résister aux dirigeants britanniques et à défendre un gouvernement égalitaire. Encore aujourd'hui, Common Sense est l'un des titres américains les plus vendus de tous les temps.

CONNAISSANCES GÉNÉRALES

- **Le Prince** de Niccolò Machiavelli. Le Prince, considéré comme l'une des premières œuvres de la philosophie politique moderne, est un traité politique de 1513 qui donne des conseils sur la manière dont les dirigeants en herbe peuvent survivre et prospérer dans le paysage politique controversé. Alors que l'intention du livre reste controversée, le résultat est l'une des méditations les plus franches sur le pouvoir politique et sur ce qu'il faut faire pour le maintenir.

- **Narrative of the Life of Frederick Douglass, an American Slave** de Frederick Douglass. Écrit par le célèbre orateur et ancien esclave Frederick Douglass, ce récit est considéré comme l'œuvre la plus célèbre d'anciens esclaves et comme l'un des textes les plus influents pendant le mouvement abolitionniste aux États-Unis. Dans ce texte, Douglass raconte sa vie en tant qu'esclave sur son chemin vers la liberté.

- **On Liberty** de John Stuart Mill. Cet ouvrage philosophique est considéré comme un texte fondateur de la pensée politique libérale moderne. Le texte applique l'utilitarisme éthique à la société et à la gouvernance de l'État, soutenant que les conséquences des actions ayant un impact sur les intérêts des autres devraient être plus importantes que les intérêts personnels.

- **La Richesse des nations** par Adam Smith, publié en 1776, décrit comment et quoi constitue la richesse d'une nation. L'œuvre est considérée comme un texte fondateur de l'économie classique, explorant le système économique et suggérant qu'un marché libre est capable de s'automatiser et de se réguler. Ces fonctions sont seulement limitées par les privilèges accordés à certains membres au sein de l'économie.

- **L'Orientalisme** par Edward Said. Principalement un ouvrage des études culturelles postcoloniales, "L'Orientalisme" discute comment les représentations culturelles du monde oriental sont liées aux structures et aux sociétés qui les produisent. Étant donné que ces représentations condescendantes et exagérées de la différence sont conçues pour mettre en évidence la supériorité occidentale, l'Orientalisme devient une critique de la politique et du pouvoir de l'Occident.

NORBERT KIRCHHUBER

8. Divertissement

8.1 CINÉMA ET TÉLÉVISION

Distinction, Oscars

Les Academy Awards, également appelés Oscars, sont une cérémonie de remise de prix solennelle qui honore les meilleures performances de l'industrie cinématographique de l'année précédente. Les processus de nomination, de vote et la cérémonie elle-même sont supervisés par l'Academy of Motion Picture Arts and Sciences. L'Academy compte environ 6 000 membres et est une société d'honneur professionnelle composée de personnes impliquées dans tous les aspects de la réalisation cinématographique. Les premiers Oscars ont été décernés en 1929 à l'hôtel Roosevelt à Hollywood.

Depuis lors, le paysage cinématographique a évolué, et avec lui les catégories de récompenses. Actuellement, il y a 24 catégories de prix décernées lors de la cérémonie, avec d'autres Oscars remis pour d'autres réalisations moins importantes avant la cérémonie officielle. Certaines des catégories phares des Oscars incluent Meilleur acteur/actrice dans un rôle principal, Meilleur acteur/actrice dans un second rôle, Meilleur film, Meilleure réalisation, Meilleurs costumes, Meilleure musique, Meilleurs effets visuels et Meilleur film d'animation. La cérémonie des Oscars est l'une des cérémonies de remise de prix les plus prestigieuses au monde et est diffusée à la télévision dans plus de 100 pays. Ceux qui aiment le cinéma regardent pour voir comment leurs films et acteurs préférés se débrouillent. Ceux qui aiment la mode regardent pour voir ce que portent les célébrités - souvent les dernières créations de couture avec des bijoux astronomiquement coûteux (généralement empruntés).

Un film doit être sorti dans le comté de Los Angeles au cours de l'année précédente pour être éligible pour la cérémonie des Oscars de l'année suivante (la seule exception étant la catégorie du meilleur film en langue étrangère).

Si les cinéastes estiment qu'ils ont un lauréat entre les mains, ils sortent souvent un film lors de la dernière semaine de l'année pour se qualifier pour les prochaines récompenses (comme Silver Linings Playbook, sorti le 25 décembre 2012 et nominé pour le Meilleur film et d'autres Oscars en janvier 2013).

CONNAISSANCES GÉNÉRALES

À l'inverse, le gagnant du Meilleur film de 2009, The Hurt Locker, a été publié en 2008, mais il n'est sorti dans le comté de L.A. qu'en 2009, ce qui lui a permis de remporter le prix du Meilleur film en 2010.

À la fin de décembre, tous les membres de l'Academy reçoivent des bulletins de vote pour sélectionner les nominés pour la prochaine cérémonie. Dans la plupart des catégories, les membres de l'Academy ne votent que pour leur propre domaine (les réalisateurs votent pour les nominés du Meilleur réalisateur, les acteurs pour les nominés du Meilleur acteur, etc.). Les exceptions sont les catégories de Meilleur film en langue étrangère, Meilleur documentaire et Meilleur film d'animation, qui sont nominées par des comités spéciaux composés de membres de l'ensemble de l'Academy, et tous les membres sont autorisés à voter pour les nominés du prestigieux prix du Meilleur film.
Les gagnants de chaque catégorie sont déterminés lors d'un deuxième tour de vote ouvert à tous les membres de l'Academy pour la plupart des catégories.

Récompenses, le plus grand nombre d'Oscars pour un film

Trois films ont remporté 11 Oscars. Le premier à atteindre ce record était Ben-Hur, qui a remporté 11 Oscars sur 12 nominations le 4 avril 1960, suivi de Titanic avec 11 Oscars sur 14 nominations le 23 mars 1998, et Le Seigneur des Anneaux : Le Retour du Roi, qui a remporté 11 Oscars sur 11 nominations le 29 février 2004.

Ben-Hur a remporté les Oscars suivants : Meilleur film, Meilleure réalisation, Meilleur acteur, Meilleur acteur dans un second rôle, Meilleure direction artistique, Meilleure photographie, Meilleur son, Meilleure musique de film, Meilleur montage, Meilleurs effets spéciaux, Meilleurs costumes. Le film a perdu dans la catégorie Meilleur scénario adapté au profit de Room at the Top, basé sur du matériel provenant d'un autre média.

Titanic a remporté des Oscars dans les catégories suivantes : Meilleur film, Meilleure réalisation, Meilleure photographie, Meilleure direction artistique, Meilleurs costumes, Meilleurs effets visuels, Meilleur son, Meilleur montage sonore, Meilleur montage, Meilleure musique de film (dramatique originale), Meilleure chanson originale. Le film a perdu dans les catégories Meilleure actrice, Meilleure actrice dans un second rôle et Maquillage.

Le Seigneur des Anneaux : Le Retour du Roi a remporté des Oscars dans les catégories suivantes : Meilleur film, Meilleure réalisation, Meilleure direction artistique, Meilleurs costumes, Meilleurs effets visuels, Meilleur son, Meilleur montage, Meilleur maquillage, Meilleur scénario adapté (basé sur un matériel préexistant).Material

Récompenses, le plus grand nombre de nominations aux Oscars pour un acteur :
Étant donné qu'il y a une situation classique de statu quo dans les Oscars réellement remportés, concentrons-nous maintenant sur les nominations.

Jack Nicholson:

Sa première nomination remonte à 1970 en tant que Meilleur Acteur dans un Second Rôle pour "Easy Rider" (États-Unis 1969). Sa première victoire aux Oscars en tant que Meilleur Acteur Principal a eu lieu lors de sa cinquième nomination en 1976 pour son interprétation de 'Randle Patrick McMurphy' dans "Vol au-dessus d'un nid de coucou" (États-Unis 1975). Il a remporté son deuxième Oscar en 1984 en tant que Meilleur Acteur dans un Second Rôle pour "Tendres Passions" (États-Unis 1983) et son troisième Oscar en 1998 en tant que Meilleur Acteur Principal pour "Pour le pire et pour le meilleur" (États-Unis 1987).

Récompenses, le plus grand nombre de nominations aux Oscars pour une actrice ::

Le record du plus grand nombre de nominations aux Oscars pour une actrice est de 21 et a été atteint par Meryl Streep (États-Unis) lors de l'annonce des nominations aux Oscars à Los Angeles, en Californie, États-Unis, le 23 janvier 2018.

Meryl Streep a reçu sa vingt-et-unième nomination aux Oscars pour son interprétation de Kay Graham dans le film réalisé par Steven Spielberg, "Pentagon Papers".

Le prix Emmy

Les Emmy Awards sont l'une des cérémonies annuelles de remise de prix pour les réalisations exceptionnelles dans le domaine de la télévision aux États-Unis. Le nom "Emmy" provient du surnom "Immy", qui désigne l'Image Orthicon, un type de tube de caméra utilisé en télévision. La statuette des Emmy Awards représente une femme ailée symbolisant l'art et un électron représentant la science.

Acteur

Les records sont faits pour être battus. C'est apparemment le thème général entourant la sortie de Star Wars : Le Réveil de la Force. Mais ce ne sont pas seulement le film lui-même qui bat des records en ce moment. Selon Box Office Mojo, le succès colossal du film au box-office a conduit Harrison Ford à devenir officiellement l'acteur ayant généré le plus de recettes de tous les temps. Pour atteindre cet honneur ultime, Ford a dû détrôner la puissante machine du box-office qu'est Samuel L. Jackson. Toute personne ayant ne serait-ce qu'une petite connaissance d'Hollywood sait que cela n'a pas dû être une tâche facile, étant donné que Jackson a pratiquement joué dans tous les films produits depuis le début des années 1990. À l'ère des blockbusters à succès retentissant, un groupe restreint d'acteurs a su tirer parti de ces films d'une envergure épique pour en faire des succès au box-office.

CONNAISSANCES GÉNÉRALES

Les acteurs les mieux payés (de tous les temps)

Gary Oldman : Au fil des années, Gary Oldman a construit une carrière exceptionnelle et une solide réputation en incarnant des méchants véritablement odieux. Que ce soit dans Le Cinquième Élément, Léon, ou même Air Force One, l'acteur possède une manière unique de conférer à ses personnages une sensibilité véritablement détestable. Cependant, c'est seulement lorsqu'il a basculé du côté des héros en enfilant les lunettes du commissaire de police James Gordon dans la trilogie Dark Knight de Christopher Nolan que son pouvoir au box-office s'est réellement manifesté.

Michael Caine est un vétéran de longue date dans le monde du cinéma. Son parcours diversifié en tant qu'acteur remonte aux années 1950. Au fil des décennies, il a joué des rôles allant des héros charmants aux figures paternelles et même grand-paternelles.

Son rôle le plus marquant à ce jour a sans aucun doute été celui du fidèle majordome Alfred Pennyworth, un rôle qu'il a joué avec dévouement de Batman Begins jusqu'à The Dark Knight Rises. Jeremy Irons devra relever un grand défi s'il veut succéder à ce succès au box-office.

Johnny Depp a commencé sa carrière en tant que jeune homme séduisant et est depuis devenu l'un des acteurs les plus extravagants et exotiques travaillant aujourd'hui. Il n'a jamais eu peur de prendre des risques, et cette mentalité a peut-être été mise en évidence de manière plus frappante dans son interprétation désormais emblématique du Capitaine Jack Sparrow.

Inspiré par Keith Richards, Depp a transformé le personnage excentrique en un favori des fans, et grâce à sa performance, le personnage est finalement devenu le point central de la franchise.

Robert Downey Jr. : C'est probablement la plus grande histoire de rédemption de cette liste. Robert Downey Jr. s'est remis de sa dépendance et de sa criminalité pendant des années et, dans son interprétation de Tony Stark, il a réussi à combiner charisme et tragédie de la vraie vie, ce qui en a fait un nom bien connu. Le travail de l'acteur en dehors de l'univers cinématographique Marvel a confirmé qu'il avait un talent inné pour son métier, mais c'est le rôle du génie milliardaire, playboy et philanthrope Iron Man qui l'a propulsé au sommet des recettes au box-office et en a fait l'acteur le mieux payé au monde.

Tom Cruise : L'acteur a produit à maintes reprises des blockbusters d'action de haute qualité depuis les années 1980, tels que Top Gun, Minority Report, Edge of Tomorrow et bien sûr la franchise Mission: Impossible. Bien qu'il y ait sans aucun doute eu quelques controverses concernant son appartenance religieuse et sa vie privée, on ne peut nier sa domination au box-office.

Eddie Murphy se distingue dans cette liste par rapport aux entrées précédentes. Contrairement à ses prédécesseurs, il a principalement gagné la majeure partie de son argent au box-office grâce à des rôles comiques. Bien qu'il ne soit plus aussi présent au cinéma ces derniers temps - et certains de ses derniers films sont des exemples de ce qu'un acteur ne devrait pas faire - le fait demeure que son sens comique a contribué à porter de nombreuses franchises telles que Beverly Hills Cop et Shrek.

Morgan Freeman : Cet homme a joué Dieu et narré tous les grands documentaires que tu aies jamais vus ; il mérite d'être sur cette liste. Comme Michael Caine avant lui, Morgan Freeman possède un curriculum vitae incroyablement long qui remonte à des décennies et traverse de nombreux genres, avec certaines de ses meilleures œuvres provenant de films tels que The Shawshank Redemption et Se7en. Cependant, tout comme Michael Caine, sa performance la plus réussie au box-office vient de son rôle dans la trilogie The Dark Knight de Christopher Nolan en tant que maître des gadgets et homme d'affaires incontournable Lucius Fox.

Tom Hanks a débuté sa carrière dans les années 1980 avec des comédies décalées, mais a finalement prouvé son immense talent dramatique dans des films tels que Philadelphia et Forrest Gump.

C'est sa capacité à transmettre le pathos et la tragédie tout en restant infiniment attachant qui en a fait l'un des acteurs les plus appréciés d'Amérique au cours des trois dernières décennies. Je veux dire, cet homme peut porter un film entier tout en parlant à un ballon de volleyball ; voilà ce qu'on appelle le métier d'acteur.

CONNAISSANCES GÉNÉRALES

Samuel L. Jackson est actif à Hollywood depuis 1972, mais ce n'est qu'avec son rôle de Jules Winnefield dans Pulp Fiction de Quentin Tarantino qu'il est devenu LE Samuel L. Jackson.

Il a construit sa carrière en étant incroyablement productif dans son travail, ce qui lui a permis de participer à de nombreuses franchises telles que le Marvel Cinematic Universe et Star Wars - généralement en tant que méchant principal dans l'ensemble avec lequel il travaille. Sa filmographie incroyablement vaste l'a maintenu en tête du box-office... du moins jusqu'à récemment.

Harrison Ford : En tant qu'Indiana Jones, Jack Ryan et de nombreux autres héros d'action, Ford a plus que prouvé qu'il n'était pas un héros d'action avec lequel on pouvait plaisanter. Au cours de sa carrière, il a même dépassé certains des acteurs de cette liste. Cependant, le premier grand rôle de Ford - celui qui l'a fait devenir une star - est celui qui l'a officiellement propulsé au rang d'acteur ayant généré le plus de recettes de tous les temps : Han Solo de la saga Star Wars.

Voici déjà la fin de l'introduction au monde glamour d'Hollywood avec toutes ses stars. Maintenant, il est temps de mettre à l'épreuve tes connaissances nouvellement acquises afin de les appliquer de manière optimale.

Amuse-toi à répondre aux 100 questions suivantes, qui te permettront de tester tes connaissances générales !

NORBERT KIRCHHUBER

9. Le quiz de culture générale

Avec les questions suivantes, vous pouvez tester vos connaissances. Le chemin vers la réponse se trouve sous chaque question. AMUSEZ-VOUS BIEN !

1. Quelle est la différence entre l'intelligence et l'éducation ?

La réponse se trouve dans la préface : La différence entre éducation et intelligence.

2. La codification fait référence au processus par lequel les informations sont apprises. Nommez les 4 types de codage !

La réponse se trouve dans la préface : Qu'est-ce que la mémoire et comment fonctionne-t-elle

3. Que signifie le codage visuel ?

La réponse se trouve dans la préface : Qu'est-ce que la mémoire et comment fonctionne-t-elle

4. Que signifie le terme "schémas" ?

La réponse à "Amélioration de la récupération" se trouve dans la préface : Amélioration de la récupération.

5. Il y a combien d'années est apparu la bipédie ?

La réponse se trouve dans :2.1 Évolution humaine

6. Sur quel continent largement connu s'est principalement développée l'évolution humaine ?

La réponse se trouve dans :2.1 Évolution humaine

7. Quand ont commencé les débuts de l'agriculture et l'ascension vers les civilisations ?

La réponse se trouve dans :2.1 Évolution humaine

CONNAISSANCES GÉNÉRALES

8. Que signifie la paléoanthropologie ?

La réponse se trouve dans : 2.2. Paléontologie humaine

9. Que signifie la Révolution néolithique ?

La réponse se trouve dans : 2.4. Révolution néolithique

10. Décris le Néolithique !

La réponse se trouve dans : 2.4. Révolution néolithique

11. Quelle période couvre le Néolithique ?

La réponse se trouve dans : 2.5 Grèce antique : Préhistoire de la Grèce antique

12. Quand a eu lieu la colonisation phénicienne ?

La réponse se trouve dans: 2.5 Antiquité grecque

13. Qui était Deucalion ?

La réponse se trouve dans: 2.5 Antiquité grecque

14. Quelle période couvre le Néolithique ?

La réponse se trouve dans: 2.5 Grèce antique : Histoire ancienne de la Grèce antique

15. Dans quelles villes du nord de la Grèce des découvertes archéologiques ont-elles été faites, indiquant une migration de l'Anatolie vers la Grèce antique ?

La réponse se trouve dans: 2.5 Grèce antique : Histoire ancienne de la Grèce antique

16. Lequel des éléments suivants est une caractéristique clé du mouvement littéraire et artistique du romantisme ?

La réponse se trouve dans: 2.5 Grèce antique : Histoire ancienne de la Grèce antique

17. Pour quoi les Minoens (civilisation minoenne) sont-ils particulièrement connus ?

La réponse se trouve dans: 2.5 Grèce antique : Histoire ancienne de la Grèce antique

18. Dans quelle période la civilisation minoenne s'est-elle développée et prospérée ?

La réponse se trouve dans: 2.5 Grèce antique : Histoire ancienne de la Grèce antique

19. Quand s'est effondrée l'âge du bronze ?

La réponse se trouve dans: 2.5 Grèce antique : Les Mycéniens et leurs dieux

20. Qui était Thalès de Milet ?

La réponse se trouve dans: 2.5 Grèce antique : Les Mycéniens et leurs dieux

21. Qui a perdu la bataille de Platées en 479 avant J.-C. contre Thémistocle ?

La réponse se trouve dans: 2.5 Grèce antique : Les Mycéniens et leurs dieux

22. À quelle époque a vécu Alexandre le Grand ?

La réponse se trouve dans: 2.5 Grèce antique : Alexandre le Grand et Rome

23. Selon la légende, que s'est-il passé le 21 avril 753 avant J.-C. ?

La réponse se trouve dans: 2.6 L'ancienne Rome - Géographie, Politique

24. Quand le dernier des sept rois de Rome, Tarquin le Superbe, a-t-il été renversé ?

La réponse se trouve dans : 2.6 L'ancienne Rome - Géographie, Politique

25. Quand ont eu lieu les guerres puniques ?

La réponse se trouve dans: 2.6 L'ancienne Rome - Géographie, Politique

26. Qui a fondé la première brigade des pompiers ?

La réponse se trouve dans: 2.6 L'ancienne Rome - Géographie, Politique

27. Quand Jules César a-t-il été assassiné ?

La réponse se trouve dans: 2.6 L'ancienne Rome - Géographie, Politique

28. Lorsque vers 285 ap. J.-C., l'Empire romain est devenu trop vaste pour être gouverné depuis Rome par un gouvernement central, l'empereur Dioclétien a eu une idée. Que fit-il de l'Empire romain ?

La réponse se trouve dans: 2.7 L'Empire romain

29. Qui était le premier empereur de Rome ?

La réponse se trouve dans: 2.7 L'Empire romain : Les premières dynasties

30. À un moment donné de l'histoire de l'Empire romain, cinq hommes exceptionnels ont successivement gouverné l'Empire romain et l'ont porté à son apogée. Comment s'appelaient ces cinq hommes ?

La réponse se trouve dans: 2.7 L'Empire romain : Les premières dynasties

CONNAISSANCES GÉNÉRALES

31. Quel événement a été décisif pour la chute de l'Empire romain d'Occident ?

La réponse se trouve dans: 2.7 L'Empire romain : Les premières dynasties

32. Quand a eu lieu la Première Guerre mondiale ?

La réponse se trouve dans: 2.8 La Première Guerre mondiale

33. Combien de soldats sont morts lors de la Première Guerre mondiale ?

La réponse se trouve dans: 2.8 La Première Guerre mondiale

34. Combien de personnes sont mortes dans le monde pendant la Première Guerre mondiale ?

La réponse se trouve dans : 2.8 La Première Guerre mondiale

35. Comment et quand a éclaté la Première Guerre mondiale ?

La réponse se trouve dans: 2.8 La Première Guerre mondiale: Comment la guerre a éclaté

36. Quand les premiers soldats sont-ils tombés lors de la Première Guerre mondiale ?

La réponse se trouve dans: 2.8 La Première Guerre mondiale: Comment la guerre a éclaté

37. En quelle année l'Allemagne a-t-elle annoncé la levée de toutes les restrictions sur la guerre des sous-marins ?

La réponse se trouve dans: 2.8 La Première Guerre mondiale: Comment la guerre a éclaté

38. Quand les États-Unis ont-ils déclaré la guerre à l'Allemagne ?

La réponse se trouve dans: 2.8 La Première Guerre mondiale: Comment la guerre a éclaté

39. Que s'est-il passé le 11 novembre 1918 à 05h10 ?

La réponse se trouve dans: 2.8 La Première Guerre mondiale: Comment la guerre a éclaté

40. Quand a commencé et combien de temps a duré la Seconde Guerre mondiale ?

La réponse se trouve dans: La Seconde Guerre mondiale

41. Qui a fondé le Parti national-socialiste des travailleurs allemands ?

La réponse se trouve dans: La Seconde Guerre mondiale

42. En quelle année l'Allemagne a-t-elle cessé de reconnaître le Traité de Versailles et toutes les restrictions qui y étaient associées ?

La réponse se trouve dans : La Seconde Guerre mondiale

43. Pourquoi la Seconde Guerre mondiale a-t-elle commencé ?

La réponse se trouve dans : La Seconde Guerre mondiale

44. Quel était le but de la stratégie de Blitzkrieg d'Hitler contre la Pologne ?

La réponse se trouve dans: La Seconde Guerre mondiale

45. Quand la Grande-Bretagne et la France ont-elles déclaré la guerre à l'Allemagne ?

La réponse se trouve dans: La Seconde Guerre mondiale

46. L'action de propagande britannique de larguer des millions de tracts anti-nazis sur l'Allemagne à l'aide de bombardiers était connue sous quel nom dans l'opinion publique britannique ?

La réponse se trouve dans: La Seconde Guerre mondiale

47. Quel accord ont conclu l'Allemagne et la France le 22 juin 1940 ?

La réponse se trouve dans: La Seconde Guerre mondiale

48. Quand les troupes d'Hitler ont-elles envahi la Russie ?

La réponse se trouve dans: La Seconde Guerre mondiale

49. Quand les forces allemandes restantes se sont-elles rendues aux Soviétiques après la bataille de Stalingrad ?

La réponse se trouve dans: La Seconde Guerre mondiale

50. Que s'est-il passé le 28 avril 1945 ?

La réponse se trouve dans: La Seconde Guerre mondiale

51. Qu'est-ce que le système politique de l'« absolutisme » ?

La réponse se trouve dans: 3.1 Systèmes politiques : L'absolutisme

52. Qu'est-ce qu'une aristocratie ?

La réponse se trouve dans: 3.1 Systèmes politiques : Aristocratie

53. Dans quels pays la monarchie constitutionnelle est-elle en vigueur ?

La réponse se trouve dans: 3.1 Systèmes politiques : Monarchie constitutionnelle

54. Qu'est-ce qu'une dictature ?

CONNAISSANCES GÉNÉRALES

La réponse se trouve dans: 3.1 Systèmes politiques : Dictature

55. D'où vient le mot "aristocratie" ?
La réponse se trouve dans: 3.1 Systèmes politiques : Aristocratie

56. Comment les gens agissaient-ils avant qu'il n'y ait de l'argent ?
La réponse se trouve dans: 3.2 Économie : L'histoire de la monnaie

57. Quand les gens ont-ils commencé à utiliser des métaux comme "argent" ?
La réponse se trouve dans: 3.2 Économie : L'histoire de la monnaie : Les métaux comme monnaie

58. Pourquoi la monnaie fiduciaire n'est-elle apparue que tardivement dans l'histoire du commerce ?
La réponse se trouve dans: 3.2 Économie : L'histoire de la monnaie

59. Que s'est-il passé lorsque Richard Nixon a mis fin à la convertibilité des dollars américains en or en 1971 ?
La réponse se trouve dans: 3.2 Économie : Nixon met fin à la convertibilité du dollar américain en or

60. Qu'entend-on par économie de marché libre ?
La réponse se trouve dans: 3.2 Économie : Économie de marché libre

61. Quelle est la différence entre une économie planifiée et une économie sociale de marché ?
La réponse se trouve dans: 3.2 Économie : Économie planifiée + Économie de marché social

62. En 1514, Nicolas Copernic a eu l'idée de l'héliocentrisme. Que signifie ce terme ?
La réponse se trouve dans: 4. 4. Science : De l'observation à la théorie

63. À quelle époque a vécu Isaac Newton ?
La réponse se trouve dans: 4.2 Physique : Qu'est-ce que la physique ?

64. La mécanique est divisée en trois branches. L'une d'elles est la statique. Que signifie la statique ?
La réponse se trouve dans: 4.2 Physique : Mécanique

65. Comment s'appellent les deux autres branches de la mécanique ?
La réponse se trouve dans: 4.2 Physique : Mécanique

66. Quel domaine couvre la thermodynamique ?

La réponse se trouve dans: 4.2 Physique : Thermodynamique

67. Décrivez le processus isotherme !

La réponse se trouve dans: 4.2 Physique : Thermodynamique

68. Il y a cinq états de la matière, comment les appelle-t-on ?

La réponse se trouve dans: 4.2 Physik: États de la matière

69. En quelle unité mesure-t-on les champs magnétiques ?

La réponse se trouve dans: 4.2 Physik: Électricité et magnétisme

70. L'optique est une science qui traite de la naissance et de la propagation de la lumière. Il existe deux branches principales de l'optique, l'optique physique et l'optique géométrique. De quoi s'occupe l'optique physique ?

La réponse se trouve dans: 4.2 Physik: Optik

71. Pour quoi Isaac Newton utilisait-il un miroir poli ?

La réponse se trouve dans: 4.2 Physique : Réflexion et réflexion

72. Lorsqu'un faisceau lumineux atteint la surface de séparation entre deux milieux transparents, il subit une _____.

La réponse se trouve dans: 4.2 Physique : Loi de la réfraction

73. Certains noyaux sont instables et émettent spontanément un rayonnement, ce phénomène est appelé radioactivité. Il existe trois types de radioactivité. Citez un type de désintégration !

La réponse se trouve dans: 4.2 Physique : Physique atomique et nucléaire

74. L'hypothèse chimique fondamentale a émergé pour la première fois dans la Grèce classique lorsque Aristote a défini les quatre éléments : le feu, l'air, la terre et l'eau. À quelle époque des scientifiques comme Robert Boyle et Antoine Lavoisier ont-ils commencé à transformer les anciennes traditions alchimiques en une discipline scientifique rigoureuse ?

La réponse se trouve dans: 4.3 Chimie : Histoire de la chimie

75. Que se passe-t-il avec les atomes lorsqu'ils atteignent la température de zéro absolu ?

La réponse se trouve dans: 4.3 Chimie : Termes importants et leurs définitions

CONNAISSANCES GÉNÉRALES

76. Quelles sont les différences entre les alcanes, les alcènes et les alcynes ?
La réponse se trouve dans: 4.3 Chimie: Termes clés et leurs définitions

77. En chimie organique, on parle de composés organiques et inorganiques. Quelle est la principale différence entre les composés organiques et inorganiques ?
La réponse se trouve dans: 4.3 Chimie: Chimie organique

78. Qu'est-ce que le tableau périodique des éléments ?
La réponse se trouve dans: 4.3 Chimie : Principales réalisations en chimie

79. Quand a été découverte la radioactivité ?
La réponse se trouve dans: 4.3 Chimie : Radioactivité

80. Quels avantages apporte la pasteurisation (par exemple, pour le lait) ?
La réponse se trouve dans: 4.3 Chimie : Pasteurisation

81. Qui a découvert la pénicilline en 1928 ?
La réponse se trouve dans: 4.3 Chimie : Pénicilline

82. Citez 3 des 10 causes de décès les plus fréquentes (maladies).
La réponse se trouve dans: 4.4 Médecine : Les 10 principales causes de décès

83. Quand l'éther a-t-il été utilisé pour la première fois comme anesthésiant par William T. G. Morton?
La réponse se trouve dans: 4.4 Médecine : Anesthésie

84. L'échographie, bien qu'elle ait été découverte de nombreuses années auparavant, n'a été utilisée à des fins de diagnostic médical qu'à partir de 1955. Comment a-t-elle été utilisée ?
La réponse se trouve dans: 4.4 Médecine : Rayons X

85. Comment s'appellent les cinq grandes religions du monde ?
La réponse se trouve dans: 5. Religion

86. Combien de fidèles compte le christianisme ?
La réponse se trouve dans: 5.1 Religion: Christianisme

87. Quelle est la plus ancienne religion principale du monde ?
La réponse se trouve dans: 5. Religion

88. Quel pourcentage des ménages en Europe et aux États-Unis possèdent un animal de compagnie ?
La réponse se trouve dans: 6.1 Les animaux et la biologie

89. Quand a commencé le lien entre l'homme et le chien ?
La réponse se trouve dans: 6.1 Les animaux et la biologie: L'homme et le chien

90. Citez 3 des animaux les plus intelligents de notre planète !
La réponse se trouve dans: 6.1 Les animaux et la biologie: Les animaux les plus intelligents

91. Quel est le livre le plus traduit et le plus vendu au monde ?
La réponse se trouve dans: 7. 7. Littérature et langue

92. Samuel Johnson a écrit le dictionnaire le plus influent du monde pour quelle langue ?
La réponse se trouve dans: 7.2. Littérature et langue : Société

93. Isaac Newton a écrit le livre "Philosophiæ Naturalis Principia Mathematica" pendant la peste. De quoi parlait ce livre ?
La réponse se trouve dans: 7.3. Littérature et langue : Science, mathématiques et géographie

94. L'auteur de "On the Origin of Species" a posé les bases de la théorie de l'évolution. Comment s'appelait-il ?
La réponse se trouve dans: 7.3. Littérature et langue : Science, mathématiques et géographie

95. Citez un auteur de littérature de divertissement particulièrement célèbre !
La réponse se trouve dans: 7.4. Littérature et langue : Littérature (de divertissement)

96. Platon a écrit l'une des œuvres les plus influentes de l'histoire vers 380 av. J.-C. Quel était le titre ?
La réponse se trouve dans: 7.5. Littérature et langue : Livres politiques

97. Quand les Academy Awards, aussi appelés Oscars, ont-ils été décernés pour la première fois ?
La réponse se trouve dans: 8.1. Divertissement : Cinéma et télévision

98. Citez 3 des films les plus nommés aux Oscars !
La réponse se trouve dans: 8.1. Divertissement : Récompenses, le plus grand nombre d'Oscars pour un film

CONNAISSANCES GÉNÉRALES

99. Jack Nicholson et Meryl Streep ont quelque chose en commun. Qu'est-ce que c'est ?

La réponse se trouve dans: 8.1. Divertissement

100. Donnez-moi le nom de 3 des acteurs les mieux rémunérés de tous les temps !

La réponse se trouve dans: 8.1. Divertissement : Les acteurs les mieux rémunérés (de tous les temps)

Clause de non-responsabilité

Le contenu de ce livre a été vérifié et créé avec le plus grand soin. Cependant, aucune garantie n'est donnée pour l'exactitude, l'exhaustivité ou l'actualité du contenu. Toutes les informations contenues dans ce livre sont basées uniquement sur l'opinion personnelle et l'expérience de l'auteur. Le contenu ne doit en aucun cas être considéré comme une aide médicale. L'auteur décline toute responsabilité légale pour les dommages auto-infligés et les mauvais traitements du lecteur. De plus, l'auteur ne garantit aucun succès avec les informations mentionnées dans le livre, car elles ne sont basées que sur l'expérience personnelle de l'auteur et sont destinées uniquement à des fins de divertissement. La responsabilité des objectifs décrits dans le livre incombe uniquement au lecteur lui-même. En outre, aucune responsabilité n'est assumée pour les sources et les sites Web externes mentionnés dans le livre. Tous ces contenus relèvent de la seule responsabilité de l'exploitant du site Web respectif, ce qui exclut automatiquement toute responsabilité de l'auteur.

Mentions légales

Première édition 2023

Tous droits réservés.

Toute reproduction, même partielle, est interdite.

Aucune partie de cet ouvrage ne peut être reproduite, copiée ou diffusée sous quelque forme que ce soit sans l'autorisation écrite de l'auteur.

Contact : Philipp Buhles / Marderbruch 16 / 48565 Steinfurt / Allemagne

Conception de la couverture : Pseudonyme,

Photo de couverture : depositphotos.com

Printed in France by Amazon
Brétigny-sur-Orge, FR